뿌리민족의 혼 5

수행

뿌리민족의 혼 5

수행

© 오경, 2018

1판 1쇄 인쇄__2018년 05월 25일
1판 1쇄 발행__2018년 06월 05일

지은이__오경
펴낸이__이종엽
펴낸곳__글모아출판
      등록__제324-2005-42호

공급처__(주)글로벌콘텐츠출판그룹
      대표__홍정표
      이사__양정섭
      디자인편집__김미미 **기획·마케팅**__노경민
      주소__서울특별시 강동구 풍성로 87-6, 201호
      전화__02) 488-3280 **팩스**__02) 488-3281
      홈페이지__http://www.gcbook.co.kr
      이메일__edit@gcbook.co.kr

값 18,000원
ISBN 978-89-94626-65-9 03100

뿌리민족의 혼 ❺

수행

오 경 지음

글모아출판

차 례

일러두기 · 6

프롤로그 · 7

제1장 도량에서 _____ 11

1. 수행 · 12

2. 배우는 자는 흡수하는 자이다 · 43

3. 내 뜻만 받아주면 탓하지 않으리라 · 62

4. 부닥침 · 81

5. 술독(術毒) · 106

6. 조율 · 126

7. 내 생각 · 153

8. 분수 · 172

제2장 토굴에서 _____ 193

1. 사랑에 대하여… • 194
2. 행복에 대하여… • 214
3. 가정에 대하여… • 234
4. 좌절에 대하여… • 254
5. 성공에 대하여… • 273
6. 실패에 대하여… • 292
7. 절약에 대하여… • 310
8. 휴일에 대하여… • 329

에필로그 • 351
저자소개 • 355

육생량(肉生量): 선천적 육 건사 육생살이 육생질량으로 형이하학적 신앙이자 논리다. 육 편리 제공을 위해 기본으로 자리한 만물을 방편으로 생각과 지식과 과학을 바탕으로 물질문명을 개척하여 먹고, 입고, 듣고, 느끼고, 냄새나고 만져지는 등의 물질적 외부적 부분을 가리키는 말이자 유색·유형·유취의 것들을 가리키는 말이다.

정신량(精神量): 후천적 화합의 인생살이 인생질량으로 내가 만들어 나가야 하는 차원이자 형이상학적 종교이며 철학이다. 육생량을 방편삼아 상호상생을 이루고자 하는 내부적 정신질량으로 보이지도, 만져지지도, 냄새나지도 않는 정신적 내부적 부분을 가리키는 말이자 무색·무형·무취의 것들을 가리키는 말이다.

인생량(人生量): 선천적 육생량에 후천적 정신량을 부가시켜 살아가는 차원, 즉 물질에 정신을 업그레이드시켜 육생살이 인간에서 승화된 인생살이 사람으로 사람답게 살아가는 차원을 말한다.

선천질량: 활동주체 양의 기운 육생질량 나를 위한 물질, 겉, 사랑, 합의, 신앙, 지식, 생각, 외(外), 버는 것, 이기….

후천질량: 운용주체 음의 기운 정신질량 너를 위한 정신, 속, 행복, 화합, 종교, 지혜, 마음, 내(內), 쓰는 것, 이타….

업그레이드 시대: 동서양의 유(有, 물질)무(無, 정신)상통(相通)의 시대로서 내가 만들어 나가는 소통 시대다. 즉, 컴퓨터가 보편화되기 시작한 1988년 전후 아날로그의 정점이자 디지털의 시발점으로 서양의 육생살이 물질문명이 동양으로 밀려와 양의 기운이 차오른 시대를 말한다.

운용주체(運用主體): 전체를 주관하는 음의 기운이자 이로운 갑(甲)의 위치로서 정신이든 물질이든 더 많이 보유한 이들을 가리키는 말로서 경우에 따라 활동주체가 되기도 한다. 또한, 아쉬워서 찾는 자가 활동주체요, 이로워서 맞이하는 자가 운용주체라 상호상생을 일으키느냐 못 일으키느냐는 이로워서 맞이하는 운용주체 하기 나름에 달린 문제다.

활동주체(活動主體): 부분을 관장하는 양의 기운이자 아쉬운 을(乙)의 입장으로 찾아가서 아쉬움을 채워야 하는 이들로서 때에 따라 운용주체가 되기도 한다. 한편, 아쉬워서 찾아오는 활동주체의 고픈 곳을 채워줄 때 운용주체의 허한 곳도 채워지는 법이다.

인생방정식: 정신량을 지향하는 운용주체와 육생량을 추구하는 활동주체의 관계는 나 하기 나름에 달리 나타나는 작용반작용의 법칙 상대성원리가 적용되고 있으며 상호상생과 반쪽반생과 상극상충의 원인을 밝혀내기 위한 인과율의 공식이다.

프롤로그

선무당이 사람 잡던 시절, 미스터리한 일보다 바로 앞에서 벌어지는 일에 대해 호구책도 강구하지 못하여 쫓겨 들어가다시피 한 곳이 산속 움막이다. 고육지책일까, 허울 좋은 명분일까, 위빠사나 명상을 시작하였다. 가부좌 틀고 들고나는 숨을 세는 수식관에 열심인 척했던 것처럼 아는 것이라곤 귀동냥이 전부였다.

시간이 흐를수록 봐주는 이들이 없자 창살 없는 감옥생활과 다를 바 없다. 자유인이라 소리치고, 자연인이라 부르짖었지만 공허한 메아리였다. 고독과 싸우고, 외로움과 싸우던 어느 날 우연히 초췌해진 그리고 궁색하기 그지없는 내 모습을 봤는데 할 일 없이 빈둥대는 비렁뱅이와 다를 바 없었다. 무소의 뿔처럼 혼자서 가리라 수없이 되뇌었지만 빛 좋은 개살구라 전혀 허한 곳은 채워질 기미가 보이지 않았으니 방도를 구해야 했다.

유유상종이라, 제법 도를 득했다는 인연을 하나둘 접할 때만 하더라도 그들은 선망의 대상이었다. 체득한 도가 허한 곳을 메우고 고픈 곳을 채울 수 있을 것만 같아 숨소리 하나까지도 답습하던 어느 날, 유체이탈을 하여 영적 세계를 오가며 병을 낫게 하고, 어려움을 풀어 주던 이들의 도술이 들지 않는 것을 목도했다. 왜 그럴까.

스승을 통해 전수받는 것이나, 신어머니를 통해 물려받는 것이나, 수행을 통해 들어오는 것이나 별다를 게 없어서다. 단지 내려받는 주술적 행위만 다를 뿐 주도자의 방편에 따라 다르게 들어온다는 사실에 대해서 말이다. 즉 스승이 좌선하고 목탁 치면 좌선하고 목탁을 쳐야 할 것이고, 고장치고 주문 외우면 고장을 치고 주문을 외워야 할 것이라, 그 시점부터 빌어서 구하는 도술이 중생구제 만법마냥 목을 매는 행위를 해댄다.

신이 들어와 부리는 도술이건만 만인의 도법인 것마냥 당당했던 위세는 대부분 3년 안팎으로 꺾이기 시작하는데, 신이 떠나는 시기라고 할까. 이쯤 되면 수행자는 무리한 호흡법으로 주화입마에 걸리거나 무속인은 영산명산을 찾아 헤매고, 술(術)이 법(法)인마냥 간판을 걸어 놓은 대부분의 곳은 기세가 숙진다.

선천적 술은 후천적 법의 토대라 술을 딛고 일어설 때 법에 도달하게 되는 것이므로 주어진 술에 안주하면 한 걸음도 나아가지 못한다. 대체로 도통했다거나 도를 구했다는 것은 신이 들어온 것뿐이라 도법과는 하등의 관계가 없다. 수행이나 수련이나 수도 중에 추앙하는 신은 근기에 따라 들어오기 마련이라 도를 득했다 하여 나대서는 좋을 게 하나도 없다.

사제의 인연을 두지 말라 했거늘, 메우고 채우지 못할 것 같은 불안감에 금기를 어기고 인간 스승을 두어 도량생활을 시작했다. 물론 3년이면 공부를 마친다 하였고, 술의 차원을 넘어 체득한 법이라 만인을 위한 만법이 될 것이라 하였다. 아뿔싸! 3년이 채 되기도 전에 쫓겨나고 말았다. 제1편 '도량에서'는 쫓겨나기 전까지

도량에서 도반들과 자존심 싸움으로 얽히고설킨 문제를 전반적으로 다루었다.

얼마 지나지 않아 애제자의 항명이 들려왔다. 오갈 데 없는 도반 두어 명이 기거하고 있었을 뿐 황량하기 그지없다. 공부하고자 찾는 인연이 있을 리 만무라 한겨울 끼니 걱정을 해야 할 정도다. 도량이 과수원이어서 망정이지. 무엇보다 애제자와의 법정공방과 언행일치의 모순은 더할 나위 없는 공부거리이기는 했지만 가슴에 상처를 어떻게 지울까.

도량인데도 불구하고 무성한 소문이 끝없이 들려온다. 내게 부는 바람은 내 바람이라고 하듯 내 앞에 벌어지는 일은 내게 주어진 내 공부다. 들고나고 주고받는 음양차원을 비롯하여 아쉬워서 찾아가는 자는 을(乙)의 입장 활동주체로서 이로워서 맞이하는 갑(甲)의 입장 운용주체 하기 나름이라는 사실을 뼈저리게 공부하였다. 특히 이번 만큼은 무슨 일 있어도 3년을 채우려 이 악물었는데 듣지 말아야 할 소리까지 듣고 말았다.

부정을 긍정으로 만들고자 노력했지만 부정일 수밖에 없었던 부정은 결국 부정을 낳고 말았으니 버티기가 여간 만만치 않다. 수행과 의리는 별개인데 발목 잡힐 것만 같았고, 더 이상 사제지간이 빚어내는 모순을 지켜볼 수 없어 이번에는 제 발로 걸어 나와 토굴생활을 다시 시작하면서 제2편 '토굴에서'를 집필하였다.

대부분의 수행자는 나름의 공부를 마칠 때까지 한 곳에 기거하는데 근기도 안 되는 몹쓸 놈이라서 그런가, 전국 각지 영산명산을 떠돌아야 했다. 혹자는 흡의(洽意)를 보기 위한 것이라는 말을 건네기도 한다. 수행자의 근기에 따라, 행동에 따라 여건이 달리 주어지므로 나 하기 나름에 달린 문제다. 술을 통해 법을 찾는 것도, 생각의 지식을 통해 마음의 지혜에 다다르는 것도, 육생을 통해 인생을 사는 것도 다를 게 없다는 것이다.

제1장

도량에서

I. 수행

소통할 줄도 모르는 놈이
너무 잘난 멋에 살다가 도린결에 방목되었는데
물처럼, 바람처럼 살아가는
자연인으로 포장되기도 한다.
생각해보자.
벌과 나비가 한가히 노니는 것일까.
물과 바람이 할 일이 없어 놀고 있느냐는 것이다.

"무엇을 얻고자 쪼그려 앉아 있으려 하느냐."

"그럴 시간이 있으면 주변에 쓰레기나 줍거라."

세차게 떨어지는 폭포수 아래서 무엇을 어떻게 할지를 몰라 잠시 엉거주춤한 사이 호통치고 움막으로 들어가셨다.

"네 짓을 다하지 못해 어려워진 것이 아니더냐."

물론, 명상을 하고자 했던 게 아니었다. 이제부터 시작인가라는 생각에 흥분을 감추지 못했던 것뿐이었다.

"빈다고 주고, 빌지 않는다고 주지 않는 법은 없느니라."

지난날 명상이 무엇인지도 모르고 하면 좋다고 하니까, 또 남들도 그렇게 하니까 따라 하던 내 욕심의 시간이 만만치 않다.
사실 보이지도, 만져지지도, 알 수도 없는 그 무언가를 구하고자 틀었던 가부좌였고, 때론 꼴값 떠느라 얻고 구한 것마냥 행세하다 이상의 날을 세우기도 했었다.

"빌어서 구하던 시대는 이미 지났느니라."

지위고하도 근기에 맞게 받아 온다는 뜻이 아닌가 싶은데 결국 바닥은 분수도 모르고 나대는 이들이 치는 것이었다. 왕년에 잘나 갔다한들 지금 이곳에서는 너나 나나 다를 바 하나 없는 빛 좋은 개살구 수행자라 잘났다고 나대본들 되레 눈총받기 일쑤니, 주마 등처럼 지난날이 스쳤다.

지금까지의 인연은 먼저 도모해야 할 일이 있어서이고, 지금부 터는 내실을 구하기 위한 것에 있으며, 마친 후에는 화합과 행복을 위한 일에 있으니, 만날 인연은 때가 되면 만나게 된다는 것이다. 인연 맺었다면 누구 하기 나름일까. 어떻게 해야 나는 너의 힘이 되어주고, 너는 나의 힘이 되어줄 수 있느냐는 것이다.

무질서 속에 개체이자 주체의 삶을 살아가는 인격체는 인간뿐이 라 존중할 때 존경받는 것처럼 네 가치를 인정할 때 내 가치도 인 정받는다. 하나 되어 나가고자 한다면 네 아쉬움을 품어 안을 품성 을 키워야 하며 또 그만한 법(法)을 구했기에 주도자라 근기에 따 라 힘의 안배를 해나갈 터, 공부만 하면 된다는 것이다.

올바른 주도자를 만나면 쉽게 공부할 수 있는 것도 그에 걸맞은 품성을 갖췄기 때문이기도 하겠지만 무엇보다 공부한 것을 그대로 답습하면 된다는 데 있다.

문제는 만나더라도 알아볼 수 있느냐는 것이고, 설령 만났다 할 지라도 이상에 사로잡힌 세월로 자칫 내 잘났다 설레발치면 소리 없이 떠난다. 언제나 선택은 절박하고 절실한 자의 몫이듯 받아들 이고 안 받아들이고는 구한 자의 몫이다.

귀동냥과 자만심만으론 도(道)의 실상은 물론, 술(術)의 실체도 알 리 없다. 도술은 도법을 위해 때가 되면 들어오는 것이건만 다 들 도통한 것마냥 난리가 아니다.

수행 중에 근기마다 달리 주어지는 도술, 간혹 대단하게 부여받은 이도 있지만 그래봐야 좀 더 큰 신이 들어온 것뿐이라 대체로 부릴 수 있는 기간은 3년 안팎이다.

　아울러 도술은 아쉬운 이기적 선천질량으로, 육신으로 개척해 나가야 할 부문이고, 도법은 이로운 이타적 후천질량으로, 정신으로 창출해 나가야 할 부분이다.

　삼라만상 3차원의 지기(地氣)에서 조물된 육신은 백 볼트(V)요, 대우주 7차원의 천기(天氣)는 천 볼트라, 백 볼트 육신에 예고 없이 천 볼트 천기가 들어간다면 어떻게 될까. 천기는 음의 기운으로 양의 기운 지기와 화합을 주기적으로 일으키는 데도 불구하고 백 볼트 인간의 욕심으로 천 볼트 대자연의 기운을 억지로 끌어당기다가 운기조식(運氣調息)으로 인한 상기병(上氣病)의 덫에 걸려 거의가 주저앉고 만다.

　특히 천기는 운용주체로 보이지 않는 음의 기운이요, 지기는 양의 기운 활동주체라 백 볼트 지기는 천 볼트 천기 하기 나름이라는 것이다. 즉 만물은 백 볼트 지기로서 임의대로 천 볼트 천기의 물을 어찌하지 못한다는 것이다. 인간 앞에 삼라만상 지기는 운용주체인 만큼 인간은 활동주체라, 인간 욕심으로 자연의 섭리를 거스르거나 이치에서 벗어날 때 받게 되는 것이 주화입마(走火入魔)다.

　명상 중에 이상 증세가 보이면 천기·지기가 합선되어 스파크가 튄 것으로 곧바로 멈춰야 하고, 이를 가리켜 '표적 받았다'고 한다. 즉 이리 하면 이리 되니 이리 하지 말라는 교훈을 천지대자연이 준다는 것이다.

　음의 기운 달이 양의 기운 태양을 밀어 올리는 때가 물 번식하는 육의 생명체를 생장(生長)시키는 시점이고 반면 끌어내리는 기점이

에너지 방전을 알리는 때다. 요컨대 일출은 충전을, 일몰은 방전을 알리는 신호로, 선순환 음양행위가 한 치라도 어긋나면 어떻게 될까.

천지인(天地人) 세 개의 차원으로 나뉘어 운행되어 불리는 이름이 '세상'이다. 그 뜻을 헤아려 보면 천(天)은 무형(無形)의 음의 기운이고, 지(地)는 유형(有形)의 양의 기운이라 음과 양, 천과 지가 화합하여 인(人)을 낳으니 천지는 어버이요 인은 자식이라 세상천지 품 안에서 인간은 자식의 도리를 다해야 한다.

아울러 만물은 인기(人氣)가 인육(人肉)을 쓰고 인간(人間)으로 살아갈 때 필요한 선천질량이자 매개체로, 널리 인간세상을 이롭게 할 때 그 쓰임을 다하는 것이겠지만 '천지기운 가만히 계시사 인이 동(動)하는' 것이므로 활동주체 인간을 위해 운용주체 천지만물은 그대로 있을 따름이다.

천지조화마저도 대자연의 섭리라 세상만사 별의별 일까지도 순리대로 순행시키기 위한 가장 큰 방편으로서, 이치대로 사는 것이야 말로 인간의 도리를 다하며 살아가는 것이다.

이를 위해 천기는 지기를 낳았고, 지기는 인의 육을 빚었으며, 지기에서 인육을 쓰고 살아가는 인간은 천기와 떼래야 뗄 수 없는 사이라 대의를 위해 거룩한 천기를 쓰고자 한다면 자기 자신부터 인간에서 사람으로 승화되어야 한다는 것이다.

본래 천지는 유한한 0의 차원에서 분리되어 무형의 7차원의 운용주체와 유형의 3차원의 활동주체로 나뉘어 운행되고 있다. 인기는 천지의 자식으로 인육을 쓰고 인간으로 탄생할 때부터 생각의 차원 이기와 마음의 차원 이타를 동행시켰다.

그리하여 나의 주체 에고(참나)는 이기적 본능 생각을 통하여 지식을 축적하고, 마음은 절대분별 천지(대우주)의 에너지이자 지혜의 보고라, 나를 위해 쓸 수 있는 그 무엇이 아니다. 오직 너를 위할 때만 쓰이는 이로움의 소산물인데도 내 욕심의 산물로 받아들이는 통에 내 욕심 내 생각이 한 일을 가지고 마음이 한 것인냥 평계로 일관하고 있다.

　이를 비우라고 하는 이나 또 비우려 드는 이나 마음 한 번 써 본 적 있을까. 생각은 이기의 발로로 지식을 쌓아 육생살이 물질량을 개척하는 데 있고, 마음은 이타의 소산으로 지혜를 낳아 인생살이 정신량을 창출하는 것에 있다는 사실을 능히 밝힐 수 있는 이들이다.

　바르고, 다르고, 치우친 차원을 밝히는 마음을 비워보겠다고 주야장천 쪼그려 앉아있는데 정작 비운 이가 있기라도 한 것일까. 있다면 어떠할까. 적대보완적 관계가 무너지고 적자생존 약육강식 힘의 논리체제를 더욱더 공고히 했을지도 모른다. 희로애락은 생각과 마음이 공존하기에 사랑을 통해 행복을 찾게 되었고, 합의는 화합을 이루기 위한 조건이 되었다.

　생각차원의 나(에고), 에너지 차원의 마음, 그리고 인육을 쓰고 살아가는 인간, 죽으면 육은 지기에서 산화될 것이요, 마음은 에너지라 본래의 자리 대우주로 돌아갈 것이고, 천지의 자식 인기는 분별이 멈추어 매우 단순한 영혼의 상태로 머문다.

　본디 인기는 티 없이 맑은 존자(尊者)였으나 수십 수백 번 인육을 쓰고 벗는 동안에 고집이 고착된 집착으로 말미암아 더 탁해졌다. 특히 생전의 집착이 강하면 강할수록 죽은 후 단순함의 극치를 더욱더 드러내는데, 생전에 집착, 그 허망함의 실체를 일깨우지 못하면 죽을 때 모습 그대로 천년만년 구천(九泉)을 떠돈다.

무엇보다 인간으로 태어났다면 사랑을 위해서든 합의를 위해서든 자신부터 성숙시켜야 하고 이를 위해 나를 위한 차원과 너를 위한 차원을 분별해야 한다. 싸우고, 충돌하고, 부딪치는 일은 나밖에 모르는 생각이 벌이므로, 비워야 할 것은 생각이 빚어낸 욕심이요 키워야 할 것은 행복과 화합을 발현하는 마음이다.

물론, 탁한 육의 물질을 쓰고 살아가는 만큼 필요한 것이 탁한 육생물질이지만 탁한 물질 앞에 생각은 탁한 욕심을 드러내기 마련이라 이를 얼마나 제어하느냐가 관건이다. 탁한 욕심은 맑은 눈을 가려 분별을 어리석게 만들고, 나밖에 모르는 데에서 오는 이기적 심성은 밴댕이 소갈딱지라 실제 품성을 키우는 일은 이기의 소산 생각을 바로잡아 나가는 일에 있다.

아울러 어렵고, 힘들고, 고통스러워지는 이유를 여기서 찾아볼 수 있어, 비워라, 버려라, 놓아라 종용하지만 실상 어떻게 해야 비우고, 버리고, 놓을 수 있는지 모른다는 것이 문제다.

다시 말해 어떻게 해야 나밖에 모르는 생각을 바꿀 수 있으며, 어떻게 해야 너를 위한 마음으로 꽉 채울 수 있느냐는 것이다. 앞서 밝힌 바와 같이 마음은 내 뜻대로 어떻게 할 수 있는 그 무엇이 아니라는 점에서, 생각을 비우는 일이 곧 포용력을 넓히는 일이다.

그리하여 포용력은 인품이고 인성이라, 행위가 바르다고 말하는 정(正)과 다르다고 말하는 선(善)과 그르다고 말하는 사(邪)에 대한 분별이 바로 서면 성품도 자연스레 커진다. 이 시대에 이를 깨우친 진인(眞人)이 있을까.

0.3%는 스스로 깨우칠 수 있는 자요, 3%는 가르침을 통해 깨우칠 수 있는 자이고, 30%는 가르침과 함께 나가야 하는 이들로서 육생(肉生)의 술(術)의 차원을 넘어 인생(人生)의 법(法)을 구한 스승과 인연 짓는다면 아무런 문제가 없다.

　술 너머의 법으로 바르고, 다르고, 그른 차원의 분별을 바로 잡는다면, 생각 그 깊이에서부터 품성까지 자연스럽게 무르익는다.

　왜 그런 것일까. 바르면 상호상생 이로움을 주고받을 것이고, 다르면 반쪽반생 주기만 하고 받지 못할 것이며, 치우치면 상극상충 부딪치며 살아가야 할 것이라, 이처럼 태반이 바르다는 정행(正行)과 다르다는 선행(善行)과 치우쳤다는 사행(邪行)을 모르기 때문에 별의별 일을 겪는다.

　지혜의 보고 마음은 너를 위할 때만 쓰이는 에너지원으로서 나를 위한 지식의 창고—생각과 합의를 일으키면 나와 너를 위한 행위의 가치는 이루 말할 수 없다. 하지만 내 욕심으로 이타의 마음에 이르기도 전에 이기의 생각에서 그만 결론을 내리는 통에 매사 부딪치며 살아간다. 이기는 본능의 차원이요, 이타는 분별의 차원이라 의논합의를 생활화한다면 탈날 리 있을까.

　충돌은 네가 우선인데도 불구하고 나를 우선할 때 빚게 되는 것으로, 이로움의 분별—정행보다 아쉬움의 본능—사행으로 공든 탑을 무너지게 만드는 것이라, 수행은 너와 나를 하나의 차원으로 연계하는 법도를 체득하는 과정이다.

　한편, 돼먹지도 않은 품성 때문인가. 움막에서 홀로 위빠사나 명상을 하던 시절에도 왕왕 선무당 짓으로 사람을 잡곤 하였다. 때론 무리한 수식관으로 목이 부어오르기라도 하는 날에는 거칠어진 호흡을 멈추고 마음이 뭔지도 모르는 주제에 마음의 움직임을 지켜 보겠다고 사마타 명상에 집중하기도 했었다.

그러한 망상과 상념 속에 억지로라도 앉아 있다 보면 순간 졸았 는지 삼매에 빠졌는지 달콤한 시간이 지났다고 할까, 깨졌다고 할 까, 깨어나면 아쉽고 허망하기 그지없다. 다시 들어가려 안간힘을 쓰다가 간혹 다른 차원에 빠져들기도 했다.

허한 그 무엇을 채울 수 있지 않을까 싶어 시작한 명상이라 삼매 의 차원도 그렇고 영적 차원도 그렇고 체험하고 나면 그 무언가를 채운 기분이 들었으며 여기에 화경(畫鏡)까지 스칠 때면 한 소식 접 한 것마냥 건방짐의 고개를 치켜세웠다.

그러던 어느 날 꿈과 현실을 구분하지 못하는 지경에서 헤어나 지 못했던 모양이다. 아쉬워 통하자고 찾아온 이들에게 지난날을 망각하고 독선(獨善)의 칼날을 또 휘두른 모양이다.

유체이탈을 해보겠다고, 공중부양을 해보겠다고 안달한 시절, 움막은 나만의 왕국이라 생식을 해야 경지에 이른다는 소리를 들 으면 겁도 없이 생쌀과 솔잎을 씹어 먹었고, 하루의 기운이 바뀐다 는 자시(子時)와 하루가 시작된다는 인시(人時)가 가장 좋은 때라는 소리를 듣고선 그 시간을 놓치지 않으려고 발버둥 쳤었다.

도가 뭔지도 모르면서 도통해 보겠다고, 깨달음이 뭔지도 모르 면서 깨달아 보겠다고 난리를 치면서 제법 깨달았다 칭송이 자자 한 선지식들을 크게 동경한 나머지 그들의 숨소리 하나까지도 답 습하려고 사시(巳時)에 공양을 올리기도 했었다.

깨달으면 얻게 된다는 육통(六通) 중에 혹여 천안통(天眼通)이나 천이통(天耳通)이 하나 터지지 않을까 하는 욕심에서였다. 무속에서 말하길, 지혜는 글문이요, 병은 약명이고, 재물은 금괴요, 풍수는 지리이며, 점사는 말문이라 이와 같은 능력을 가진 신령(도인도사)과 접신하면 도술은 누구든지 부릴 수 있다. 신을 받아 무당이 된 이들을 하나의 예로 들 수 있는데, 그 능력을 지속적으로 보유하기 위해 신령을 몸주로 모시기 때문에 본인의 의사와 전혀 다른 삶을 살아간다.

즉, 근기에 따라, 소임에 따라 각기 다른 능력을 보유한 신을 접하는 것이라 수행 중에 얻게 되는 도술도 결국 저마다의 신이 들어와 부리는 것으로 도법을 위한 도통은 물론이요 깨달음과도 하등의 관계가 없다는 것이다.

제까짓 게 힘을 달라고, 재주를 달라고, 능력을 달라고 무릎 꿇고 빈 주제에 곧 죽어도 깨달아 도통하려 했었다는 자기합리화에 빠져서 해야 할 공부가 무엇인지 알 리가 없다. 그렇다고 인격도야에 힘을 썼으면 모를까. 고집과 독선이 낳은 아상뿐이라 내 뜻과 맞지 않아 심기 불편한 나날이었다.

가부좌를 튼 만큼, 또 영적 차원에 빠져든 만큼 나만의 왕국에서 나만의 세계를 펼치고자 했던 과도한 집착 때문이 아닌가 싶은데 이는 당최 어디에서 생겨난 것일까. 근기 중에 상근기(上根氣)라 나름 자부했건만 부딪쳐 괴로워하기 일쑤라 중근기(中根氣)에도 못 미쳤던 것 같다.

알지 못해 풀지 못한 허한 그 무엇을 채우려 했던 행위가 되레 내 고집 내 논리에 도취되어 영절스러운 갈개꾼이 된 듯싶었고, 두 동 진 원인 밝히지 못하면 육생량밖에 모르는 옹춘마니로 살아가야 할 터, 약이 되어야 할 독자행보가 독이 되어 버렸으니 추악함을 어찌 말로 다할까.

 '수행' 하면 초자연적인 힘을 구하고자 좌선과 주술주력부터 떠올리기 십상이지만 푹 쉬는 자체가 수행인지라 주어진 공부는 어떻게 해야 푹 쉬는 것인지를 아는 데 있었다. 일체 간섭 없고 내남없이 쉰다는 자체가 나만의 왕국에서 멋대로 살아온 이에게는 쉬운 듯싶지만 실제는 그게 아니었다. 도량생활에 익숙해지면서 자기 눈에 들지 않는다고, 자기생각과 다르다고 입을 떼기라도 하는 날에는 미운털까지 절로 박힌다.

 하루에 세 번 자시, 인시, 사시에 맞춰 좌선과 공양 올리는 행위도 고행이 아니겠느냐만 하루 이틀도 아니고 빈둥대듯 몇 안 되는 도반과 좁은 공간에서 함께하다보면 심기 불편한 상황이 절로 벌어진다. 내 심사 편코자 간섭이나 해대고, 나 잘났다 참견이나 해댄 것을 너를 위한 것이라고 우겨댔으니 어련하겠는가.

 나는 아무 문제가 없는데 너로 인해 그런 것마냥 툭 하면 기 싸움하기 일쑤라 겉으론 웃고 속으론 못 잡아먹어 안달이다. 너를 위한 행위는 없었다. 오직 나를 위한 행위만 있을 뿐이라 괴로워하는 너를 위로하는 자체도 기실 나 잘났다고 주절댄 것에 불과했으니 앙금은 그렇게 쌓였던 모양이다.

 그러다 대판 부딪치기라도 하는 날에는 새카매진 안색으로 다시는 시험에 들지 않겠다고 이 악물어 보지만 멋대로 살아온 지난날 때문인가. 잘난 척이든, 아는 척이든, 모른 척이든 쉽지 않았다. 명상을 하면 고요 속에 평온이 찾아와 이해와 관용이 깊고 넓어진다고 하던데 어찌된 노릇인가. 허구한 날 내 말이 맞는 말이니 들어야 한다고 대중없이 굴었으니 말이다.

그렇게도 푹 쉬는 일이 어려운 일인가. 쉰다는 개념을 바르게 이해하지 못한 점도 있지만 인성은 뒷전이고 허한 곳을 채워보겠다는 욕심으로 틀었던 가부좌가 원인이 아니었나 싶다. 물론 고픈 곳을 채우면 품성도 걸맞게 키워지겠지만 척이나 해댄 걸 보아하니 편한 날이 어디 있겠는가.

"준 것도 못쓴 주제에 또 무엇을 구걸하려 드느냐"

왕년에 잘나갔더라도 여기에서는 너나 나나 다를 바 없는 수행자라 잘났다고 나서는 만큼 고(공부)에 걸려 가리사니를 잃어버리기 십상이다. 그래서 모난 돌이 정을 먼저 맞는 모양인데 배우는 자는 흡수하는 자가 아닌가. 알아도 몰라라, 들어도 몰라라, 보아도 몰라라를 곱씹지만 인성마저 바닥을 쳤는지 유사한 상황에 맞닥뜨리면 여지없이 저지레를 떤다.

인생의 행로를 찾는 방편이 수행이지 도피처가 아니다. 어떻게 살아갈 것인가에 대한 원을 세우고, 그에 걸맞은 품성을 갖추기 위해 노력하면 된다. 부족하기에 수행자가 아니던가. 이를 망각한 채 똥 묻은 개가 겨 묻은 개 나무라듯 자신의 티끌은 숨기고 핀잔이나 주려 했으니 가는 방망이 오는 홍두깨라, 그로 인해 튀는 불똥은 순수 내 몫이었다.

"준다고 잘 쓸 것 같더냐"

바르게 쓰지 못할 때 겪는 것이 어려움이다. 애당초 없어서 겪는 궁색함은 있다가 없을 때 느끼는 어려움보다 덜하다. 때문에 번다는 개념은 하나 되기 위한 것이고, 벌고자 한다면 소통을 위해 쓰는 법을 배워야 한다는 것이다.

돌이켜보면 목구멍이 포도청이라 나 먹고 살기 위해 악착같이 벌려고만 들었지 하나 되고자 하는 소통행위는 없었다. 물론 모든 행위는 잘 먹고 잘살기 위한 것에 있다. 하지만 잘 먹고 잘사는 행위가 무엇인지 모르고 그저 먹고 살겠다고 돈벌이에 혈안이 된 것도 인생교육을 외면한 육생교육의 폐단이다.

분명 실패는 그만한 원인이 있을 터, 이를 밝히기도 전에 재도전하는 짓은 아둔함의 극치를 드러내는 것밖에 안 된다. 최소 이유만이라도 밝히고 시작해야 하는데 운이 없어 그런 것마냥 핑계나 대면 헤어나기 어렵다. 좌절은 받아온 기본의 자리에 오르다 겪는 아픔이고, 실패는 받아온 기본의 자리에 오른 후에 치르는 고통이라 성공을 위한 좌절과는 근본부터 다르다.

"내게 있다고 내 것이 아니니라"

무형의 4차원(저승)에서 받아오는 것이 사주(四柱)다. 근기에 따라 질량이 달리 주어지지만 유형의 3차원(이승)을 위한 기본금으로 때가 되면 어느 경로를 통해 받거나 올라선다. 이후부터 맞이하는 이로운 운용주체라 아쉬워서 찾아오는 활동주체와 하나 되어 살아가는 행위를 다하지 못하면 누구도 예외 없이 나락에서 벗어나지 못한다. 부불삼대(富不三代), 권불십년(權不十年) 화무십일홍(花無十日紅)이 대표적인 예이다.

특히 선천적 사주(달란트)는 육생물질문명을 개척하는 개인적 육생량의 차원이라 한다면, 내가 만들어 나가는 인생량은 화합의 차원이라 하겠으니 아쉬운 활동주체를 위한 이로운 운용주체의 정신량을 마련하지 않고서는 어림도 없다. 누구나가 올라설 수 있는 자리가 있는가 하면 올라설 수 없는 자리가 있다는 것이다. 선천질량은 개개인의 육생살이 육생량이지만 하나 되어 살아가기 위한 인생살이 후천질량의 토대라 이에 필요한 질량이 바로 정신량이라는 것이다.

이를테면 선천적 육생량(肉生量)에 후천적 인생량(人生量)을 하나로 연결시킬 가교 정신량(精神量)을 마련해야 한다는 것이다. 또 이를 준비한 이들만이 선천의 육생성공 이후에 후천의 인생출세 가도를 달리게 될 것이라는 소리다. 하나같이 주어진 육생의 기본(사주)의 자리에 오르기 위해 노력하느라 오른 후에 무엇을 어떻게 해야 할지 몰라 결국 악습의 폐단을 끊지 못하여 음주가무와 노름으로 방탕하다 거기에서 그렇게 주저앉는다.

정신량이란 벌고 쓰는 음양화합 상호상생을 일으키는 법도라 할 것이며, 나를 위해 살아갈 수밖에 없는 어린 시절은 너를 위해 살아가야 하는 성인 시절의 발판이라는 것이다. 육생의 기본금을 더 받았다는 것은 덜 받은 너와 함께 살아가기 위한 방편으로, 성공 후에 실패는 너를 위해 살아갈 때인데도 불구하고 나를 위해 살아가다 받은 표적이라는 것이다.

"주술주력(呪術呪力)은 사(邪)의 기운이니라"

바르게 쓰는 법을 모르면 도움 주려는 이나 도움 받으려는 이나 함께 어려워질 것이라, 이는 쌍방 간에 이롭게 쓰는 법을 알고 있느냐에 대한 물음이다. 도울 수 있는 자는 벌고 쓰고, 들고나는 법을 깨우친 자로서 나를 찾는다는 것도, 마음을 비운다는 것도, 삼매에 빠진다는 것도 나를 위한 육생살이 치우친 사(邪)의 행위일 따름이라 과연 너를 도울 수 있는 자격을 갖추었을까.

설령 나를 찾고 마음을 비웠다 하더라도 주고받고, 벌고 쓰는 행위에 대한 분별을 바로 세우지 못하면 한낱 개인의 욕심으로 가득한 치우친 행위에 불과할 뿐이라 아쉬운 육생량이면 모를까, 이로운 정신량을 한 뜸도 쌓아 나가지 못한 이유가 여기에 적나라하게 나타나 있다.

특히 자신은 그다지 잘못한 것도 없는데 어려움이라는 불한당이 어느 날 갑자기 예고도 없이 찾아든 것일까. 정말 그러하다면 신이 잘못되어도 단단히 잘못되었다고 하겠는데 어디 신앙이 필요하기나 할까. 어려움은 내 앞에서 벌어지는 일을 바르게 처리하지 못한 때(불통)가 쌓이고 쌓여 폭발한 것이라 이를 간과한다면 싸움의 고통에서 조금도 벗어나기 힘들다.

바르다고 말하는 정(正)의 기운은 하나 되고자 하는 정신량으로, 사사롭게 사의 기운 도술(육생량)을 쓰고자 한다면 먼저 인생량의 깊이를 이해하고 그에 걸맞은 인격도야에 힘써야 한다. 치우친 육생량 사(邪)의 기운을 쓸 수 있는 품성을 함양하지 못하면 주는 이나 받는 이나 결국 불통하여 모두 함께 사달 나기 때문이다.

특히 사적인 육생량은 늘 아쉬울 수밖에 없는 이기적 질량이라 불통을 일으키는 만큼 기운은 사장되므로 고통의 원인은 나에게 있지 너에게 있지 않다. 도움 주기 위해 찾는 인연이 있을까. 만약 있다면 자기 명(名) 내기 위함에 있다 하겠고, 언제나 육생량은 아쉬워서 찾아가는 활동주체의 몫이듯 정신량은 이로워서 맞이하는 운용주체의 몫이다.

"지도자는 운용주체라 예우만 갖추면 되느니라"

운용주체는 육생의 기본금을 더 받은 상태라 아쉬워서 찾아오는 이들을 위해 살아가기만 하면 되는데 정신량을 첨가시켜 인연맞이하는 운용주체가 얼마나 될까. 싸우고, 충돌하고, 부딪침도 인연맞이할 줄 몰라 일으키는 것처럼 자신의 이득만 챙기려다가 어렵고, 힘들고, 고통스러운 상황을 전개시키는 것도 다르지 않다.

이로울 듯싶을 때 귀 기울이고, 이로울 듯싶을 때 찾아가는 것이 인지상정이라, 애원은 이로울 듯싶을 때 하듯이 내 앞에 인연이 찾아든 것도 이로울 성싶어서다. 합의와 사랑도 이로울 듯싶어야 이루어지듯이 화합하고 행복을 영위하고자 한다면 이로움의 질량을 꾸준히 생성해야 한다.

즐겁고, 신나고, 기쁘지 않은 것도 이로움의 에너지를 생성하지 못했기 때문이라 특히 수행자는 선천적 도술에 초점을 맞춰서는 안 된다. 주어지는 육생량에 매달리면 창출의 정신량은 자연소멸되므로 공부는 이로운 운용주체를 위한 것이어야 하지 육생의 좌선에 목을 매어 정신의 좌선을 놓쳐서는 안 된다는 것이다.

본래 벌어들이는 행위는 기본의 자리에 오르고자 하는 데 있다. 운용주체를 위한 활동주체 행위로서 양의 기운을 아쉬움이라고 한다면 음의 기운은 이로움으로서 마시고 뱉는 호흡처럼 주고받는 행위를 다하고자 하는 것에 있다. 즉 이로움은 정신량이라 쓰는 것에 있고, 아쉬움은 육생량이라 버는 것에 있어, 양의 기운 활동주체를 위한 음의 기운 운용주체는 대자연에게 축원 드리는 것만으로 충분하니 머리까지 조아릴 필요가 없다는 것이다.

"어디 무릎까지 꿇어서야 되겠느냐"

관습과 인습에 꺼둘려 그런 것인가. 고루한 습(習)이 얼마나 골수에 박혔는지 조그만 잘못 하나에까지 핏대 세우는 못난이가 되어 있었다. 때론 우매한 자존심을 버팀목 삼아 우겨대어 얻은 것이라곤 상처뿐인 영광이었다. 문제는 시험에 걸렸다는 것과 지지리도 못난 아상을 자존감으로 포장시켜 한 뜸도 나아가지 못하고 있다는 것을 모른다는 것이다.

한때 더도 덜도 없이 남들처럼 살아보려 부단히 노력했었는데 타고난 명은 때가 되면 어쩔 수 없는 모양이다. 그래서 산에는 죽으러 들어가는 자와 병 걸려 들어가는 자, 그리고 제 발로 걸어 들어가는 자가 있는 모양이다. 이후 산속 인연에 따라 향방이 나타나는데 죽는다는 것도 내 욕심이요, 병 걸려 들어간 것도 내 욕심이고, 제 발로 걸어 들어간 것도 내 욕심이다.

받아온 육생의 기본금은 나 하기 나름이듯 선택도 나 하기 나름에 달린 문제다. 고로 죽으러 들어간 자는 스스로 목숨을 끊을 수도 있고, 병 걸려 들어간 자는 병으로 고통 받다 죽을 수도 있으며, 제 발로 걸어 들어간 자는 자연인 흉내를 내다 죽을 수도 있다. 물론 때가 되어 산 기운이 불러들인 이들이라 그럴 리야 없겠지만 고착된 습(習)에 빠지면 주어진 육생의 도술에 꺼둘려 육생의 안위에 놀아나다 그만 생을 마감한다는 것이다.

대체로 기본량이 물질보다 기운이라 인생살이 정신량을 마련하고자 보내진 상좌(上佐)의 명(命)이건만 교(敎)와 경(經)과 상(像)에 빠져 비나리가 전부인마냥 죄다 무릎 꿇고 머리 조아리고 있다. 한 뜸만이라도 순수 음양의 근본원리를 밝히고자 했다면 술(術) 취(醉)한 세상의 단면이라도 들추었을 텐데 술 독아지에 빠지는 바람에 몽롱한 육생살이 면치 못하고 있다.

　나만의 왕국 움막생활은 절대고독 속에 후회와 회한으로 시작하여 자기성찰을 이룰 때서야 마친다고 하는데, 고작 육생의 술로 인연 맺는 순간에 고루한 습의 원인을 규명하지 못한 결과가 나타나기 시작한다. 그것은 바로 내 말이 맞는 말이니 무조건 믿고 따라야 한다는 치우친 독선의 행보에 잘 나타나 있다.

　아쉬운 육생량에 첨가시킬 이로운 정신량을 마련하지 못한 데에서 오는 가장 큰 병폐가 아닐까 . 물론, 당장의 어려움과 병을 낫게 해주는 정도의 이로움이야 있겠지만 받아야만 했던 이유와 원인을 무시한 처사라 재차 주어지는 시험에 걸려 더 큰 고통을 치른다. 즉 육생의 술로 어려움과 병을 낫게 해주는 만큼 치솟는 교만의 늪에 빠져 헤어나지 못한다는 것이다.

　내 앞에 있는 너와 싸우고, 부딪치고, 충돌하여 어렵고, 힘들고, 고통스럽게 살아가는 이유와 원인을 외면하고 육생의 술(術)에 취(醉)한 이가 이기의 술(術)로서 저마다의 욕심을 어루만졌으니 더 큰 탈이 나지 않을 수 없다. 너를 위한다면 불똥이 튈까. 나밖에 모르는 데에서 오는 불똥은 싸우고, 부딪치고, 충돌을 일으켜 어렵고, 힘들고, 고통스럽게 만든다는 사실을 간과하지 말아야 한다. 유념해야 할 사항은 술에 취하면 사리분별이 어리석어진다는 점이다.

모두 함께하는 인생살이 질량을 깨닫고, 치우친 사적(邪的) 육생 질량에 더해 나갈 바른 정적(正的)의 정신질량을 마련했다면 정신적 운용주체로 발돋움한 것이라 도움 받고자 찾아오는 활동주체를 무지의 독선으로 이끌어 가지 않는다. 무형의 저승에서 받아온 사주는 유형의 이승의 기본금으로서 이를 순환코자 엄연한 법도(대자연의 섭리)가 적용되었는데 그것은 바로 나 하기 나름에 달리 나타나는 작용반작용의 법칙 상대성원리다.

　　행위가 덕(德)이 되었다면 득(得)이 되어 돌아올 것이요, 무덕(無德)하다면 무득(無得)할 것이고, 해(害)가 되었다면 독(毒)이 되어 돌아올 것이라 이처럼 수행은 바르다는 정의(正義)상호상생과 착하다는 선의(善義)반쪽반생과 치우쳤다는 사의(邪義)상극상충의 분별을 깨우치는 행위가 뒷받침되어야 한다. 부딪쳐 발생하는 어려움은 나의 불찰이 크므로 그 원인을 바로 잡는 일에서부터 공부는 시작되고, 바로 잡지 못하면 유사한 상황이 발생하는데 이는 표적의 공부로 주어진다.

　　왜 그런 것일까. 모든 일은 진화발전을 위해 상대적으로 벌어지므로 잘못 살아온 지난날을 되돌아보는 데에서부터 수행은 시작된다. 인성도 자기모순을 깨우칠 때 배양이 가능한 것처럼 자기성찰이야말로 나를 사랑하는 일이 아닐까 싶고, 한 땀 한 땀 나를 위한 사랑을 쌓아 나갈 때 너를 위한 사랑도 쌓는다.

　　한편, 비루한 자존심을 버팀목 삼으면 모순의 세상을 바로 보지 못한다. 본능의 육생살이 인간으로 태어난 것은 분별의 인생살이 사람으로 승화되어 사람들과 사람답게 살아가기 위함이라 육 건사 육생살이 습에서 헤어나지 못하면 바르다는 정(正)과 다르다는 선

(善)과 그르다는 사(邪)의 실태파악이 어렵다.

이를 분별하기만 하면 무엇으로 인해 너나 나나 요 모양 요 꼴을 면치 못하는 이유를 알 수 있다. 하나같이 너 때문에 그랬다는 듯이 타박이나 해대니 싸우고, 충돌하고, 부딪치는 일도, 어렵고, 힘들고, 고통스러운 일도 죄다 인연을 잘못 만나 그런 것으로 인식할 수밖에 없다. 말인 즉은 자신의 뜻과 다른 이들은 제발 앞길을 가로막지 말고 좀 비켜달라는 것이다. 너로 인해 막힌 숨통, 너만 없으면 절로 틔지 않을까 싶어 하는 소리다.

하나 되고자 지어진 인연이거늘, 사람답게 살아가기 위해 지어진 인연이거늘, 내가 이롭지 않아 너도 이롭지 않은 것이거늘 그저 보기에 이롭지 않을 것 같아 필요 없는 것처럼 대했으니 이로울 리가 없다. 나 하기 나름에 달리 나타나는 인생방정식은 선순환 법으로, 아쉬워서 찾아오는 인연에게 먼저 주고 후에 받는 상생구도다. 주고 나서 받을 때 일어나는 것이 상호상생이므로 성공 후 실패하지 않는 소통법이라는 것이다.

한편, 말 그대로 수도(修道)나, 수련(修鍊)이나, 수행(修行)이나 몸이 건강해야 생각도 건강한 법, 인성과 분별의 차원도 다르지 않아 공부자는 너를 위해 살아가고 싶어도 살아갈 처지가 안 된다. 너를 위한 삶은 육생의 술을 넘어 하나 되는 정신의 법을 마련했을 때 가능하므로 공부자는 배우는 자이자 흡수하는 자에 불과할 따름이다. 도경(道經)이든, 불경(佛經)이든, 성경(聖經)이든 교리(教理)에 빠졌거나 형상(形象)에 빠졌다면 혼자서는 절대 벌어지는 일 그 이상의 차원을 흡수한다거나 분별하지 못하는 폐단이 발생하므로 좋을게 없다.

빠졌다는 것은 매달린다는 것이요, 매달린다는 것은 아쉬워 분별을 세우지 못한 상태라 하겠으니 천지인(天地人) 머리·몸통·다리세 개의 차원으로 나뉘어 운행되는 세상의 이치를 깨치기 어렵다. 머리가 하는 일을 몸통이 할 수 있을까. 몸통이 하는 일을 다리가할 수 없다는 것이다. 활동주체의 육생량 개척은 부분을 추구하는전문분야이고, 정신량을 창출하는 운용주체는 전체를 하나로 결속시켜야 하므로 지도자의 길을 걸어야 하는 수행자는 전체를 아우르는 분별이 바로 설 때까지 그 무엇에도 빠져서는 안 된다.

우리 민족은 음의 기운 인생살이 지도자의 정기로서 주술주력은물론 형(形)과 상(象)과 경(經)에조차 빠져서는 안 된다. 전체를 아울러야 하는 운용주체 민족이 활동주체 육생살이 부분의 행위에 매달리면 하나로 결속시키는 지도자의 소임을 저버린 꼴이라 선순환의 표적이라고 할까 양의 기운 활동주체 민족에게 시달리며 살아가게 된다.

왜 그런 것일까. 표적은 상대성이자 자연 발생적이다. 물은 음의기운 운용주체로서 육의 생명체를 위해 구석구석 스며든다. 반면육의 생명체는 양의 기운 활동주체인바 음의 기운 물과 화합을 이룰 때 종의 번식을 위한 결실을 맺는다. 물이 스며들지 않아 황폐화된 곳이나, 사막화된 곳은 육의 생명이 자리하지 않는다. 특히동식물은 육생을 사는 까닭에 힘의 논리가 화합의 전부라 각자도생한다.

물론, 삶의 차원으로 볼 때 자연은 거대한 하나의 시스템으로 운영되지만 실제 음의 기운 물이 있어 가능하다. 반면 개인주체의 삶을 살아가는 인간은 이로운 운용주체가 아쉬운 활동주체의 손을 잡고 나갈 때 하나 되는 것이므로, 언제나 아쉬운 육생량이 이로운 정신량을 갈망하는 것은 화합의 결실을 맺기 위한 것에 있다. 아울러 소임을 저버린 운용주체에게 활동주체가 육생의 힘으로 표적질을 해대는 것은 정신량을 공급받기 위한 것에 있다.

충돌은 이로움 음과 아쉬운 양이 화합하지 못하는 데에서 발생한다. 예를 들어 운용주체 민족은 인생살이 이로움의 덕(德)을 지향하고, 활동주체 민족은 육생살이 각자도생 힘(力)을 추구하므로 중화시키기 위해서라도 손잡고 나가야 한다는 것이다. 도(道)를 통해 덕(德)을 찾고, 화합 그 이로움의 가치를 밝혀야 하는 것이 운용주체의 소명이므로 인생살이 민족의 도는 정신량 마련을 위한 것에 있고, 육생살이 민족의 도는 육생량을 구가하기 위한 것에 있다.

즉, 해 돋는 곳에 사는 민족일수록 도는 정신량을 지향해왔고, 해가 중천에 뜬 곳에 사는 민족일수록 도는 육생량을 추구해왔으며, 해 지는 곳에 살아가는 민족일수록 도를 닦기보다 신앙에 의지하여 육생물질문명을 이루었다.

수행초기 자기성찰과 더불어 무엇을 위해 어떻게 살 것인가 원(願)을 세워 정진하면 '나는 누구인가'에 대해서도 자연스레 알게 된다. 보이는 육생량이든 보이지 않는 정신량이든 저마다의 욕심에서 기인하므로 공부의 첫 단추를 꿰지 못한 시작은 부딪침이다. 건시(乾杮)나 감이나 무엇이 다르다고 왜 그리 너의 가치를 존중하지 못했는지 모르겠다. 냄새 맡는 콧구멍 두 개는 그렇다고 치자. 흡수하는 눈 두 개와 귀 두 개를 무시하고 하나인 입으로 쪼아댔으니 눈으로 보고 귀로 듣는 의미를 알 리 없었다.

입은 육 건사를 위해 물질을 섭취하고 소통을 위해 말을 뱉는다.

즉 눈으로 보고 귀로 들은 바를 입으로 어떻게 내뱉느냐에 따라 은인이 되고 원수도 된다. 내 안에 이기의 생각과 이타의 마음이 공존하는 것은 보고 들은 바를 혼화시켜 배출하기 위한 것에 있다. 네 말을 끝까지 경청할 때 생각 너머의 마음에 다다라 언행은 지혜로워지는 법, 태반이 끝나기도 전에 자기생각차원에서 내뱉어 결국 입으로 독과 독을 주고받는 결과를 초래한다.

사실, 지금까지 세운 원이라고 해봐야 나 먹고살기 위한 육생행위를 위한 것이었으니 너를 위해 행한다고는 하나 마지못해서거나 태반이 득 보기 위함이라 생색은 기본이요, 해주고 개운치 못한 것도 당연한 일이었다. 마음과 마음이 통하면 하나 된다는 이심전심(以心傳心), 수행은 버리고 비우는 행위라기보다 부족함을 채우는 일에 있다.

"도를 아느냐"

나름 닦았다고 자부하는데 물어보니 막상 실체를 가늠하기가 여의치 않다. 도통하고자 시작한 수행인데 말로 한몫 잡으려는 자기셈법이 난무한다. 군자가 되고자 했으면 적어도 육생 너머의 인생을 살아가야 하지 않겠는가 말이다. 노자의 무위자연과 장자의 물아일체도 저마다의 삶을 구현하고자 했던 것이라 필경 너는 너의 인생길, 나는 나의 인생길을 위한 것이었을 터, 차안(此岸)의 번뇌망상의 언덕에서 피안(彼岸)의 열반의 언덕으로 가야한다고 불교에서는 가르친다.

분명 너를 위한 지혜와 나를 위한 지식이 내 안에 공존하는 것은 하나로 연계하기 위한 방편이라 나만을 위한 삶을 추구하면 지식 너머의 지혜로 다가서기 위한 표적이 가해진다. 보이지 않는 저승에서 받아오는 사주는 보이는 이승을 위한 육생의 기본금이다. 이를 바탕으로 모두 함께하는 인생을 살아야 하는데 과연 도를 통해 군자가 되고 열반에 들어 피안으로 가는 이들이 얼마나 될까. 누구나 가능하겠느냐는 것이다.

이렇듯 도를 저마다의 욕심대로 적용시켜 왔다. 만약 눈에 보이는 육생량을 마련하는 일이라면 실체는 드러났을 것이고 적절하게 육생의 대안도 마련했을 것이라 이쯤 되면 지금 여기에서까지 도를 가지고 가타부타 논하지 않을 것이다. 보이지 않는 정신량을 마련하기 위한 방편이라 실체가 있을 수 없고, 또 깨친 만큼 행위로 나타나야 하는 것이라 이후 치우치지 않는다면 참으로 거룩한 행위가 아닐 수 없다.

세 개의 차원으로 나뉜 세상이라 천지인, 상중하, 머리(뿌리)·몸통·다리(가지) 등으로 나뉜 질량이 자리하였다. 뿌리(머리)는 천상(天上)이므로 하나로 아우를 정신량을 지향하였고, 몸통은 지중(地中)이라 오장육부가 자리하여 정신량과 육생량의 교역의 장소이고, 가지(다리)는 인하(人下)로서 육생량 추구에 이바지한다. 그리하여 이로운 정신량을 바탕으로 살아가야 하는 뿌리민족이 있는가 하면, 정신량과 육생량이 교차하는 곳에서 살아가야 하는 몸통민족이 있고, 힘을 바탕으로 아쉬운 육생량을 위해 살아가는 가지민족이 있다.

머리는 운용주체로서 도(道)를 통해 덕(德)을 마련하여 교역의 땅 몸통과 육생량의 땅 다리를 하나로 연계해야 한다. 만에 하나 머리가 도를 통하여 법을 구하지 못하고 육생의 술로 다스리려 든다면 몸통과 다리는 그에 따른 막대한 상해를 입는다. 또 머리가 이로움을 잃어버렸다는 것은 뇌졸중과 다를 바 없어 상황은 매우 심각하다. 특히 몸통과 다리는 활동주체이므로 치유 가능하지만 뇌는 운용주체라 완전회복이 불가능하다.

무엇보다 육생의 명상은 1안으로 뇌를 활성화시켜 신체를 바르게 유지해 나가기 위한 것에 있다면, 인생의 명상은 2안으로 화합의 정신량을 마련하는 데 있으니 둘 다 정도에 어긋나면 주화입마 사슬에서 벗어나지 못한다. 너를 위할 때인데도 불구하고 나만을 위해 사는 경우와 이로워야 할 때인데도 불구하고 아쉬워 더 벌어들이고자 하는 행위와 다를 바 없어 상극상충의 표적을 피하지 못한다. 일면으론 사업이 난관에 봉착할 것이고, 이면으론 육신에 병이 날 것이라, 들고나는 들숨날숨처럼 벌고 쓰고 주고받는 음양차원을 바르게 보기 위한 방편이 바로 도(道)라는 것이다.

다들 실체 없는 도를 닦기 위해 가부좌 튼 것은 술을 구하고자 하는 욕심 때문이고, 기실 때가 되면 근기마다 주어지는 것이 육생의 술이요, 이를 뛰어넘고 마련해야 하는 것이 인생의 법도다. 근기 중에서도 최상의 근기여야 가능하겠지만 하나의 씨앗으로 조화만발의 세상을 여는 것이라 정신건강을 위해 명상을 해보겠다면 길면 20분, 되도록 15분 내외가 적합하지 않을까 싶다.

지난날 깨달아 보겠노라고 되지도 않을 욕심을 부렸다. 돈오돈수(頓悟頓修)니 돈오점수(頓悟漸修)니 귀동냥한 깨달음을 가지고, 허정개비가 개폼 잡던 시절, 산속 인연과 가부좌 틀기라도 하는 날이면 누가 더 오래 앉아 있는가 퍼포먼스를 벌리는 듯싶었다. 깨달음이 무엇인지 알고나 있었을까. 이미 몸주가 되어버린 신에게 도술 달라고 애원하는 주제에, 이를 부리고자 시키는 대로밖에 말 못하는 주제에 깨달음의 경지를 운운하였다.

상근기일수록 큰 신이 들어와 큰 도술을 부리고, 중근기에서 하근기로 내려갈수록 걸맞은 신이 들어와 걸맞은 도술을 부릴 터, 신이 시키는 대로 전하는 것도 상중하 차이가 난다. 이를 넘어 대자연의 섭리에 눈이 트이면 물리가 터지고 이지가 밝아져 천지인 세 개의 차원으로 나뉘어 움직이는 세상의 이치를 알게 된다. 그런데 참으로 희한한 일은 물어보지 않으면 아무것도 모르는 상태로 머문다는 것이다.

변화무쌍한 세상사는 물론 생각의 실태도 잘 알고 있지만 일상 그대로 일 때 단순 그 상태에 머문다고 할까. 티 없이 맑은 상태라 질문에 답할 때에는 대자연의 근본원리에 입각하여 명확한 핵심을 잡는다. 육생 너머의 인생 차원을 지향한 정신량의 답변이라 조금은 의아한 듯싶지만 쾌도난마 화법이라 말하곤 한다.

사실, 생활의 판도는 무엇을 얼마만큼 알고 있느냐가 바꾸어 나가지만 내남없이 알고 있는 욕심의 소산 지식을 어디에 어떻게 쓰이냐에 달린 문제다. 육생의 안위를 위한 방편을 가지고 인생의 정신량으로 받아들인 세월만큼 깨달음도 천차만별이라 경우에 따라 맞을 수도 있고 맞지 않을 수도 있다. 애매모호한 답변일수도 있지만 개인의 육생 논리냐 모두를 위한 인생 진리냐에 따라 삶의 향방이 달리 나타나기 때문인데 부분의 육생살이 깨달음과 하나로 아우르는 인생살이 전체의 깨달음과는 판이하다는 것이다.

"푹 쉬어"

어려워지고, 힘들어지고, 고통스러워지는 이유가 어디에 있을까. 싸우고, 부딪치고, 충돌하는 상극상충에 있지 않을까 싶은데, 내 앞에 있는 너와 이웃과 사회와 부딪치는 이유 중 하나가 자기 생각을 걸러내지 않고 발언을 할 때 상하는 자존심에 있다. 함께하고자 한다면 자신의 생각을 놓을 줄 아는 용기도 필요하다. 이는 수행을 마칠 때까지 자존심은 소멸시키고 자존감을 키워야 한다는 것이다. 그러고 보면 내 뜻과 맞지 않을 때마다 충돌을 일으켰으니 상극상충의 발로가 버팀목이라는 자존심에 있었다.

나 홀로 움막은 나의 왕국이라 멋대로 한들 뭐라고 할 이가 있겠는가. 하지만 함께하는 도량은 다르다. 부직포에 차광막으로 얼기설기 엮은 두어 평짜리 무허가 움막이 폭포수 옆에 자리하고 있었다. 찾는 인연들이 점차 늘어나자 허가된 넓은 곳으로 옮겨야 했고, 공부가 시작되었는지 툭 하면 자존심이라 푹 쉬는 일이 여간만만치 않다. 이를 기(氣) 싸움이자 신(神) 싸움에 비유하기도 하는데 하루 이틀도 아니고 할 일 없이 지낸다는 자체가 고행이라 무료한 시간을 보내기 위해서라도 소일거리를 찾아야만 했다. 또 그 자체가 번뇌와 망상을 이겨내는 시간이기도 했었으니 주변 풍광도 어느 정도 시간이 흐르고 서야 눈에 들어왔다.

제 방법이 최고라 고집부리는 이들끼리 생활하는 데 있어 배려는 덕목이기보다 기본이다. 서로 부딪쳐 상처를 입지 않으려면 어쩔 수 없는 일이지 않을까 싶지만 가끔 기본 덕목조차 손해로 생각하곤 했었다. 내 방법이 크게 잘못된 것은 아니었다. 알려주는 방법이 미숙한 것에 있었다. 항상 나 잘났다는 듯 뻐기듯이 행동한 탓에 주고도 욕먹고 그러다가 대판 부딪치기라도 하는 날이면 다시는 그런 일을 없을 것이라고 이를 악물어 보지만 유사한 상황을 맞이하면 제 버릇 남 주지 못한다.

인간은 지극히 이기적이라 부딪침은 거기에 머물러 벌이는 행위지만 한편으론 진화발전의 과정이라 유사한 상황이 지속되면 멈춘 것이요, 일어나지 않는다면 넘은 것이다. 아쉬워 받는 입장은 감사해야 할 것이고 이로워 주는 입장은 진술해야 할 것이라, 육생량이건 정신량이건 베푼다는 행위는 상대방의 근기를 알고 해야 한다. 지난날 소통이 원활했다면 수행이나 은둔생활할 리 없지 않은가. 한마디로 말해 내 말이 맞으니 무조건 따라야 한다고 고집과 독선으로 일관하다 끌려온 이들이라 해도 과언은 아니다.

귀양과 별반 다를 바 없는 생활이 지속된다. 쉴 곳이라곤 도량 주변이 전부라 방목이나 별 다름 없었고, 주제도 모르고 벌, 나비처럼 자유로이 훨훨 노닐자(즐기자)는 것에 공부의 초점을 맞추기도 했었다. 사실, 소통할 줄도 모르는 놈이 너무 잘난 멋에 살다 도린결에 방목되었는데 물처럼 바람처럼 살아가는 자연인을 연출한다. 생각해보자. 벌과 나비가 한가히 노니는 것일까. 물과 바람이 할 일을 잃고 놀고 있느냐는 것이다.

내 셈법에 골로 가 놓고서 하루 웬 종일 내 셈법이라 독선의 기세는 꺾일 줄 몰랐다. 뜻을 함께하고자 한 도반이 아닌가. 함께하는 길은 불편을 주지 않는 일이라 생각하다가도 매우 하찮은 실수를 보고 넘기지 못해 시험에 걸리곤 한다. 너를 위한 행위에 대해

숙고해야 했었는데 충돌할 때마다 서운하고 섭섭한 감정이 앞선다. 왜일까. 지난날의 상처 때문이 아닌가 싶고, 그나마 다행인 것은 다시는 같은 시험에 걸리지 않으리라 이 악문다는 것이다.

분명 참견하고자 한 것이 아니었는데 참견이 되어버렸고, 간섭하고자 한 것도 아니었는데 간섭이 되었다면 이는 당최 어찌된 노릇인가. 분명 나 잘났다 한 것도 아니었고 너 못났다 한 것도 아니었지만 소갈딱지가 밴댕이라 어지간히 너의 가치를 인정하려 들지 않은 모양새다. 이롭게 주고받을 분위기를 조성했다면 참견은 이로움이 되었을 것이고, 간섭은 감사함이 되었을 것인데 여전히 밉쌀 맞은 눈총만 주고받는다.

보여지는 행위는 분명 너를 위한 일이었지만 결국 보여주기 식이거나 내 속 편차고 한 행위에 불과했던 것이다. 어느새 눈치 백단이 되다보니 '부족하니 수행자'라는 사실을 까맣게 잊어버린다. 누구나 할 것 없이 다 같은 처지라 잘났다 주절거리는 것도 주제도 모르고 하는 짓거리라 미운털이 절로 박힌다.

가치를 인정받았다면 참견과 간섭이 되겠는가만, 도와 달라 청하지도 않았는데 돕는다는 명분에 잘난 척으로 일관하다시피 했으니 도움이 되기라도 했을까. 아직까지도 의논과 합의, 그 사랑의 깊이를 깨닫기에는 멀었다. 시간의 흐름에 따라 잘난 척의 기세가 점차 숙지는 데에도 불구하고 어느 한순간 밀어닥쳐 오는 화는 내 뜻대로 안 되는 욕구불만이라, 생각에 꺼둘려 잘난 척 하는 모양새는 여전하다.

자가당착에 빠지는 이유가 어디에 있을까. 아마도 자신의 못난 짓거리를 모르기 때문이 아닌가 싶고, 이는 사실 모두에게 나타나는 공통분모이다. 뼈아픈 과거마저도 고이 접어놔야 하는데 주마 등처럼 스칠 때마다 눈물콧물 범벅이 되곤 한다. 나태한 정신 때문 일까. 하는 일도 없는 육신은 늘 피곤하기만 하다. 이럴 때면 못 잡 아먹어 안달이었던 도반에게 기대려는 경향이 은근하다. 누구보다 고집과 독선이 강한 이들로서 자기주장을 굽히지 않을 때가 문제 다. 속박된 듯 속박되지 않은 좁은 공간에 저마다 셈법이 난무하면 모순투성이라 여간해서는 합의가 용이하지 않다.

"내 말 듣고, 네 뜻대로 할 것 같으면 떠나야 하느니라"

환장할 노릇이다. 왜 이리도 너의 가치를 존중하지 못하는 것일 까. 1원어치도 되지 않는 쓸모없는 자존심 때문에 요 꼴 되었건만 여기에서도 난리가 아니다. 모든 것을 포기하고 수행자의 길을 가 고자 원을 세웠으면 가르침에 따라야 하건만 못난 게 못난 짓만 해 서 그런가 생각과 행동이 일치하지 않는다. 부족해서 수행자이겠 지만 속이 타들어가는 만큼 얼굴도 잿빛으로 변해간다. 공부가 막 힐 때 일어나는 현상 중에 하나다.

네 뜻을 받아들여 수렴하려든다면 의논은 자연스러운 현상이고 합의는 저절로 이루어지는 사항인데 언제쯤 가능할까. 석 달 열흘 동안 공부를 바로 잡아 나갈 수 있도록 도와주는 것은 근기에 따라 차이 나겠지만, 대체로 보름에 한 번 꼴로 시험에 들기 때문인데 때를 같이해 보름달이 뜨고 지는 등의 화두가 주어진다.

이 기간에 공부의 맥을 잡는다면 나를 위한 육생살이 인간으로 태어난 이유와 너를 위한 인생살이 사람으로 승화되어야 하는 이 유까지의 접근이 수월하다. 우리 민족의 영원한 화두 '널리 인간

세상을 이롭게 하라'는 홍익인간(弘益人間)을 위해 해야 할 일은 다름 아니라 운용주체 민족의 자질을 키우는 일에 있다.

 석 달 열흘, 백 일 동안 7번 시험에 든 후 3년 공부 결정은 나의 몫이다. 인간의 법도를 깨우칠 즈음 양의 기운 유형의 삼라만상 3차원 지상(地上)의 법도를 깨치고, 연이어 7년이면 음의 기운 무형의 7차원 천상(天上)의 법도마저 깨치기에 이른다. 보편적으로 수행의 핵심은 나 하기 나름에 따라 달리 나타나는 작용반작용의 법칙이자 인생공학이기도 한 상대성 원리를 인생방정식에 적용해 보자는 것에 있다. 즉 이로워서 맞이하는 운용주체와 아쉬워서 찾아가는 활동주체 사이에서 이기의 육생량을 두고 이타의 정신량을 가미하지 못하면 싸우고, 충돌하고, 부딪치는 이유와 원인을 밝혀내기 위한 것에 있다.
 일상의 문제는 대체로 내 앞의 인연과 육생량에서 비롯되므로 누구나 생활 속에서 3년만 공부하더라도 어렵고, 힘들고, 고통 받는 원인에 대해 알게 되고 이쯤 되면 즐겁고, 기쁘고, 신나는 삶이 어디에서 기인하는지도 알 게 된다.

2. 배우는 자는 흡수하는 자이다

내가 알고 있는 것이 무엇인가.

태반이 나를 위해 주입한 것이 아닌가.

너를 위한 음(女, 정신량)과

나를 위한 양(男, 육생량)이 만나

화합을 이루어야 하는 것이 대자연의 섭리이거늘

너를 위해 써야 할 것을 얼마나 알고 있느냐는 것이다.

귀신(鬼神)의 장난이라 일컫는 마장(魔障)을 마군 혹은 음란마구니라 부르며 도파마다 달리 적용하고 수행자들이 가장 금기시 한다. 토굴에서 홀로 용맹하든, 도량에서 함께 정진하든 수행에 방해되는 모든 현상을 통틀어 마장이라 한다. 천 일을 하건, 백 일을 하건, 삼칠일을 하건, 안거 중이건, 기도 중이건 삿된 욕심과 집착으로 말미암아 번뇌 망상에 빠지면 절대분별에 혼선을 일으켜 사량분별로 황금 같은 시간을 허비하는 겪이라 생각을 멈추고 마음 다스리라고 가르친다.

좌선에 들어 하나의 생각에 집중하기 위해 알음알이는 사량분별의 실체라 일체(一切)를 버리라고 다그치기도 한다. 기실, 바르다는 정(正)과 다르다는 선(善)과 치우쳤다는 사(邪)의 분별을 깨치지 못하면 결국 일체의 행위가 육 건사 육생살이 일면에 국한되었다는 사실을 모른다. 이를 깨우칠 때까지 어떤 하나에 집중하겠지만 육생량의 본질을 모르면 알음알이에 놀아난다.

사량분별(思量分別)이란 이기적 생각의 차원, 즉 내 식(識)과 내 각(覺)과 내 셈법의 굴레로서 자기 논리와 집착이 만들어낸 허상과 허구에 놀아나는 차원이라 할 수 있다. 따라서 내게 맞는다고 네게도 맞는 것처럼 나대다 받게 되는 고통이 표적인데 마장이 들었다고 한다.

절대분별(絶對分別)이란 나를 위한 생각에 너를 위한 마음을 부가시켜 나가기 위한 것으로 유형을 밝히는 지식과 무형을 일깨우는 지혜를 하나로 연계시키고자 하는 것을 말한다. 즉 쌓아두는 지식은 사량분별이요 찾아 쓰는 지혜는 절대분별이라 선천적 육생량으로 인연 짓고, 후천적 정신량으로 인생을 살아가기 위한 것에 있다. 이를 위해 치우쳤다는 사행(邪行)과 다르다는 착한 선행(善行)을 분별해야 하고 이를 분별하지 못하면 바르다고 말하는 정행(正行)을 위한 정신량(精神量) 마련이 어렵다.

지금 순간에도 반쪽반생 일으키는 착한 선행은 바른 정행이 아닌 다른 행위인데도 착하게 살아야 복 받는다고 가르치는 통에 예상치 못한 문제에 봉착하여 한 뜸도 어려움에서 벗어나지 못하고 있다. 나밖에 모르는 치우친 사행은 상극상충의 원흉이라 나를 위해 살아왔다면 너를 위해 살아가야 하는데도 불구하고 오직 나만을 위해 살아가다 받게 되는 표적을 마장이라 부른다. 과연 착한 짓이 반쪽반생을 일으킨다는 사실을 알고 있는 이가 있을까. 너를 위해 살아가야 할 때가 언제인지 분별할 수 있느냐는 것이다.

상호상생을 일으키는 바르다는 정행은 착한 선행과 치우친 사행을 분별할 때서나 가능하므로, 알음알이 식은 바른 가르침(정신량)이 첨가될 때 융해되므로, 수행 중에 방송매체는 물론 신문, 책 등을 접하지 못하게 하는 이유가 여기에 있다. 그러므로 자기 식을 털어내지 못하면 마장에 놀아나는 꼴과 다름없다. 내 셈법의 식과 각을 내세우지 않을 때가 분별이 바르게 서는 때라고 하겠으니 보고 듣는 차원이 달리 다가오는 것이다.

물론, 마장 없는 수행은 없다. 혼자하든 함께하든 진화발전을 위한 것이라면 어느 경로를 통해서든 찾아들기 마련이고, 대부분의 경우가 내 앞의 인연에게서 비롯된다. 혹자는 영적 차원을 말하지만 근기마다 다르고, 신(무속) 제자의 마장은 영(靈)에서 기인하기도 한다. 특히 신이든 영혼이든 인간이든 잘 휘둘리는 이들이 바로 무속인인데 무엇보다 신(영의 세계)의 꺼둘림에서 벗어나야만 정신적 지도자로 우뚝 설 수 있다.

물론, 모든 선천적 육생의 도술은 신이 부여하지만 여기에 꺼둘리면 자유의지를 상실하고 육생 논리에 묶여 살아가게 되므로 그 너머의 차원을 바로 볼 수 없다. 다시 말해 도술에 부합시킬 후천의 정신량을 마련하지 못하면 본인 의지와는 상관없이 신 놀음에 꺼둘려 사는 육생살이가 전부라는 것이다.

도술 너머의 도법은 육생 너머의 인생을 가리키는 바라, 개인의 사 결정권 법(정신량)을 마련한다면 정신적 지도자가 아닐 수 없고 자유의지는 향상될 터 더더욱 도를 통한 후천의 깨달음은 빛을 발할 것이다. 그러나 안타깝게도 선천의 도술에 놀아나는 바람에 도통과 깨달음의 차원마저도 육생량에 멈추어야 했다. 아울러 마장도 1안의 육생살이 해석이 전부인지라 인생살이를 위한 2안의 정신적 표적으로까지의 접근이 용이하지 않다.

아쉬워서 찾아가는 자는 활동주체요 이로워서 맞이하는 자는 운용주체라 아쉬워서 찾아온 인연에게 자기 셈법을 들이밀다 받은 표적이 바로 부딪침이다. 그러고 보면 수행 중에 찾아드는 마장과 별반 다르지 않다. 진화발전을 위한 현상의 하나로, 세간에서 가치와 목표를 세우고 공부하는 것이나 도량에서 원을 세워 수행하는 것이나 다르지 않다는 것이다.

세간이나 도량이나 부지불식간에 찾아오는 인연도 그만한 이유가 있을 터, 외면하고, 저버리고, 돌아선다고 마장이 찾아들지 않을까. 사량분별 장애물을 넘어설 때까지 찾아드는 것이 마장이므로 치우친 사의 상극상충도, 다르다는 선의 반쪽반생도, 바르다는 정의 상호상생을 위한 것이므로 발전을 위한 모든 상황은 앞서나가는 생각에서 기인하고 내 앞에서 벌어진다.

"배우는 자는 흡수하는 자이다"

공부자는 흡수하는 자라 스펀지마냥 흡수하려 한다면 자기 셈법(논리)을 놓아야 하고, 이를 위해 해야 할 일은 입은 다물고 눈으로 흡수하고 귀로 청취하는 일이다. 비워야 할 것은 마음이 아니라 나밖에 모르는 생각이요, 절대분별을 위해 눈과 귀로 채워야 하는 것은 앞에서 벌어지는 일이다. 내 앞의 인연이 내 모습이라 하지 않았던가. 입을 떼는 순간 내 계산법이 발동하므로 배우는 자가 되기보다 참견간섭의 훼방꾼, 즉 사자가 되기 십상이다.

특히 내 논리는 나에게만 맞는 셈법이랄까. 그나마 맞으면 다행이겠지만 변화무쌍한 대자연의 가르침을 무시하는 형국이라 퇴보를 일삼는다. 그렇다고 억지묵언 하라는 소리가 아니다. 모순이 드러날 때까지 묵묵히 지켜보면 치우친 자신의 모습을 볼 수 있을 터, 도와 달라 청하지도 않았는데 나섰다면 내 심사 편코자 해대는 짓과 다를 바 없어 너나 나나 이로울 게 없다는 것이다.

도움을 요청한 네 간절함은 사연을 다 듣고 난 연후에나 방도가 마련되는 법이다. 미리 정해 놓은 답은 내 조건에 맞는 나의 답일 수밖에 없는데 어찌 너를 이롭게 할 방안이 될 수 있을 것이라 생각하는지 모르겠다. 묵언 수행은 밝지 못한 사리(事理)에 이지(理智)를 불어넣어 문리(文理)를 터뜨리고, 운용주체로서 소통과 융화의 자유로움을 만끽하기 위한 것에 있다.

　그만큼 정해 놓은 기간 동안 말 못하는 갑갑함이야 이루 말할 수 없겠고, 그르고 다른 것을 바른 것마냥 앞에서 이바구 해대는 것을 듣고 말 못하는 답답함이야 오죽하겠느냐만, 모순은 잣대를 내려 놓고 다가설 때 보게 되는 것이라 어느 쪽으로도 치우치지 않는 수행이 절대로 필요하다.

　사리분별은 알음알이를 통해 잡아 나가기도 하지만 묵언을 통해 잡아 나가기도 한다. 그리고 보면 홀로 하는 토굴이나 함께하는 도량이나 할 말이 그리 많지는 않을 것이라 묵언은 기본일 터이고 진정한 묵언은 난장에서 해야 하는 것이 아닐까. 세 치 혀를 다스리기만 한다면 무엇이 두렵겠느냐마는 하나같이 다스리지 못해 공포와 두려움에 떨고 살아가고 있으니 말이다.

　그건 그렇고 당최 무엇을 그리 많이 알고 있기에 주절거리는 것일까. 정작 이로움이 될 법한 것이 있기라도 한 것일까. 이로움과 해로움에 대한 분별이 바로 설 때까지 흡수하는 자(者)라야 하는데 사려 깊지 못한 세 치 혀를 나불대는 걸 보아하니 영락없이 부족한 수행자다. 허구한 날 묵언을 한들 이롭지 못하면 백약이 무효라 자신에게조차 이롭지 않은 묵언을 수십 년 고집하는 걸 보면 도피처로 삼은 것일지도 모른다.

"알아도 몰라라"

　살아가고 만나고 소통하는 데 있어 상호상생에 필요한 부분을 얼마나 알고 있을까. 막히어 어려워질 때마다 태반이 전문의를 찾는 것을 보면 이로움의 질량이 얼마 안 되는 모양이다. 전반적인생활습성은 선천적 이기의 육생량에 국한되어, 정신량 부재로 아쉬워 찾아온 내 앞의 인연과 소통하는 데 적지 않은 어려움을 겪는다. 물론 육생을 통해 인생을 살아가는 것이지만 문제는 똑똑함에 취하여 그다지 필요하지 않은 육생의 지식을 쉼 없이 주입시킨 결과물이 지혜를 저버리고 산다는 것이다.

분명 어린 시절은 나를 위해 살아가야 하는 육생시절이지만 본질은 너를 위한 성인 시절을 위한 것인데도 어린 시절마냥 나밖에 모르는 삶을 살아가다 좌절의 고통과 실패의 늪에서 헤어나지 못한다. 어린 시절에 훑어만 봐도 충분한 것들을 성인 시절에까지도 흡수하려드니 마구니가 들어찰 수밖에 없다.

작금은 이기의 육생량에 이타의 정신량을 부가시켜 나가야 하는 업그레이드 시대다. 우리 사회는 알음알이 식(識)으로 가득 찬 똑똑한 이들보다 소통의 지혜를 쓸 줄 아는 현명한 이들이 필요하다. 육생물질문명을 일으키는 지식에 치우쳐 정신문명 지혜의 본질에 다가서지 못해 육생살이 힘의 논리만 부추기고 있다.

나를 위한 내 답일 수밖에 없는 알음알이 계산법을 들이미는 순간 진리의 가르침은 논리로 퇴행될 것이라 삼라만상 근본원리를 흡수하기 위해서라도 식과 각을 물리쳐야 한다. 내가 알고 있는 것은 과연 무엇인가. 태반이 나 좋다고 주입한 것이 아닌가. 너를 위한 음(女, 정신량)과 나를 위한 양(男, 육생량)이 만나 화합을 이루어 나가는 것이 대자연의 섭리이거늘 과연 너를 위해 써야 할 것을 얼마나 알고 있느냐는 것이다. 공부하는 자는 배우는 자이라 머리에서 발끝까지 티 없이 받아들일 자세가 필요하다는 것이다.

"보아도 몰라라"

안다는 것은 바로 그것을 깨우쳤다는 것이고, 깨우쳤다는 것은 해야 할 일을 찾았다는 것으로 자신이 누구인지 알았거나 알아가는 중에 있다는 것이다. 배우는 자는 흡수하는 자이므로, 지식으로 나의 생각을 채웠다면 너를 위한 마음의 지혜로 융화시켜 나가야 하기 때문에 이로운 자가 되려거든 앞에서 벌어지는 일에 대해 어떠한 결론을 내어서는 안 된다.

원(願)을 세워 공부하는 수행자에게 일어나는 매순간 상황은 자연발생적이라 어떠한 변수가 생길지도 모른다. 진화와 퇴보도 내 앞의 너에게서 비롯되므로 슬픔도 나 하기 나름이고, 기쁨도 나 하기 나름이라 똑똑한 척을 하면 할수록 막히어 퇴행하므로 하지 말라는 것이다. 아는 척과 잘난 척은 자존심의 산물이라 흡수하려 한다면 바보가 되어야 한다.

마칠 때까지 똑똑한 바보가 아니라 진짜 바보가 되어 생활해 보라는 것이다. 그로 인해 찾아드는 기쁨과 즐거움을 한껏 만끽할 수 있을 터, 이쯤 되면 사랑으로 영위해 나가는 행복이 어떠하다고 논해도 무방하다. 똑똑하게 구는 만큼 자기주장 일색일 것이고, 뜻이 같지 않으면 타박이나 해댈 텐데 그러는 만큼 나만 손해라는 사실을 깨우칠 때까지 알게 모르게 쉼 없이 부딪친다.

"들어도 몰라라"

언제든지 진행하는 일이 막혔다면 입은 굳게 닫고 눈과 귀를 활짝 열어야 한다. 너로 인해 비롯되었는지 나로 인해 기인된 일인지를 알기 위해서다. 대개가 내 부족함으로 벌어지는 사항이라 유사한 장애를 막기 위해서라도 이유와 원인을 찾는 노력을 게을리 하지 말아야 한다. 내가 손해 보면 그만 아니냐고 하겠지만 표적은 공부로 가해지는 만큼 해결하지 못하면 거기에 멈춘 것이다. 또 그와 연관된 모든 이들(부모자식형제)까지도 어느 경로를 통해서든 유사한 피해를 입게 된다는 것이다.

천치바보가 아닌 이상 보고 들었는데 어찌 모를 이 있겠는가. 그런데 바보가 되라고 한다. 똑똑한 바보가 아니라 그것도 진짜 바보가 되어 생활하라고 한다. 내 앞의 인연이 내 모습이니만치 수행을 마칠 즈음이면 너를 그저 바라 볼 때의 심정과 부딪칠 때의 심정, 그리고 하나 되고자 할 때의 심정, 특히 무관심할 때에는 어떤 행동을 하고, 어려울 땐 어떤 행동을 하며, 즐거울 땐 무슨 행동을 하는지도 자연스레 알게 된다는 것이다.

지금까지 지식의 알음알이가 소통의 본질이었다면 모를까 만남의 방편에 불과한지라 벌어들이려고만 했지 쓰는 법을 몰라 인성발달장애를 일으켜 불협화음을 야기했다. 육 건사 육생물질은 나를 위한 것이요 인생사 하나 되는 정신은 너를 위한 것이라 주고받고 들고남이 없다면 화합의 결실은 가당치 않다. 채움의 본질은 쓰기 위한 것으로 바르게 쓰는 법을 알고 있는 이가 있을까. 온통 버는 법만 가르치겠다고 야단법석이니 말이다.

내 셈법으로 우세 떨려 하지 않으면 내 식으로 각을 세우려 하지도 않는다. 그리 안 되다 보니 근기가 바닥 치는 날에는 쌓인 때가 여지없이 폭발한다. 화가 났다는 것이다. 왜 바닥을 친 것일까. 대자연이 너와 나를 차별 두었기 때문일까. 세상사 천지인 육해공 상중하로 나뉘어 운행되는 만큼 인간사 해야 할 일에 따라 소통의 질량을 달리 주었을 뿐이다. 아울러 세 개로 나뉘어 운행되는 차원을 하나로 연계해 나가고자 하는 이가 있어야 할 텐데 그들이 과연 누구여야 하느냐는 것이다.

선천적 질량을 기본으로 더 많이 받아온 이들이 아닐까 싶은데, 사람으로 승화되지 않은 육생살이 인간이기 때문에 아는 만큼 살아간다. 필히 이기의 육생량이 많은 자는 이타의 정신량을 필요로 할 것이고, 이기의 육생량이 부족한 자는 아쉬운 육생량을 위해 살아갈 것이라, 이쯤이면 손잡고 나가는 대안을 어디에서 마련해야 하는지를 알 수 있으리라. 저마다 아는 만큼 살아갈 수밖에 없는지라 깨우치기 전까지 누구도 무엇을 탓할 권리는 없다.

"네 모순부터 알아야 하느니라."

몰라서 못하는 이들이 태반이라 '한 번 실수는 병가지상사'라는 말이 만들어진 모양이다. 그런데도 남은 모르고 자기만 알고 있는 것처럼 오만과 독선으로 날뛰다 함정에 빠져 바닥 치는 것이지 신이 나를 미워하여 바닥을 치게 만든 것이 아니다. 독선의 창에서 비롯된 자기합리주의 오만의 방패를 내던져버려야 한다. 즉 똥 묻은 개가 겨 묻은 개 나무라듯 사사건건 잘못이나 지적해대는 자신부터 되돌아봐야 한다는 것이다. 알고서도 안 할까, 몰라서 못하는 것이라 알고 있다면 알아듣게끔 전해야 한다. 상대방의 근기를 무시하고 자기 식대로 전하다가 불똥이 튄다.

한편, '내가 하면 로맨스 남이 하면 불륜'이라는 자기합리화의 덫에 걸려 바닥을 치고 결국 수행의 길로 접어든 이들이기에 고집과 고집, 독선과 독선, 자존심과 자존심이 부딪쳐 튀는 불꽃도 당연한 일이 아닌가 싶다. 너를 이롭게 하는 분별력이 바로 설 때까지 부딪침은 공부의 자료로 함께해 왔다. 고작 그 행위가 전부일 수밖에 없는 너의 처지를 이해하려 들 때까지 스스로 자신의 모순을 깨치는 만큼 부딪침의 농도는 희석될 터이니 말이다.

바보가 되어 공부하더라도 내 앞의 인연은 나 하기 나름이라는 사실을 모르지는 않았을 터인데 못난이가 못난이와 만나 처음부터 시작한 것이 기 싸움이었다. 그러다보니 너를 위한다는 자체가 지고 들어가는 것이 아닌가싶은 생각에 보여주기식 마지못한 행위가 전부였다. 나도 이리 했으니 너도 이리 해야 한다는 무언의 암시를 주기에 바빴고, 우리 한 번 잘해보자고 번질나게 약속했지만 먼저 주고 후에 받는 선순환 법을 모르는 터라 질투심 많은 어린애들보다 못한 짓거리만 해댔다.

끼리끼리 살고 끼리끼리 만나는 것이라고 해도 그렇지 왜 이리도 못나게 굴어야만 했던 것일까. 아마 못난이라는 사실을 모르기에 못난 짓거리만 골라 해댔던 것은 아니었나 싶다. 물론 자신의 부족함을 찾겠다고, 하나 되기 위한 법을 공부하겠다고 원을 세워 그로 인해 벌어지는 일련의 상황이기도 했지만 말이다. 이렇듯 대자연은 수행자의 뜻에 다다를 수 있도록 일으키는 마장은 자연발생이다. 근기에 따라 농도도 다르고 그때그때마다 주어지는 공부의 질량도 다르다. 마치면 상중하 차원의 삶을 살아가게 되므로 그렇게 한 땀씩 교만을 벗고 사랑을 깨치며, 용서를 배워 감사함과 존중을 몸에 익혔다.

　누구나 입을 다물지 않으면 교만이 춤추므로 사랑과 용서와 감사의 근본에 다가서기 어렵다. 내 욕심의 집착이 일렁거릴 때마다 마구니는 자연발생적이라 너로 인해 잘못되는 것은 무엇도 없는데 남을 탓할 자격이 있겠는가. 작용반작용의 법칙 상대성을 무시한 처사라면 화의 티끌이 쌓이는 만큼 되로 주고 말로 받는다. 용서는 해야 하는 차원이기보다 받아야 할 차원이고, 사랑할지 몰라 부딪치는 것이므로 사랑하는 법을 배워야 한다.
　사사건건 핀잔이나 주고 타박이나 해대면 불통할 것이라 어려움에서 헤어나지 못하는 이유를 여기에서 찾을 수 있다. 하찮은 듯이 보이고 들리는 것조차 잠자는 분별력을 깨우기 위한 일련의 상황이다. 이곳이나 그곳이나 나 혼자 잘 먹고 잘살기 위해 욕심 부리면 집착이 불러들인 마구니로 인해 곤욕을 치른다.

　사실, 그전까지만 하더라도 자존심은 나의 모든 것을 지탱해주는 버팀목으로 생각해 왔었다. 그 결과 밴댕이 소갈딱지가 되어 사사건건 핏대를 올려야 했고, 그 알량한 핏대에 얻어맞은 상대방도 더더욱 강력한 독기를 뿜어대곤 했다. 아무리 도량에서 수행하는 특수한 입장에 처했어도 그렇지 아량은 밥 말아 먹었나, 부족하니 수행자라는 말 자체도 시간이 흐를수록 변명에 가까웠다.
　입으로 주고받은 독기에 감염된 몰골은 부정과 투사로 얼룩졌음에도 가식의 가면을 쓰고 얄궂게 웃어야 했다. 너보다 좀 더 잘난 놈이 되고 싶어 공부된 척, 갖춘 척을 했던 것이다. 도량은 그렇게 습과 각이 만들어낸 도피처가 되어가는 듯싶었다. 주고받은 독기에 감염된 기운의 치유는 자신의 꼬락서니를 아는 데 있다. 다들 자신이 사자가 되었다기보다 상대방이 사자짓거리를 한다고 생각했으니 까맣게 타들어간 가슴만큼이나 얼굴도 타들어갔으니 말이다.

너를 사랑함이 나를 사랑함이라는 말은 익히 들어서 알고 있다. 그런데 문제는 너를 사랑하는 법을 모른다는 것에 있다. 아쉬운 만큼 다가가서 속 편차고 앙탈부린 것인데 너를 사랑해서 그런 것이라고 퉁명스럽게 말하고선 이러한 나의 심정을 알아줄 것이라 믿고 한 말이었다고 한다. 진심이든 아니든 너의 심정을 헤아리지는 못해도 미워하지는 말아야 했었는데 왜 그리 모가 났는지 모른다.
못 알아들은 것인가. 못 알아듣게 말한 것인가. 찬바람이 쌩할 정도로 눈 부라리며 투덜대다가 뜻이라도 한번 받아주면 헤헤 좋아서 어쩔 줄 모른다. 심성이 고와 그런 것인가, 어리석어 그런 것인가. 네 뜻을 받아주지 못하는 소갈머리는 어느 자리에 가든 불쑥 내뱉는 말 한마디로 초미의 긴장 상태를 만든다.

"네 처지를 깨닫게 하는 것이 무엇일 것 같더냐"

절하고, 기도하고, 좌선해서 얻고 물리칠 수 있다면 얼마나 좋을까마는 막연한 기대심리와 아상만 자리하고, 또 그러한 육생행위만으로는 탁해진 자신의 기운을 절대 맑힐 수 없다. 공부도 한 치 건너 한 치 앞에 주어지지 않는다. 하나 되는 인생 공부는 바로 내 앞의 너를 통해 주어지므로 선천적 좌절과 성공 그리고 후천적 실패와 재기는 나 하기 나름이지만 언제나 전개되는 상황은 내 앞의 너를 통해 충분히 인지할 수 있다. 도량이라고 다를까. 무슨 소문을 어디에서 듣고 왔는지 몰라도 실패한 이와 몸 아픈 이들이 종종 들르곤 하는데 누구를 위한 것이었을까.

물론, 도움 받기 위해 찾아온 이들을 위한 것에 있겠지만 수행자에게도 잘못 살아온 지난날을 되돌아보게 하는 시간을 갖게 한다. 좌절을 딛고 성공하려거든, 실패를 거울삼아 재기하려거든 실패의 이유와 원인부터 밝혀야 한다. 특히 육신의 병은 갈 때까지 간 것이라 심사숙고해야 하고, 또 갈 만큼 갔다고 생각하는 시간에서 마지막 남은 삶을 너를 위해 살아가겠노라는 원을 세우면 얼마나 시간이 더 주어질지는 아무도 모른다.

천부진리(天符眞理)는 하늘의 가르침이자 만물이 하나 되는 대자연의 섭리로서 인간세상 적대보완적 상대성원리에서 화합의 원리를 마련해야 한다. 대자연의 근본을 공부하겠다고 고하였으니 가르침의 방편도 알아야 하는 터라, 내게 부는 바람은 내 바람이듯 상황은 내 앞의 인연으로부터 시작된다. 퇴보냐 진보냐 나 하기 나름이라 실패했던 이들은 실패한 이들에게 눈길이 가는 것은 인지상정이요, 병으로 고통을 받았던 이들은 병으로 고통 받는 이들에게 눈길이 가는 것은 당연지사 아닌가.

수행자는 어느 누구에게도, 안타깝다, 안쓰럽다 내비치는 동정은 어설플 따름이라 금기시한다. 물론 진심 어리게 손이야 한번 따뜻하게 잡아줄 수 있지만 이러쿵저러쿵 입방아 찧는 순간 공부는 끝난다고 말한다. 왜일까. 상호상생으로 주어진 인연을 통해 자신의 부족함을 채우기보다 오히려 자신을 내세우는 행위는 반쪽반생의 결과를 초래하므로 스스로 흡수하는 자임을 포기하겠다는 것과 다르지 않아서다. 알아도 몰라라, 들어도 몰라라, 보아도 몰라라는 정해져 있지 않은, 그러나 공부를 위해 지켜야 하는 자연의 규율이다. 이로운 행위는 자신의 부족함을 채울 때 가능하고 또 문리를 터트리기 위해서라도 채울 수 있을 때까지 채워야 한다.

늘 그러했듯이 마장은 부족한 수행자가 자신의 처지를 모르고 나댈 때 붙는 것이었다. 제 잘났다고 치대는 이들에게 때로는 독(毒)이 영약(靈藥)이 되는 경우도 있어 언짢은 소리와 눈살 찌푸리게 하는 광경을 종종 목도한다. 이것은 이래서 싫고, 저것은 저래서 좋다는 식의 잣대를 녹여 버리기 위한 것에 있다고 할까. 치우쳐 일으키는 자폐 증세를 자신만 모르기 때문에 절대 그렇지 않다고 발뺌하다 태반이 일을 벌인다.

더구나 부딪침은 자기모순을 몰라 일으키고, 상충은 내 고집으로 일으킨다. 이럴수록 기묘하게 기승을 떠는 아만심, 나의 발전을 위해서라도 깨부숴야 하는데 너무나 잘난 이들만 있다 보니 어느 한순간 누군가는 못난이가 되어 잘났다는 이와 설전을 펼치기가 예사다. 깨부술 수 있을까. 제 잘난 멋에 살다가 결국 요 모양 요 꼴인데 문제는 참을 만큼 참았다고 말하는 순간 얼마만큼 더 참을 수 있는지 아무도 모른다는 것에 있다.

이로운 행위는 참아 내는 일로만 이루어지지 않는다. 그럴 수밖에 없는 너의 처지를 이해하고 받아들이는 시간이어야 한다. 참는다고 속으로 은근히 탓이나 해대면 쌓인 때는 결국 폭발하기 마련이고 입 다물고 묵묵히 지켜보면 내 입장과 네 처지에 대해 자연스레 알게 된다. 이는 곧 이해와 관용의 폭이 점차 넓어져 간다는 뜻으로 자칫 네 입으로 말하는 네 아쉬움을 내 입으로 막아 버리면 아쉬운 네 입장을 바로 보지 못한다는 것이다.

나라고 너와 다를까. 둘 중 하나 매우 뛰어난 이가 있다면 모르지만 같은 처지라 그렇게도 못난 인성을 드러내야 했던 것은 자신의 못난 점을 인정하려 들지 않아서다. 또 상호 이로움에 그만큼 못 미칠 것이므로 주고받는 행위가 부실할 수밖에 없다. 선천적 육생량을 입으로 먹고 육 건사를 시켰다면 그에 걸맞은 후천적 정신량도 눈과 귀로 흡수해 나가야 한다. 정신량이 미미한 육생살이 인간에 머물면 인생살이 사람답게 살아보기는커녕 활동주체는 아쉬운 입장이라 육생량을 빌미로 이로운 운용주체에게 얽매이는 삶을 면치 못한다.

"하나 되어 사는 것이 인생이니라."

나를 위해 사는 것은 방편적 본능적 육생이요, 너를 위해 살아가는 것이 본질적 분별적 인생이라 사람답게 살아가려거든 정신량을 머금어야 한다. 육 건사 동물들이야 육생살이 힘의 논리가 전부이고 그마저도 인간의 손에 달려있다 해도 과언이 아니다. 흡사 동물도 아니고 그렇다고 사람도 아닌 그 중간에 위치한 인간은 개체이나 주체의 삶을 살아가는 것이므로 육생살이에 머물면 힘에 의해 큰 혼선을 빚는다.

다시 말해 저마다 개인주체 삶을 살아가야 하기 때문에 내 주체에고에서 나를 위한 생각차원의 지식이 작용하고, 이후에 마음차원에선 너를 위한 지혜가 발동하는데 이는 쌍방의 합의를 통해 화합을 이루어 나가기 위한 것에 있다. 육생살이야 군림하는 우두머리 힘에 의해 좌지우지되지만 정신량이 부가된 인생살이는 우두머리를 앞세워 너와 나의 조건과 조건을 의논을 통해 합의를 일으킴으로써 부딪쳐 말썽날 일은 없다.

그만큼 개인주체의 삶은 나를 위해 살아갈 때와 너를 위해 살아갈 때의 질량이 달리 나타나므로, 육생을 위해 살아가는 어린 시절까지는 인간의 본성에 머물러도 상관없으나 인생을 살아가야 하는 성인 시절에 들어서도 여전히 나밖에 모르는 육성(肉性)에 머물렀다면 누구도 예외 없이 험난한 육생살이 여정을 피할 길이 없다. 육성(肉性)에서 인성(人性)을 함양하여 사람답게 살아가고자 한다면 정신량을 가미해 나가야 하는데 동물처럼 살아갈 것인가, 사람답게 살아갈 것인가는 이에 달린 문제다.

단순히 죽고 사는 게 존재의 이유라면 신앙, 종교, 철학, 이념, 사상 등을 운의(運意)할 필요가 있을까. 동물처럼 배고프면 먹고 피곤하면 잠자는 육생이 전부인데 사후세계도 무의미할 따름이다. 하지만 인간으로 태어난 것은 만물의 영장으로서 사람답게 살아가기 위함이라 영장(靈長)이니만치 내 앞의 인연과 하나 되지 못하는 만큼 그 고통은 말로 다하지 못한다.

자연은 동물의 사회로서 육생의 힘을 비축하여 자신만을 위해 살아가도 그만이지만 인간에게 있어 사회는 '나만'이라는 권리가 주어지지 않았다. 이기적인 만큼 결속을 위한 혈연·지연·학연 속에 육생물질문명을 이루어 왔던 바라, 사회와 문명을 벗어나 도린곁에 홀로 사는 것은 유배생활과 다를 바 없다. 자연에서 살아가야 하는 동물이 짐승우리에 갇혀 사는 형국이나 다르지 않다.

물론, '나는 누구인가'를 찾고 '무엇을 위해 태어났는지'를 알고자 한다면 어떻게 살아야 하는지는 스스로 터득한다. 그러고 보면 도량이나 사회나 방법만 다를 뿐이지 충분히 깨달을 수 있는 상황이 연출되는데, 번뜩이는 순간 셈법은 자기 논리라 이 때문에 아쉽게도 다가서지 못하고 있다.

한편, 아프리카의 문제는 식량이요, 중동의 문제는 전쟁이고, 유럽(서방)의 문제는 테러다. 살펴보면 모두 육생 안의 차원임을 알 수 있고 이념에서 기인한 문제이기보다 종교로 승화하지 못한 신앙에서 비롯된 문제임을 알 수 있다. 세상사 머리·몸통·다리 상중하 차원으로 갈리어, 육신이 허기진 이들에게 정신량을 거론하면 어떻게 될까. 육생량을 갈망하는 하층 국가는 철저하게 중상층 국가의 원조가 필요하고, 이에 상층 국가는 하나 되는 정신량 창출에 힘을 기울어야 한다. 아울러 중층 국가는 상하 연계해 나갈 정신량이 시급하며, 지금 막 하층에서 중층으로 접어든 개발도상국가에게 필요한 것은 육생량이 아니다.

힘의 논리 이기의 육생살이와 아쉬운 육생신앙에 물든 중동과 서방에게 필요한 것은 이로운 정신량이다. 서방세계를 선진문명이라 말하지만 육생에 국한된 육생 안위일 뿐이라 종교로 승화를 위해 몸부림치는 신앙과 신앙의 피 흘리는 대결을 바로 보지 못하고 있다. 아울러 상층과 중층이 육생살이 힘에 꺼둘리면 상대적으로 하층은 기아에 허덕이기 마련이다.

또 중층의 반열에 올라섰다고 하여 굶주린 하층의 배만 채워줘서는 곤란하다. 지금의 시대는 풍요 속의 빈곤이라 상대적으로 그에 따른 이유와 원인까지 일깨워 하나 되어 나갈 때 비로소 행위가 이로웠다고 말한다. 육생은 방편이요 인생은 실체라 무엇을 보고 듣느냐에 따라 사랑과 행복도 달리 해석되지 않는가. 못난 스승을 만나 배운 것도 아는 것이요, 잘났다는 스승을 만나 배운 것도 아는 것이라 이렇게 무엇을 배우는가도 중요하지만 어떻게 받아들여 소화시키느냐가 더 중요하다.

특히 배우는 자는 흡수하는 자이므로 어떻게 가르치느냐 못지않게 어떻게 받아들이느냐도 중요하다는 것이다. 그럴 수밖에 없는 처지에 놓인 너의 행위를 이해하려 들지 않고, 가치를 인정하려 들지 않았기에 싸우고, 충돌하고, 부딪쳐야 했던 것이라, 어렵고 힘든 고통을 이겨내고자 한다면 바르고, 다르고, 그르게 전개되는 상황을 바로 보기 위해 노력해야 한다.

3. 내 뜻만 받아주면 탓하지 않으리라

사랑으로 위장한 동정을 베풀다가
그에게 상처를 받았다면
이미 그도 깊은 상처를 받았다.
우월적 행위에서 비롯된
어설픈 동정은
쌍방 간의 아픈 상처만 남길 뿐이다.

"산(山)에는 왜 들어왔느냐"

속박에서 벗어나려고, 구속에서 벗어나려고, 벌, 나비처럼 자유로이 훨훨 날아보려고 꿈꿔온 자유인이 되고자 들어왔다고 태반이 말한다. 물론 노후를 위해 들어간 이들도 있겠지만 핑계가 어찌 됐든 바닥을 치고 때가 되어 들어갔다. 처음부터 사제의 인연을 맺고 들어가는 경우는 극히 드물고 대부분 쫓기듯 들어온 궁벽한 움막에서 자연인 운운하며 나 홀로 살아간다.

때가 되었다는 소리는 자기 고집으로 불통을 초래하여 자기만의 삶을 구가코자 찾아들어 간 것이므로 그야말로 사회에서 왕따 당한 이들이 자기왕국 건설을 위해 찾는다. 두 번째는 상좌의 명이라 알든 모르든 때가 되어 들어간 것인데 보편적 삶의 성향이 달라 가치관도 매우 독특하다. 우두머리 기질이라고 할까. 내 말이 맞는 말이니 무조건 따라야 한다는 독선과 아집으로 똘똘 뭉쳐 있다 해도 과언이 아니다.

그렇다고 궁벽한 곳을 찾아들 때의 살림살이가 넉넉하다면 모를까 겨우 풀칠할 정도의 수준이라 시간이 흐르면 굶지 않으려고 일용직 현장을 전전하는 이들도 상당수이고 이때부터 또 다른 2막 육생살이 고통의 연장선에 올라선다. 물론, 약초에 지식이라도 있다면 이산저산 약초 캐러 다닐 터이고, 부쳐 먹을 땅이라도 있다면 농사라도 질 터이지만 여건이 안 되는 이들은 목구멍이 포도청이라 돈벌이를 찾아 나선다.

사실, 도린결에서 나 홀로 사는 이들은 남다른 기운의 소유자다.

예를 들자면 사소한 것조차 누구에게도 지기 싫어하는 근성—그 자체인데 자신이 최고라는 자부심 하나로 살아온 만큼 이로운 운용주체로 우뚝 서야 할 이들이라는 것이다. 고집과 집착으로 일관해왔던 터라 불통을 일으킨 그만의 독특한 가치관이 자리하는데, 천연석이라고 할까. 가다듬지 못하여 잡돌이 되는 것이지 다듬어 옥석이 되었다면 만인의 추앙을 받았을 것이다.

골골산천마다 자신이 누구인가를 알기도 전에 육 건사부터 걱정하여 소명을 잃고 처량한 신세로 약초꾼이 되거나, 점바치가 되거나, 농사꾼이 되거나 결국엔 유주무주 고혼이 된다. 옥석으로 다듬고자 대자연이 불러들였는데 굶어 죽이기라도 할까. 어떠한 경로를 통해서든지 다듬어질 때까지 육 건사할 만큼의 육생량은 들어오게 되어 있다. 하지만 안타깝게 그곳에서조차 육생 안위에 빠져 대자연의 흐름을 읽지 못해 옥석으로 다듬어지기 위해 들어왔다는 사실에 접근조차 못하고 있다.

노년을 위해 귀농을 하고 귀어를 하여 자연인을 부르짖는 이들이 누구냐 하면 유일하게 낭만을 안다는 베이비부머 세대다. 안아주고, 보듬어주고, 감싸주고 인정이 넘쳐나던 낭만 시대의 수행은 육생 안위를 위한 것이었다면 4차 산업을 거론하는 디지털 시대의 수행은 인생 안위를 위한 것에 있다. 기계식 시대에 태어나 아날로그 시대의 핵심주역이었고 디지털 시대의 노장이 되어가는 오늘에 이르러 IT시대에 필요한 질량이 무엇인지 밝혀내야 하는 세대다. 꿈 꿔온 이상향, 낭만 시대를 위해서 말이다.

그러나 고작해야 육생 안위를 위한 방안과 방편뿐이라 전도유망한 에코부머 세대가 사지로 내몰리고 있다. 육생량이 넘쳐나면 정신량으로 융해시켜 나가야 하건만 고작 육생량에 육생량을 더해 나가는 업그레이드 행위뿐이라 이로운 운용주체(갑)와 아쉬운 활동주체(을) 의미에 대해서도 별무관심이다. 음양이 화합하는 차원이 무엇일까. 더 가진 자가 덜 가진 자의 손을 잡고 나가는 일이 아닌가. 화합을 이루지 못할 때마다 발생하는 문제가 표적으로 주어지는데 이를 우연으로 치부하고 있다.

각설하고, 깊은 산중에 홀로 산다는 것은 누구나 할 수 있는 일이 아니다. 딱히 갈 곳 없어 사는 것이겠지만 벌어지는 일에는 이유가 있듯이 외로이 홀로 고독에 묻혀 살아가는 것도 그만한 이유가 있다. 소임을 배임한 결과라고 할까. 보이지 않는 상황이라 받아들이기가 애매하겠지만 만약 소임을 잃지 않으면 삶은 빛날 것이요, 행위가 다르면 가슴만 새카맣게 태운다. 그야말로 궁벽한 산속생활은 귀양살이와 다름없어 옥석으로 다듬어질 때까지 방목형 독방생활을 면치 못한다.

"지혜를 산에서 구할 수 있다고 생각하느냐"

생각의 흐름은 혼자 있을 때 관찰하고, 함께할 때는 자신의 입을 주목하라는 말이 있다. 감정의 소산물인 자존심을 억제하지 못하면 세 치 혀는 악의 도구가 되고, 다스리면 그 무엇도 두려울 게 없는 사랑의 도구가 된다. 생각은 욕심의 발로라 뜻과 같지 않으면 배척하다가 같다 싶으면 슬그머니 다가선다.

이처럼 상대방의 행위여부에 따라 변화무쌍함을 보이는 생각은 지식의 본성으로 육생물질문명 발전에 기여한다. 내 욕심으로 발견하고 내 발전을 위해 발명하려 드는 것이라 나를 위한 이기의 차원 생각이 자리하지 않는다면 육생문명 발전은 가당치도 않다. 이타의 차원 마음은 지혜의 보고라 이기의 생각과 하나 되어 나가는 정신문명은 곧 인생문명의 발판이다.

고로, 물질문명은 지식의 육생량으로 이루는 것이고, 인생문명은 지혜의 정신량으로 주도해 나가야 하는 것이라 아쉬운 너와 이로운 내가 만난다는 것은 하나 되어 살아가기 위한 것에 있다. 아울러 소원하는 것을 이루고자 한다면 정신적 차원을 운의하는 저명인사와 의논해야 한다. 이를테면 지식으로 구했다면 지혜롭게 써야 한다는 것인데 불상사와 사달은 대체로 없을 때 나는 것이 아니라 있을 때 나므로 들숨날숨이 생명을 보존시키듯 들고남의 차원은 벌어들이는 양의 활동보다 소비하는 음의 활동이 그만큼 중요하다는 것이다.

음의 기운 물(水)은 양의 기운 산야(山野)에 구석구석 스며들어 만물을 소생시키는 운용주체다. 다시 광활한 들판[野]은 활동주체가 육생물질문명을 일으키는 양의 공간으로 자리하고 있으며, 녹음이 우거진 산(山)은 광활한 들판을 품어 안은 운용주체 음의 공간으로 자리하고 있다. 또다시 도시는 인간과 육생물질문명이 어우러지는 활동주체 양의 공간으로 자리하고, 시골은 만물이 살아 숨 쉬는 운용주체 음의 공간으로 자리한다.

따라서 주말이면 행의 현장(인구밀집지역)에서 자연(시골)을 찾아 떠나는 가장 큰 이유가 한 주일 동안 방출한 에너지를 충전하고자 하는 것에 있다. 에너지 방출의 의미는 막히어 불통되었다는 뜻으로, 벗어난다는 것은 그곳에 나름의 충전 방안이 있지 않나 싶어 찾아간다는 것이다. 이 땅 어느 곳이든 정신의 에너지를 충전시킬 수 있다면 육생의 에너지는 덤이라 만약 그곳에서 그만한 이로움이 묻어나면 북새통을 이룰 것이다.

그리고 찾는다는 것은 아쉬움을 채우고자 하는 행위로서 음의 기운 충만한 곳일수록 양의 기운 생기가 넘친다. 즉 도시는 양의 기운으로 나를 위해 살아가는 활동의 공간이요, 자연은 음의 기운으로 모두 함께 살도록 주도하는 운용의 공간이다. 쓰기 위해 벌고 또 벌기 위해 쓰는 것이라 드는 지식과 나는 지혜의 차원을 이해하고 상호상생을 일으키고자 한다면 지금 당장 자신의 모난 부분을 한 뜸이라도 들춰내야 한다.

한편, 무속인은 신명(神明)을 위해 이름난 명산(名山)보다 영험한 영산(靈山)을 주로 찾는데 들고나는 음양차원을 깨우쳐 부족한 인성을 갖추기 위한 수행보다 한결같이 빌어서 얻을 심산이라 비나리 행위에 전념한다. 따라서 기복행위와 수행과는 천양지차이고 특히 인기(人氣)가 인육(人肉)을 쓰고 인간(人間)으로 살아가는 것은 영적세상을 체험을 하기 위한 것에 있지 않다. 사람으로 승화되어 사람들과 사람답게 살아가기 위한 것에 있다.

게다가 죽으면 찾아들어 갈 저승세계가 아닌가. 인육을 쓰고 살아가는 이승에서 군이 찾아들어 가야 할 필요가 있겠는가. 무속의 명(命)이야 신과 인간의 관계를 이어주는 영매로서 특별한 길을 걸어야 하는 것이겠지만 가장 큰 문제는 부족한 인성을 갖추기도 전에 신을 받다 보니 달갑지 않은 행실로 많은 물의를 일으켜 기적을 일으키고도 걸맞은 대접을 받지 못하고 있다. 선천적 명이라면 때가 되면 근기에 맞게 주어지는 것이거늘 후천적 인성을 함양하지 못하여 스스로 평지풍파를 자초한다는 것이다.

한편, 모든 육생행위를 놓고 산으로 들어간다는 것은 속세와의 절연을 뜻하기도 하지만 때가 되어 들어가는 것이다. 또 고통스러워했던 만큼 탁해진 것이라 기운 정화를 위한 것도 있다. 세간에 무슨 미련이 그리도 많았는지 소소한 끈을 놓지 못하여 많은 시간을 회한에 잠기어 괴로워했다. 새롭게 태어나면 새롭게 주어지는 인연들과 새로운 삶을 살아갈 것인데 못미더웠던 모양이다.

정화(淨化)는 탁한 기운을 제거하는 일이다. 부족하거나, 못 미쳐 탁해진 것이므로 타고난 본성에 배양한 인성을 부가시키면 이성을 잃지 않으므로 잣대를 들이대지 않는다. 흡수하는 자의 본분을 잊지 않고 벌어지는 일련의 상황을 그저 바라보고 남들이 뭐라 해도 배타하려 들지 않는다는 것이다. 이쯤 되면 자기만의 독단적 생각으로 이해하려 들기보다 상대방의 입장이 되어 보려 상대방의 소리에 귀를 기울이려 노력한다.

"이 생명이 다르고 저 생명이 다를 것 같으냐"

나는 내 할 일을 위해, 너는 네 할 일을 하기 위해 살아가지만 선천의 육생 너머 후천의 인생은 하나 되어 사는 것이라 결국 삶의 목적은 같다는 것이다. 네가 있어 내가 있고, 너를 통해 나의 발전을 이루게 되는 것이므로 꿈을 이루고자 한다면 '덕이 되고 득이 되는' 상호상생이 무엇인지 알아야 한다. 희로애락에서 생로병사까지도 나 하기 나름의 결과물로서 어느 곳이든 이로움이 묻어나지 않으면 싸우고 충돌하고 부딪치는 고통을 면하지 못한다.

하도 죄 많은 중생이라는 소리를 듣고 자라 그런 것인가. 고육지 책 육생살이를 벌 받는 것쯤으로 인식하는 모양새라 고통의 이유 와 원인을 파고들기보다 형상에 무릎 꿇고 빌고 있으니 기복으로 점철된 삶을 어찌해야 할까. 그리고 도대체 무엇을 잘못했다는 것 인가. 전생의 업인가, 현생에 나밖에 모르는 욕심에 대해서인가.

인생공학 나 하기 나름에 달리 나타나는 작용반작용의 법칙 상 대성의 원리는 바르다는 정과 다르다는 선과 그르다는 사의 행위 를 풀어나가는 인생 방정식이다. 전생(前生)과 후생(後生)보다 현생 (現生)을 살아가는 데 있어 '덕이 되고 득이 되는' 선순환 행위의 중 요함을 가리키는 인과의 법칙이라고 할까. 물론, 이로워서 맞이하 는 운용주체가 아쉬워서 찾아가는 활동주체와 상호상생을 일으킬 때 기운이 맑아지지만 중요한 것은 나 하기 나름의 현생에는 전생 의 행적(업장)이 적용되지 않는다는 것이다. 후생도 마찬가지라 저 승에서 받아온 육생의 기본금 사주는 이승에서 행의 공적을 쌓기 위해 부여된 순수 질량일 뿐이다.

어떻게 할 것인가. 자신의 몫이기에 바르게 쓰고자 한다면 선천 의 본성에 부가시킬 후천의 인성부터 함양해야 한다. 꿈을 이루려 하는 것도, 목표를 성취하려는 것도 받아온 육생량(사주)에 올라서 기 위한 행위에 불과하여 올라선 이후에 아쉬워서 찾아온 인연과 하나 되어 살아가지 못하면 과오를 범하게 되고 또 그때마다 주어 지는 표적이 쌓이면 폭발로 실패한다. 즉 파탄, 파멸, 파경, 와해 등 등의 원인은 이기의 육생량을 성취한 후에 이타의 정신량을 배임

(背任)한 것으로 그 결과가 표적이라는 것이다.

"대자연의 진리가 하나이듯 삶의 근본도 하나이니라."

고지식한 이들과 원리원칙주의자를 함께 싸잡아 '유도리' 없는 이들이라고 한다. 과연 그럴까. 둘 다 처한 입장에 맞게 살아갈 뿐이라 고지식과 원리원칙은 다르다. 물론 소통과 화합의 문제를 야기하겠지만 손해를 보는데도 정말 그러할까. 바르다는 정의 행위를 위해 다르다는 착한 선의 행위와 그르다는 치우친 사의 행위가 달콤하게 다가와 분별을 어지럽힌다. 예컨대 주고받는 상호상생으로 유도하기 위해 주고도 받지 못하는 반쪽반생과 나밖에 모르는 상극상충이 괴롭힌다는 것이다.

게다가 인간은 이기적이라 끊임없이 주판알을 튕긴다. 득이 되는데 고지식함을 느낄까, 고맙다고 할 터, 단지 사는 방법과 이해의 차원이 다를 뿐이고, 생각과 달라 답답해하는 것일 뿐이다. 원리원칙주의도 상호상생을 일으키고자 함이 아닌가. 문제는 반쪽반생을 일으키는 자기논리가 상호상생을 일으키는 것으로 착각하는데 있다. 내 뜻과 맞으면 내 편이요 맞지 않으면 네 편이라는 사고방식이 적을 만든다.

진리이기를 갈망하는 논리와 진실이기를 바라는 현실 모두 치우친 사의 육생문명을 통해 바른 정의 인생문명을 구현하기 위한 상관관계로서 내 안에 본능과 분별에 따른 생각과 마음이 공존한다. 아울러 양의 물질을 추구하는 지식은 음의 정신 지혜를 지향하므로 양기에 음기가 배이지 않으면 운용을 배임한 결과를 초래한다.

즉 저승에서 받아온 육생의 기본금에 이승에서 마련한 정신량과 부합할 때가 음양화합의 꿈을 이룬 현실의 차원이요, 육생의 기본 자리에 오를 때가 꿈을 이루기 위해 첫 발을 디딘 단계다. 따라서 성공 후 실패는 물질에 정신을 가미하지 못해 겪는 고통으로, 오르다 겪는 좌절의 표적과는 다르다는 것이다.

아울러 육생량을 추구하는 활동주체 남성은 정신량을 지향하는 운용주체 여성의 기운을 충전하지 못하면 좌절 혹은 실패의 늪에서 헤어나기 어렵다. 양의 기운 대지에 음의 기운 물이 스며들어 만물을 소생시키듯 벌, 나비가 꽃을 찾고 아쉬운 활동주체가 이로운 운용주체를 찾는다. 이처럼 음과 양이 조화를 이루어 자연이 살아 숨 쉬듯이 의논을 통하여 화합을 이루어 나가는 사회일수록 생동감이 넘쳐흐른다. 달이 태양을 밀어 올려 하루의 시작을 알리듯이 육생량을 담당하는 활동주체 남편의 성공여부는 정신량을 주관하는 운용주체 부인 하기 나름에 달려있다.

자식은 부모 하기 나름이고, 제자는 스승 하기 나름이라 부모 뜻을 저버리는 자식을 나무라기보다, 가르침과는 전혀 딴짓만 해대는 제자를 나무라기보다 올곧게 키우고 바르게 가르치지 못한 주도자의 부족함부터 찾아야 한다.

부인 말을 듣지 않는 남편, 무엇이 문제일까. 닦달하면 할수록 어디로 튈지 모르는 럭비공이 된다면 과연 얼마나 알아듣게 말했는지를 되돌아볼 일이다. 내 방식대로 말해 놓고 알아듣지 못한다고 핀잔이나 주고, 내 방식이 네게도 맞는 것마냥 잔소리만 해댄다면 볼 장 다 본 것이라 활동주체로서 남편은 고전을 면키 어렵다.

과연 음의 기운을 어떻게 충전시켜야 하는 것인가.

이는 모든 운용주체에게 주어진 과제이기도 하지만 이를 위해 나름 정신적 지도자를 자처하는 운용주체가 자리한다. 스님, 목사, 신부, 철학자, 인문학자 등은 물론 점바치까지 대동하는데도 요 모양 요 꼴 면치 못하면 어찌된 노릇인가. 경우에 따라 생각을 달리 하겠지만 내게조차 맞지 않는 것을 맞는 것마냥 우겨댄다면 삶의 고통은 여전할 것이다. 치우쳐 분별이 어리석어졌다는 사실을 깨우칠 때까지 나아질 것은 없다는 것이다.

한편, 좌선을 통해 깨우치려거든 화두(話頭)를 잡아야 한다고 말한다. 이는 자는 듯 자지 않고 조는 듯 졸지 않을 때 영적세계에 빠져드는 것을 방비하고자 함이 아닌가 싶다. 일체 명상 행위가 없는데 화두가 주어질 리 없다. 무료한 시간을 보내기 위해 소일거리 찾아다니기 바쁜 형국이라 매 순간 벌어지는 일이 화두고 부딪칠 때마다 주어지는 것이 화두다. 진리를 표방한 어제의 논리는 어제를 위한 것에 있으며 오늘의 논리는 오늘을 위한 것에 있어 논리는 논리일 뿐이다. 변하지 않는 근본, 섭리, 이치, 순리와는 전혀 다르게 흘러가기 때문이다.

그리고 화두는 수행자만 잡아야 하는 것일까. 저마다 보고 듣고 생각하는 차원이 다른 만큼 벌어지는 상황도 각기 다를 터, 하지만 진리와 근본은 하나라 나를 위한 육생에 얽매이는 한 화두의 끝은 없고, 너를 위한 인생을 살아가면 스스로 풀리게 되는 것도 화두다. 충돌이 일어날 때를 보면 이기의 육생량에 휘둘릴 때로써 과연 부분을 관장하는 지식이 전체를 주관하는 지혜가 될 수 있을까. 육생량으로 눈앞을 가린다면 전체로 보이겠지만 부분의 육생과 나를 위한 사랑만으론 결코 하나 되어 살아가는 인생과 너를 위한 행복을 영위하지 못한다.

사랑은 육생량이 아쉬운 이들끼리 만나 하게 되는 것이고, 행복은 이로운 정신량을 부가시켜 나갈 때 영위하게 되는 것이라 사랑을 한다 하나 행복하지 못하면 사랑 그 행위 자체를 되돌아봐야 한다. 보편적으로 개인의 만족을 너와 함께하는 행복으로 오인하여 남발하는데 나를 위한 이기의 육생량으로 느끼는 것이 만족이고 너를 위한 이타의 정신량으로 느끼게 되는 것이 행복이라, 합의를 통해 화합을 이루었을 때 느끼는 차원이 행복이라는 것이다.

"내 뜻만 받아주면 탓하지 않으리라"

자신을 무시한다는 생각이 들 때마다 별것 아닌 일에도 곧잘 불편한 심기를 드러낸다. 밴댕이 소갈머리도 아니고 떼보도 아닌데 아마 열등감에서 배어나오는 자존심을 주체하지 못해 그러는 모양이다. 어찌 보면 도량이라는 한정된 공간은 방목이자 구속이라 은근히 이상의 왕국을 지어 놓고 겸손한 척 너스레떨다가 알아주지 않는다고, 뜻을 받아주지 않는다고 서운해 하고 섭섭한 감정을 드러내기 일쑤다. 내공이 부족한데 별수 있을까.

적응하나 싶을 때 서열의 기 싸움으로 힘의 논리가 고개를 쳐드는지 상호상생 덕이 되고 득이 되는 선순환 행위는 온데간데없다. 내 뜻에 따라야 한다고, 내 의견이 관철되어야 한다고 목소리에 은

근히 힘을 주니 어깨에까지 덩달아 힘이 들어가는 모양새다. 한식구가 된 듯하자 군림의 모순이 나돌면서 나 하기 나름의 방정식과 반면교사 모두 오간 데 없다.

너를 사랑함이 나를 사랑함이라, 너의 가치를 존중할 때 나의 가치도 존경받는다는 소리가 아닌가. 쥐뿔도 알지 못하면서 시간이 흘렀다고 아상에 빠져 잡는 폼이 가관이다. 초발심을 떠올리곤 하지만 어렵고, 힘들고, 고통스러워 찾아오는 인연 앞에서 잡은 똥폼으로 말미암아 늘 '처음처럼'이라는 싱그러운 이정표를 잊어버리곤 한다. 물론, 공부로 주어지는 인연이라 부족한 수행자가 가르치겠다는 우매한 생각을 떨쳐내야 하는데 그들 앞에서만 서면 본분을 망각하고 만다.

수행 중에 만나는 인연의 무게하고, 수행을 마치고 만나는 인연의 무게는 엄연히 다르다. 아쉬운 활동주체로서 배우는 자의 입장과 이로운 운용주체로서 주도해 나가는 입장은 천양지차라 배우는 자가 입을 떼기 시작한다면 자기논리에 춤추는 꼴이라 공부는 바로 거기에서 멈춰 버릴 수가 있다. 수행자는 흡수하는 자로서 사심 없이 눈과 귀로 듣고 받아들이는 것이 공부인데 자기 자신조차 소화시키지 못한 애매한 법을 어설프게 논하는 것이야말로 입맛에 맞는 음식만 골라먹고 배탈 난 경우와 무엇이 다를까.

편식하지 않고 소화시켜 하나 됐을 때 비로소 논할 수 있는 것이 상호상생법이다. 이 때문에 수행을 마치기도 전에 자기도량 왕국 건설을 생각한다거나 의복(법복)부터 갖춰 입으려 든다면 편식의 아만에 빠진 상태라 받아들여 소화시키는 데 어려움을 겪는다. 욕심을 부리는 순간부터 흡수하는 자의 본분을 망각하는 것이므로,

자신을 낮추기 위해서라도 언행은 물론 의복조차 허름한 평상복 차림이 전부였다. 선천적 육생의 근본과 후천적 인생의 원리를 깨우칠 때까지 그 무엇에도 자기 잣대로 평가하지 않고 낮은 자세로 임하는 것이 수행자의 본문이기 때문이다.

"잘하려드는 짓이 잘하는 짓이더냐"

도량에서 소일거리는 공부의 방편일 따름이라 무엇을 잘해야 하는 것일까. 청소와 보수와 가꾸기는 물론 찾아오는 인연들이 편히 쉬어 갈 수 있도록 배려는 기본이라, 그렇다면 아쉬워서 찾아오는 인연들과 재미있게 놀라는 소리인가. 그게 아니면 너는 과연 재미있게 놀 수 있느냐를 물어본 것인가. 이도 분명 수행자에게 주어진 하나의 과제이기도 하겠지만 문제의 발단은 내 앞의 인연에게 기인하므로 공부자는 자는 흡수하는 자로서 그들의 행위를 묵묵히 지켜보면 그 뜻에 응하기만 하면 된다는 것이다.

자칫 노련한 이해자인마냥 내 말이 맞는 말이니 들어야 한다는 식으로 나서다간 사달이 날 터, 보여주기 식의 행위와 부족함을 채우려는 행위는 분별해야 한다는 것이다. 잘 보이기 위한 짓은 가식이요, 잘하려는 짓은 과장이라 만약 둘 다 반응이 시원치 않을 땐 은근히 면박을 주거나 탓하게 된다는 것이 문제다. 과연 그 모습 그대로 받아들일 수 있을까. 묵묵히 바라보는 내공을 길러야 하는 공부가 주어졌다.

한편, 강하게 보이려고 하는 만큼 여린 것도 없지 않으나 수행자 간의 우위에 서 보려 소심과 대범의 걷잡을 수 없는 행위를 해대곤 한다. 잘해보려 하건, 잘 보이기 위해 하건 아픈 사연을 가슴에 묻은 이들이라 연민을 느끼곤 할 때마다 잘해보자 격려를 주고받기도 한다. 우두머리 기질은 누구한테도 지기 싫어하는 고집불통이라 곧 죽어도 머리를 숙이지 않는다는 혹자의 말이 생각난다.

경전이나 교과서에 의지하는 수행이 아닌 만큼 부족함이 드러날 때마다 새로운 공부거리는 어느새 앞에 와 있다. 항상 그렇게 내 뜻을 받아주면 내 편이요, 네 뜻을 우선할 땐 적대적이라 잊을 만하면 네가 잘났니 내가 잘났니 자존심 싸움에 속 편한 날이 없다. 너를 위한다는 행위 태반은 내 속 편차는 행위였으니 부딪침의 불똥이 튀는 건 당연했다.

몸소 주고받고 들고나는 음양화합의 과정을 체험하고, 합의를 통해 화합하는 과정을 깨우치는 데 있어 참견과 간섭이 얼마나 값어치 없는 행위인가를 뼈저리게 느꼈다. 제 멋에 살아가는 아만심은 우월주의 발로라 내 뜻만 받아주면 탓하지 않으리라는 아집만 키운다. 사랑으로 위장한 동정을 베풀다가 그에게 상처를 받았다면, 이미 그도 깊은 상처를 받았다. 우월적 행위에서 비롯된 어설픈 동정은 쌍방 간의 아픈 상처만 남길 뿐이다.

그렇다고 네 처지나 내 처지나 뭐 다를 것이 뭐가 있겠나. 다들 똑같다. 그 짓이 그 짓인데 말이다. 왕년에 잘나갔다한들 바닥치고 이곳에 왔음을 모를 리 없다. 아니 어쩌면 그러한 자신의 처지를 자존심의 방패막이를 쳐두어 착각하고 있을지도 모른다. 내가 나인데라는 망상의 산물 아만을 깨부수지 못하는 한은 말이다. 밴댕이 소갈딱지가 참견간섭하기 일쑤라 자신의 처지부터 알기 위해 노력해야 했다.

오만 가득한 자존심 하나로 버터 온 세월이라 내가 나를 알기에는 역부족이었다. 제 주제도 모르고 시간이 흘렀다고 뭐라도 되는 것마냥 어깨에 힘이나 주고 온갖 참견해댔으니 겉으로는 웃고 속으론 으르렁대지 않을 수 없었다. 불통의 해법을 찾고자 들어왔는데 시간의 망각이 급물살 타자 이곳에서조차 제 잘났다는 행위만 해댄다면 누구의 잘못일까.

연인이든, 부부이든, 부모자식이든, 형제자매이든, 지인이든 맺어졌다는 것은 통(通)하여 하나 되어 살아가기 위한 것에 있다. 물론 만남의 조건은 쌍방의 아쉬움에서 비롯되지만 너의 아쉬움을 채워줄 때 나의 아쉬움도 채워지는 법이라 지속적인 관계를 유지하려면 이로움의 에너지를 끊임없이 생성해야 한다.

그 에너지원이 육생량일 수도 있고 정신량일 수도 있다. 기본금은 근기에 따라 달리 주어지는 만큼 인연도 그에 걸맞게 주어지므로 내 앞의 인연과 소통이냐 불통이냐에 따른 에너지(자원) 생산량도 그만한 차이가 난다. 이때 소통을 위해 필요한 에너지는 대화에 있다. 눈과 귀로 흡수한 정신의 에너지를 생각 너머의 마음에서 융해시켜 입으로 어떻게 발산하느냐는 순수 자신의 몫이다.

아울러 벌고 쓰고 주고받는 행위를 바르게 하는 자가 이로운 자요, 벌지는 못하고 쓰려고만 드는 자는 안타까운 자이고, 벌기만 하고 쓰는 행위조차 자신을 위한 것에 있는 자는 치우친 자다. 끊임없는 에너지 생성은 주고받고 들고나는 음양행위를 바르게 하는데 있다. 생각과 마음, 지식과 지혜, 너와 나의 차원이 내 안에 적대보완적으로 공존하는 것도 사랑과 미움이 함께하고 있음을 가리키는 것으로 이는 치우침 예방을 위한 것이다.

때론 무심코 내뱉은 말 한마디가 도량 전체의 기운을 확 바꾸어 놓는다. 횟수가 잦아지면 세간에서는 더럽고, 치사하고, 아니꼬우면 안 보면 그만이지만 도량이라는 특수한 곳에서는 미움이 골수에 박혀도 봐야 하는 입장이다. 아직은 질서체계가 바로 서기 전이라 해도 그렇지 감정표현을 대놓고 한다면 어떻게 될까. 내공의 부재이자 하근기로, 즉시 공부거리를 대상으로 하는 사자로 돌변하므로 자연스럽게 떠나게 되는 수순을 밟는다.

미천한 수행자일지라도 부딪쳐 공부가 벌어졌음을 누구보다 잘 안다. 그 때마다 딱 꼬집어 누구의 잘못이라 하기보다 모두가 관찰자이고 관찰의 대상이 되어야 하는데도 자기셈법을 앞세워 득 될 성 싶으면 고개를 치켜세운다. 인간의 이기본성이라고 하지만 그래도 수행자가 아닌가. 왜 없을 땐 하나 되고 있을 땐 흩어지는 것일까. 이에 대한 답을 구하는 중이므로 운용주체는 지도자라 아쉬운 네 뜻을 받아주는 자가 되어야 한다.

무엇보다 교과서 없는 수행과제는 나와 너 사이에 만들어지는 법이라 쌍방 혹은 전체가 하나를 왕따 하는 일이 종종 벌어진다. 하나 되지 못한 그의 잘못인가, 하나 되지 못한 전체의 잘못인가. 나 하기 나름에 따른 작용반작용의 법칙을 공부하는데도 누구를 책망한다면 참으로 한심하기 짝이 없는 노릇이다. 어디에서 시작된 말인지는 몰라도 사자가 되어버린 그가 없다면 화기애애할 것이라는 소문이 돌았다. 과연 그럴까.

나의 발전은 바로 앞의 너를 통해 이루어지는 것이거늘, 피하고 외면한다고 잘못된 사고가 바로잡혀질 것이라면 인생방정식 상대성원리는 적용되지 않는다. 원인이 있다면 그만한 이유가 있기 마

련이거늘, 설령 그가 떠난다고 해도 진화발전을 위한 관찰의 대상
자 사자는 만들어지게 되어 있다. 더럽다고 피하고, 아니꼽다고 피
하고, 무섭다고 피해본들 받아들여 소화시킬 때까지 내 앞에 사자
는 있기 마련이다.

모르기에 못하는 것을 알고도 안 하는 것쯤으로 받아들인다면
눈에 얼마나 차야 하는 걸까. 내 행동은 그의 눈에 한번이라도 차
보기라도 한 것일까. 이로웠다면 너나 나나 사자가 될 리 있겠느냐
만 자기 망상의 덫에 걸려 육갑을 떨어야 했던 것이었다. 빨대 구
멍으로 바라보는 세상이나 모기 보고 칼 뽑는 것과 무엇이 다를까.
결국 변명 일색이라 무엇을 잘못하여 어려워졌는지 모른다.

"대화는 상대를 위해 하는 것이니라"

어디에서부터 생각이 치우쳤던 것일까. 안 좋은 일에는 꼭 말과
행동이 일치하는데 기분 여하에 따라 이해와 배려까지 능멸로 받
아들이는 경우가 있다. 당최 그러한 기분은 어디에서 스며드는 것
일까. 그 때가 분명 뜻대로 안 될 때가 아니었는가 싶고, 네게 이롭
지 않으면 내게도 이롭지 않은 법이라 너는 언제라도 내 뜻을 받아
줘야 하는 대상으로 착각한 것 같다.

또 그렇게 자기 논리를 장황하게 늘어놓고 이해하지 못한다고
핀잔을 주자 상대방은 왜 알아듣게 이야기하지 못하냐고 도리어
나무란다. 아쉬운 자의 말을 들어주는 것이 이로운 자의 행위일진
데 잘잘못을 따져가며 간섭과 참견으로 일관했으니 통할 리 만무

다. 게다가 끝까지 너를 위한 것이었다고 우겨대어 서운하고 섭섭한 감정을 가슴 한켠에 새겼으니 이는 또 어찌할까.

　조건은 아쉬워 찾아온 자가 내걸으므로 득 볼 심산으로 먼저 다가서다 대화는 형식의 늪에 빠져 허우적거린다. 애당초 쌍방 간에 득이 되지 않는 조건이라면 결렬되겠지만, 내거는 조건은 방편일 따름이고, 만남은 하나 되기 위함이라 누가 이로운 운용주체 입장이고, 아쉬운 활동주체 입장인가를 분별한다면 최소 적을 만들며 살아가지 않을 것 같다.

4. 부딪침

참을 인(忍) 자 세 번이면
살인도 면한다지만
참는 행위는
이해하기 위한 전 단계라
참는 것만이 능사가 아니다.

특별히 심신단련 시간을 갖거나, 정신수행 목적으로 참선하거나, 원하는 것을 구해보자는 내 욕심의 기복행위는 아예 없다. 공부 그 자체가 백수와 다를 바 없다 보니 그다지 하는 일이 없을 때엔 노련한 이해자마냥 먹을 자격에 대해 논하기도 했다. 무형의 사차원에서 받아온 육생의 기본금 사주는 육생살이 선천질량으로 유형의 3차원 인생살이 후천질량을 위한 자본금에 불과하다는 사실을 알기 전까지는 말이다.

"내게 있다고 해서 내 것이겠느냐"

과연 지금 이 순간 방편(자원)을 가지고 있다 해서 내가 함부로 쓸 수 있는 것인가에 대해 수없이 자문(自問)했고, 나를 위해 쓸 수 있는 그 무엇이 아니라는 자답(自答)을 구하기에 이르렀다. 받아온 육생살이 선천질량은 나를 위해 개척해야 하는 부분이요, 너를 위해 만들어 가는 인생살이 후천질량은 창출부분으로, 쓰임의 농도는 전혀 다르다는 점이다.

다들 왕년에 잘나갔다고 해봐야 고작 받아온 육생의 기본자리에 오른 것뿐이라 자랑할 만한 것이 못되는데 하나같이 자신만의 피땀 어린 노력의 결과였다고 말한다. 대통령이든, 각료든, 사업가든, 유명인이든, 스포츠 스타든, 기타 등등은 그에 걸맞은 질량을 받아 왔기에 그 나름의 노력으로 올라갈 수 있었던 것이지, 사주(私主)는 근기로서 그 질량이 미치지 못하면 어림없다. 무엇보다 육생살이 인간사 얽히고설킨 문제는 기본의 자리에 올라서고 발생한다.

때론 올라서기 전에 발생하기도 하지만 이는 젊은 날의 도전으로서 좌절을 할지언정 실패는 없다. 좌절은 받아온 육생의 기본자리에 오를 때 맛보는 차원이고, 실패는 오른 후에 맛보는 차원이라 실패의 충격은 이루 말할 수 없다. 뜻을 세운다는 입지(立志) 30세 전에 오른 이들의 대부분은 스포츠나 연예활동에 몸담은 이들이요, 이후에는 경제계 몸담은 이들이며, 미혹되지 않는다는 불혹(不惑)의 나이 40세 이후에는 정관계에 몸담은 이들이다.

수많은 경쟁자를 물리치고 올라서야 하는 것은 분명하지만 근기가 걸맞게 부가되어 가능한 것으로 하나같이 육생의 기본자리에 오르고자 하는 일에만 중점을 두어 막상 올라서는 무엇을 해야 할지 몰라 엉거주춤하다가 나락의 길로 들어선다. 이때 거의가 성공했다고 육생량(지위와 재물)이 자신을 위한 것마냥 자신을 위해 마구 써대다가 폐인이 되는데 선천질량 사주(四柱)의 질량을 바르게 이해하지 못해 벌이는 일이다.

사실이 이러한데 과연 육생의 기본의 자리에 올라섰다고 성공한 것일까. 나를 위해 노력하고 나를 위해 살아온 만큼 너를 위해 살아야 하는 인생의 시발점이라고는 생각조차 하지 않는 모양이다. 벌고 쓰고 들고나는 음양행위의 차원을 바르게 가르치는 곳이 없지는 않을 텐데 나를 위한 육생성공은 너를 위한 인생출세 가도를 달리기 위한 출발선상인데도 불구하고 방점을 나를 위한 것에 찍다보니 불통일 수밖에 없다. 게다가 상극상충은 나밖에 모를 때 일으키는 것이므로 실패의 수순을 밟는다.

그건 그렇고 내가 그 일을 해냈다고 해서 과연 너도 그 일을 해낼 수 있을까. 하나 되는 일은 받쳐주고 끌어주는 지도자가 있을 때 가능한 법이다. 내가 했다고 해서 너도 함께할 수 있는 일은 받아온 육생량에 있지 않다. 너와 함께하기 위해 만들어 나가는 정신량에 있다. 크건 작건 선천적으로 타고난 경우도 간혹 있지만 너는 너의 길이 있고 나는 나의 길에 맞춰진 육생의 질량이기 때문에 신토불이라는 말이 생겨났다.

그리고 마침내 받았고, 올라섰고, 이루었다면 나를 위해 살아온 결과로서 이후부터는 너를 위해 살아가야 한다는 사실을 알아야 하는데 왜 모를까. 내가 합의를 통해 화합을 이루어 냈다면 너도 합의를 통해 화합을 이끌어 낼 수 있는 것이라, 여기에서 문제는 하나 되어 나갈 수 있는 정신량을 마련했느냐는 것에 있다. 그리고 이를 준비하는 시간을 가졌느냐는 것이다.

그렇지 못하면 왕년에 잘나갔다는 소리가 결코 자랑거리가 못 된다는 사실을 알아야 한다. 너를 위해 살아갈 때인데도 불구하고 동물처럼 나밖에 모르는 삶을 살아가다 받은 표적이 실패이기 때문이다. 물론 인생출세보다 육생성공에 초점을 맞춘 교육에 많은 문제가 야기되겠지만 이보다 더 큰 문제는 모든 사안이 육생의 안에 국한되어 있다는 사실을 모른다는 것이다. 그렇다 치더라도 양의 기운 번다는 개념은 음의 기운 소비를 위한 것에 있지 않은가. 이를 모르지 않을 터, 적어도 이롭게 쓰는 법을 가르치는 곳이 한두 군데 있어야 하지 않을까.

순전히 복불복, 돈 내고 돈 먹기 식으로 재테크를 가르치는 곳은 많지만 나를 위한 육생의 안위일 따름이라 얼마나 유효할지 모른다. 노년을 위한 것이라고 하지만 불행하게도 음의 기운 황혼에는 양의 기운 육생살이 재테크가 유효하지 않다. 생각의 지식을 넘어 마음의 지혜를 발휘해야 할 노년에도 여전히 나를 위해 살아가 겠다면 특히 그 누구보다 내 앞의 인연이 가만있지 않는다. 그럼 사자로 돌변할 이들이 누구일까. 아마 그 1순위가 떼래야 뗄 수 없 는 부모지식지간이 아닐까 싶다.

한편, 미래를 위해서라도 육신만은 건사시켜야 하는 학인(學人) 의 신분은 눈에 보이고 귀로 들리는 사안을 흡수하기 위해 낮은 데 로 임해야 한다. 그리고 누군들 왕년에 잘나가지 않았을까. 나름 한 가닥 하던 이들이라 실패의 쓴맛을 누구보다 잘 안다. 그런데 쓴맛을 누구한테 본 것일까. 처음부터 함께하고자 하던 이들이 아 닐까 싶고, 실패의 원인은 나밖에 모르는 불통에 있다 하겠으니 결 국 책임은 나에게 있지 너에게 있지 않다는 것이다.

"네 답은 네게 맞는 네 답일 뿐이다"

군대야 힘과 서열이 우선인지라 시키면 시키는 대로 하면 그만 이다. 모순이 춤을 춰도 조국과 민족을 위한 일이었다고 한다면, 전장에서 승리를 위한 일이었다고 한다면 결국 육생살이 애국심에 피 똥은 만백성이 싼다. 고참이 반합에 똥을 싸도 작전이 되고, 고 참이 돌을 던지면 졸병은 달려가서 머리로 받을 때 작전이 성공했 다는 우스갯소리가 생각난다. 사실 힘의 논리 집단은 무서운 모순 을 바탕으로 하부구조를 짓누른다.

수년간의 군복무 마치고 나면 은연중에 모순된 행위가 몸에 배 여 있어 으레 당연한 일인 것쯤으로 인식한다. 몇 해 전까지만 하더라도 만백성을 윽박질러 다스려온 터라 드러나는 엘리트층 이외는 모순을 대수롭지 않게 생각했다. 이곳에서 잘못 살아온 지난날을 되돌아본다고는 했지만 수행자의 모순조차 분별이 쉽지 않은 터라 부딪침의 모순을 일깨우기 위한 일련의 상황이 일어나기 시작했다.

잘났다고 해대던 기 싸움 초기에 부딪침은 내 모순이 빚어낸 표적이기보다 재수 없어 얻어걸린 것쯤으로 생각했다. 나를 비롯하여 워낙 자기 셈법의 명수들이라 자기합리화로 자기 잣대의 우위를 세우려 했으니 너 나 할 것 없이 고집은 자기 셈법의 주체가 되어가고 있었다. 문제는 고집이 고착되면 암 덩어리라 안하무인이 될 터 행위가 이롭지 않으면 부딪치고, 우선하려 들 때마다 눈총 받고, 해할수록 독이 되어 돌아온다는 사실을 부정한다는 것이다.

"부딪치는 이유가 어디에 있겠느냐."

모르지는 않았겠지만 크게 개의치 않는 것을 보아 상대성으로 주고받는 눈총을 자기모순이기보다 지금까지 길들여진 습성으로 으레 그러려니 했던 것 같다. 이는 육생을 살아가는 모든 인간의 딜레마가 아닐까 싶은데 잣대를 들이밀고 내 셈법을 우선하려는 한, 타박이나 해댈 수밖에 없는 일이라 싸우고, 충돌하고, 부딪쳐 해결하는 일이 비일비재하다.

한편, 소일거리 없이 무료한 시간이 지속되면 그리움에 사무친 지난날의 시간을 뿌리치기 여간 곤혹스럽지 않을 때가 있다. 그나마 표시나지 않고, 드러나지 않은 일에 매달리면 새벽이다 싶으면 저녁이고, 저녁이다 싶으면 동이 트니 회상에 젖고 회한에 빠질 여력이 없다. 딱히 무엇을 해야 한다고 주어진 일도 없지만 그렇다고 주어지지 않은 일도 없다. 법문이 있을 때를 제외하고 저마다의 하루는 공부의 연장선상으로 주어진 상황에 맞게 스스로 알아서 해야 한다.

산에서의 일은 해도 해도 끝이 없고 표시나지 않듯 도량의 일도 별반 다르지 않다. 한 번 손을 대면 흔적 없는 일이 시작되고 대지 않으면 없다는 말을 하고 다닌 것을 보아 때론 고되기도 했던 모양이다. 그래서 그런가, 도량은 실습의 장이었고 산은 복습의 장이 되었으니 자칫 공부의 맥을 잘못 짚기라도 하는 날에는 여지없이 부딪쳐 곤욕을 치렀다. 매 순간 주어지는 화두, 진전 없어 보이는 공부와 씨름하다 보면 하루해가 저물어 간다.

일주일이다 싶으면 한 달이고, 한 달이다 싶으면 석 달 열흘이 지나 동안거를 맞이하고, 어느새 영등달을 지나 꽃 피는 춘삼월을 맞이할 즈음이면 가슴 깊숙한 곳에 듬쑥한 뭔가가 자리해야 하는데, 선임의 위치라 부딪침의 빈도는 잦아들었지만 그 대신 내 말에 따라야 하지 않겠느냐는 오만과 독선의 싹이 트는 듯싶었다.

완장이라 할까. 감투를 쓴다거나, 의복을 갖춰 입는다거나 할 때 올챙이 시절을 잠깐씩 잊곤 하는 방자함은 정신량 부재가 일으키는 육생살이의 폐해다. 아울러 수행 중에 듣는 질타는 자기단련을 위한 것에 있으며, 거룩한 뜻을 펼칠 때 듣는 것은 비난으로서 원인은 수행(공부)에 문제가 있었다는 것이다. 드러나는 자신의 못난 면을 감추려 할수록, 부정과 합리화로 일관할수록 본성에 부합치 못한 인성으로 말미암아 이성을 잃곤 한다.

공부(수행)는 전적으로 나를 위한 이기적인 행위다. 마친 후 너를 위해 살아가겠다는 이타의 원을 세운 바와 다름없으니 소임은 이로운 운용주체로서 아쉬워서 찾아오는 활동주체의 손을 잡고 나가는 일에 있다. 무엇이 필요한 것일까. '덕 되게 하니 득이 되더라'는 '존중하니 존경받게 되더라'라는 선순환 행위가 되므로 인생방정식을 받아들였다면 그에 걸맞은 인성을 갖추는 일만 남았다.

하지만 아쉬워서 찾아온 이들에게 질타를 넘어 비난받는 지경에까지 이르렀다면 다시 들어가 나오지 말아야 할 것이다. 인성과 깨우침은 불가분의 관계라고 오인하기 쉬운데, 깨우쳤다고 해서 인성까지 갖춘 것은 절대 아니다. 중요한 것은 무엇을 깨우쳤느냐에 있겠지만 그 깨우침을 방편으로 인연을 불러들인다면 주고받는 행위가 이로워야 할 터, 깨닫기만 하고 인성을 함양하지 못하면 불러들인 인연에 의해 기운은 반드시 사장된다.

늘 심기가 불편했던 이유도 혹여 나를 무시하지 않나 싶은 생각을 벗지 못했기 때문인데 일체의 명상행위가 없는 도량에서 누구나 겪는 일로써 보편적으로 자신의 존재감이 드러나지 않을 때 더하다. 특히 외부의 몇몇 인연이 며칠씩 기거하는 날에는 더 심하다. 물론 세간에서 얼마만큼 절박했느냐에 따라 받아들이는 농도의 차이가 나겠지만 심리적 안정을 찾을 즈음이면 여지없이 부정과 합리화로 자기보호에 나선다.

세간에서 그리 험한 꼴을 당했음에도 불구하고 자기 옹호하기 바빴으니 생활이 익숙해질 무렵부터 남 탓을 하지 말라는 가르침이 무색하게 부딪칠 때마다 타박하기에 바쁘다. 그리도 못나 바닥을 쳐야 했던 것이고, 실상을 부딪침을 통해 알려주건만 아니꼽게 여기어 꿍하는 빈도수가 잦을수록 나아짐이 없음을 모른다. 이 때문에라도 자신을 갖추려거든, 인성을 함양하려거든 똑똑한 바보가 아니라 진짜 바보가 되어 생활해야 한다.

"각 세우지 마라"

'먹는 끝에 싸움 나고 찬물 한 잔에 눈물 난다'는 말이 있다. 아주 사소한 것으로 감정의 골이 파이고 안 볼 것마냥 며칠씩이나 씩씩거린다. 아마 세간에서는 더하면 더했지 덜하진 않을 성싶고, 거의가 소소한 일로 감정이 상하여 큰 싸움으로 번지기 일쑤이다. 복습의 장 산이나 실습의 장 도량이나 소일거리에 매달리는데도 하루에 서너 번은 의견충돌을 일으키는데 세간에서는 어떠할까. 제법 시간이 흘렀다고 선임으로 가끔 상대의 의견을 존중하여 마무리 짓는 솜씨를 발휘하기도 한다.

어느 순간 운용주체 지도자 공부를 한다는 생각이 뇌리에 강하게 스치자 일을 찾아 나서기보다 분위기 조성에 초점을 맞췄다. 그런데 공부는 자연히 일어나고 벌어지는 그 자체가 아닌가. 억지로 제어하고 누를수록 압이 차면 터지기 마련이라 참견간섭 자제하고 도와 달라 청할 때까지 사실 그대로 지켜보는 내공은 너의 가치를 존중할 때 쌓인다. 물론 터지면 중제에 나서야 한다.

가끔 잘 하려 하는 건지, 잘 보이려 하는 건지 알 수 없는 행위를 할 때마다 어린애마냥 시샘하다 시비가 붙는데 너를 위한 행위가 몸에 배일 때까지 영양가 없는 짓을 해대긴 마찬가지다. 도와주지 않는다고, 응해주지 않는다고, 자신을 무시하지 않나 싶은 때를 보면 이로운 행위 자체를 손해라 생각할 때가 있었으니, 내가 하니 너도 해야 한다는 반강제식 행위가 전부였던 것 같다.

이로움에 대한 감사함의 반응이 별무신통이면 심기 불편해 하고, 못난이들처럼 못난 짓거리만 해대니 악순환의 연속일 수밖에 없다. 공부의 맥은 운용주체인데 몸으로 때우는 활동주체에 맞춘 것마냥 수준이 바뀌지 않을 것만 같았다. 실속 없이 왜 잘 보이려고만 굴었는지. 지도자의 리더십은 육생의 힘에 있지 않고 이로운 정신량이라는 사실을 모르지 않는데도 말이다.

벌어지는 상황에 필요한 질량은 분별력이고 그만큼 생각을 앞세우면 흐트러지는 것 또한 분별력이다. 더군다나 미리 결론을 내려 뜻대로 되지 않을 때마다 부딪쳐야 했다는 사실을 모른다. 왕년에 잘나갔을 때가 너를 위해 살아가야 하는 운용주체가 아니었던가. 흐트러진 분별력을 바로잡기 위해서라도 절실하고 절박하고 험한 꼴을 당해야 했던 이유와 원인을 뼈저리게 느껴야 하는 공부자라 자연스레 사자가 되기도 했다.

사태가 진정되면 그럴 수밖에 없었던 도반들에게 불편한 심기 드러내지 않겠다고 다짐하지만 극한강도를 넘어서면 여지없이 드러나는 본성. 인성을 가미하지 못하여 씩씩거리니 거기까지가 한계였다. 보잘 것 없는 내공에 막돼먹은 성질머리는 영락없는 양아치라 누가 믿고 따르기나 하겠는가. 찌들고 망가져 버린 추한 모습을 망각하고 되레 상대방의 못난 모습이나 꼬집어댔으니 참된 수행에 다가서기까지는 멀었던 모양이다.

"참는 것만이 능사가 아니니라"

좀 더 일찍 아쉬운 이들을 위한 이로운 자의 덕목을 쌓는 데 초점을 맞추었다면 어떠했을까. 이도 공부가 되어야 가능하겠지만 어느 정도 부딪침의 횟수는 줄어들지 않았을까 싶다. 물론 부딪침의 표적으로 말미암아 환부가 드러나는 법이지만 드러내 놓기만 하고 인성을 함양하지 못하면 어떻게 될까. 미어터지는 복장만큼이나 해결하지 못한 일들이 산재할 터, 그런데 문제는 인성을 어떻게 배양해야 하는지를 모른다는 것에 있다.

때론 조율을 위한 부딪침이 인다. 잦을수록 미움이 자리하는 법이라 고착시키면 곤란하다. 바닥을 치게 만든 고질병을 수술 중에 있다는 사실도 알지만 부정이 부정을 부른다고 밉상으로 보일 때에는 웃음마저 부자연스럽다. 그러다가 기 싸움이 벌어지기라도 하는 날에는 어떠한 것도 용납하기 어려운 지경에까지 이른다. 아마도 매순간 그러한 네 처지를 이해하고 융해시키기보다 그 순간을 무마시키고자 무조건 참고 보자는 것이 문제였다.

참을 인(忍) 자 세 번이면 살인도 면한다지만 참는 행위는 이해하기 위한 전 단계라 참는 것만이 능사가 아니다. 나 하기 나름에 따라 달리 나타나는 작용반작용의 법칙 상대성원리가 인간 세상에 깊숙이 녹아 있어 부딪칠 조짐이 보이면 누가 이로운 자이고 아쉬운 자의 입장인지부터 살펴볼 일이다. 아쉬워 찾아간 자는 언제나 이로워 맞이한 자 하기 나름이라, 화는 아쉬운 처지를 이해하지 못하면 쌓이고, 한은 풀지 못하면 쌓인다.

예컨대 참는 게 받아먹는 과정이라 한다면 소화시키는 과정이 이해하는 과정이다. 받아먹고 소화시키지 못해 탈나는 것이나 탁한 기운 압에 눌려 폭발하는 것이나 별반 다르지 않다. 그러고 보면 이로운 행위는 모르기에 못하는 것이고 또 아는 만큼 하게 되는 것이 이로운 행위인데도 간혹 가다가 그것도 몰라서 못하느냐는 식으로 핀잔을 주기도 한다.

"상대방을 탓할 권리는 누구에게도 주어지지 않았느니라"

공부로 주어진 소일거리는 방편에 불과하므로 잘해도 그만 못해도 그만인데 내 눈에 안 찬다고, 내 속 편차고 '감 놔라 배 놔라' 하는 내가 문제지 네가 문제일까. 네 방식을 완전 무시하고 순전히 내 방식대로 도운 것을 가지고 도와줘도 못한다고 면박이나 준다면 어떻게 될까. 말이 좋아 도운 것이지 가는 방망이 오는 홍두깨라 결국 되로 주고 말로 받는 형국이 빚어진다.

궁벽한 곳에서 동물처럼 외로이 혼자 살아간다면 부딪침 없이 살아갈지 몰라도 사회생활의 궁극은 육생살이 인간에서 인생살이 사람으로 승화하는 것에 있으니 진화발전을 위한 크고 작은 부딪침은 매순간 일어나기 마련이다. 이를 어떻게 받아들여 융해시키느냐가 각자에게 주어진 공부이므로 후천의 인성을 이를 위해 키운다. 다듬어지지 않은 본성에 의지할수록 상처 입은 자존심 회복하겠다고, 되로 받은 만큼 말로 주겠다고 고양이 발톱 숨기기에 바쁘다.

비워야 하는 것과 채워야 하는 것, 무엇이 다른 것일까. 오래전부터 마음을 비우고 욕심을 없애야 한다는 소리가 떠도는 것을 보아하니 수행을 비우고 없애는 행위로도 간주하는 모양이다. 그렇다면 채워야 하는 것은 또 무엇일까. 부족한 것이라 말하지만 그런데 무엇이 부족한 것인지 모르고 있다. 받아온 육생량이야 기본금인 만큼 나 하기 나름이라 부족하다 말하면 아주 곤란하다.

근기에 맞게 정확하게 주어지는 것이 선천질량 사주라고 하겠으니 이에 비례하여 배양해야 하는 것이 후천적 인성이다. 따라서 번다는 개념은 개척하는 선천적 육생량을 위한 것이고, 쓴다는 개념은 창출의 후천적 인생량을 위한 것이라 벌고 쓰고 들고나는 음양행위를 바르게 하기 위해 부족한 인성(정신량)을 고취시켜야 한다. 그리고 부족한 것을 채운다는 것은 바르다는 정과 다르다는 착한 선과 더불어 그르다는 치우친 사에 대해 아는 것을 말한다.

육생량과 정신량이 부합된다면 삶은 날로 번창할 것이라 이쯤되면 본성에 인성을 부가시켜 하나 되기 위한 노력을 아끼지 않는다. 마음은 지혜의 보고인지라 나를 위해 쓰일 그 무엇이 아니다. 너를 위한 행위는 나를 위한 행위 너머에 자리하듯이 비우고 버려야 할 것은 욕심의 산물 생각이지 마음이 아니다. 이처럼 꺼둘려 잘못 인식된 생각차원을 바꾸지 않으면 부딪침의 장애에서 벗어나지 못해 결국 육생량마저 소실하게 된다.

사자짓거리 해대는 상대방을 바꿀 수 있는 묘책이 있을까. 있다면 교도소가 늘어나지는 않을 성싶은데 교화가 목적이라고 하지만 내 앞의 인연이 내 모습이라 결코 육생에 국한된 행위는 누구에게도 이롭지 않다. 생각차원을 바꿀 수 있는 프로그램이 개발되었다면 모를까. 신을 종용하는 신앙이 전부인지라 별무신통이다. 하지만 마음을 쓸 수 있는 시스템을 개발하면 어떠할까. 생각의 차원이 저절로 바뀔 텐데 말이다.

"갇혀 산다는 의미를 바로 알아야 하느니라"

도량이나, 도린결이나, 교도소나 다르지 않다. 물론 육생량으로 소통 마비를 일으켜 스스로 들어가는 곳이 도량과 도린결이라고 한다면 해코지로 잡혀 들어가는 곳이 교도소다. 이는 모두 부각되는 일면이고 이면은 바르게 통하지 못한 것에 있다. 그리고 해코지(범죄)를 아쉬운 이가 할까 이로운 이가 할까. 아쉬워 찾아간 이가 아쉬움을 채우지 못하면 표적질(해코지)을 해댈 텐데 누구의 잘못인가를 심히 고민해봐야 한다.

한편, 바뀐다는 것은 생각의 차원을 달리하여 살아가는 것을 뜻하므로 이에 필요한 것은 걸맞은 정신량이다. 정녕 마음 한번 써본 적이 있을까. 이기의 생각차원으로 아쉬운 육생량을 성취하면 이타의 마음차원으로 이롭게 써야하는 것인데도 불구하고 축척만 시키다가 죄다 사달이라는 표적을 받는다.

때문에 양양(陽陽)이 상충(相沖)하는 것은 육생량에 육생량을 부가하려다 일으키는 현상이요, 음음(陰陰)이 상극(相剋)하는 것은 정신량에 정신량을 더하려다가 일으키는 현상이다. 즉 양양상충은 세간의 기업인들이 일으키는 부도라고 할 수 있고, 음음상극은 수행자들이 걸리는 상기병(주화입마)이라고 할 수 있는데 화근은 내외로 소통하지 못한 내 욕심에 있다는 것이다.

결국, 자기 생각의 틀, 아쉬운 육생 안위에 갇혀서는 무엇 하나 이루기 어렵다. 다시 말해서 하나 되어 살아가기 어렵다는 것인데 발견을 하든 발명을 하든 육생살이 범주라 힘의 논리 육생물질문명만을 이루었을 따름이다. 이제 겨우 주어진 선천질량에 오른 것뿐이라 들고나는 음양의 법도 화합의 후천질량을 마련하지 못하면 중동전쟁과 서방의 테러의 공포에서 한 뜸도 벗어나지 못한다. 날로 흉포해지는 범죄와도 맞물려 있다.

이는 이리 하면 이리 된다는 표적을 분명하게 보여주는데 그 원인을 어디에서부터 밝혀야 할까. 밝히기기만 하면 대안마련은 그리 어렵지 않을 듯싶은데, 육생의 안위에 빠지는 통에 여간 만만치 않다. 만만치 않다는 것은 육생의 기본자리에 받아온 선천의 질량이라 오른 것이고, 치우친 사행과 착한 선행으로 지키려 들 것이라 자기모순은 실패를 하고 나서 본다는 데 있다. 또 대안은 모순을 통해 마련하는 것이므로 기본의 자리에 올라선 이들일수록 변화변동보다 안정을 추구하므로 선천의 육생은 후천의 인생을 위한 것이라는 사실에 접근이 용이하지 않다. 받아들이기만 한다면 그렇게 어려운 일만은 아니다.

아쉬운 육생살이에서 안위를 구한다는 것은 머물러 삶을 포기하겠다는 의미와도 같아 의지와는 상관없이 이로운 인생살이를 일깨우기 위한 적대보완적 상황은 자연스럽게 연출된다. 본능에 의지하고 살아가는 동물의 세계는 육생이 전부인지라 제아무리 노력을 해본들 생각차원 육생살이가 전부다. 하지만 인간은 육생을 넘어 인생을 살아가야 하므로 나를 위한 본능적 생각차원의 지식과 너를 위한 분별적 마음차원의 지혜가 함께한다.

동물처럼 선천의 육생에 머물면 그에 상응하는 대가를 치르는 것은 대자연의 표적이라, 이를 가지고 항간에는 죄와 벌을 논하는데 작용반작용의 법칙 인생방정식이 육생살이에 적용되는 만큼 죄와 벌의 개념은 인간논리일 따름이다. 본연의 삶에서 멀어질 때마다 상대적으로 해대는 표적질은 지극히 자연스런 현상이고, 어느 날 갑자기 일어나는 불의의 불상사도 다르지 않다.

"민심은 천심이라 하지 않았더냐"

내가 원하는 바나 네가 바라는 바나 다를 듯싶지만 다르지 않다. 이념과 사상은 달라도 지향하는 바는 사람답게 살고자 하는 것에 있으니 너와 내가 만나 우리가 되는 것도 상호모순을 안다면 그리 어렵지 않다. 때론 미흡함을 보완하고자 별개의 움직임이야 있겠지만 이기의 본능은 이타 분별을 일깨우기 위한 것에 있다. 이에 따라 육생량이 넘쳐나는 시점에 육생량을 개척한 선진국일수록 전쟁과 테러의 공포에 휩싸였다. 왜 그런 것일까.

정신량 부재로 하나 되지 못한 표적이라는 사실을 받아들일 리도 없지만 민심이 천심이라 하는 이유를 생각해보자. 무형·무색·무취의 하느님(대자연)은 손과 발이 있을 리 만무라 저마다의 행실을 내 앞의 인연을 통해 전달받는다. 이를 인생공학적 작용반작용의 법칙 상대성원리라 논하였다. 하나보다는 둘, 둘보다는 넷, 넷보다는 여덟 등으로 그 수가 배가 될수록 민심은 하늘의 가르침을 뜻하는 바라 지도층에서 귀 기울이지 않으면 호미로 막을 것 가래로도 막지 못하는 사태로 곤욕은 민초가 치른다.

한편, 상대의 실수에는 관대하고 자신의 단점을 겸허히 받아들였다면 얼마나 좋았을까. 수행은 인성함양과 더불어 정신량 마련을 위한 것이므로 공부는 상대방의 허물을 감싸 안을 때 앞서나간다. 본성에 의지한 만큼 자기 코가 석 자라 허물로만 받아들였고, 또 지적의 이면은 관심이자 잘해보자는 뜻이 배어 있는데 배타와 참견으로 일관하다 보니 모순을 바로잡아 나가는 반면교사로 삼지 못했다.

착하게 살아야 복 받는다 하기에 억지로라도 착한 짓을 하려 했고, 복덕을 짓지 않으면 지옥 간다 하기에 복덕 짓는 행위가 무엇인지 모르면서 허공에 빌고, 형상에 빌고, 심지어는 신격화시킨 인간에게까지 비는 우매한 짓을 범하기도 했다. 결국 각자도생을 위해 바동거리는 요 꼴을 면치 못하였는데 착한(바보) 짓거리 누구를 위해 한 것이었고, 지옥을 가지 않기 위해 복덕 짓는 행위는 또 누구를 위해 한 짓이었을까. 분별이 어리석어 벌인 일이라 탓이나 해댄다면 나아질 것이 없는데 정말 곤란하다.

삶 자체가 수행이자 공부라는 사실을 깨우치기까지의 과정은 편히 쉬는 그 자체가 공부였는데도 욕심의 산물 생각이 끝없이 요동치는 바람에 산속이나, 도량이나, 움막이나 편히 쉴 수 없었다. 행의 현장 사회는 더하면 더했지 덜하진 않을 터, 나를 위한 생각차원을 너를 위한 마음차원으로 전향하면 가능하고 이를 위해 할 일은 부딪침의 원인을 밝히는 것이다. 사자짓거리만 해대는 상대방도 그에 상응한 이유가 있는 것이라 마냥 미워하기만 한다면 쌓이는 스트레스를 어떻게 해야 할까.

더럽다고 피하고, 아니꼽다고 피하고, 재수 없다고 피해본들 내 안에서 녹아들 때까지 유사한 상황은 지속된다는 사실을 알까. 알고도 한다면 뭐라 할 말은 없지만 돌이켜보면 나의 발전은 너에게서 기인한다는 사실을 깨우칠 때까지 부딪침은 계속되었다. 한(韓)

민족은 배달의 민족이자 신선의 후예다. 자연스럽게 천부(天符)의 가르침을 받들어 도와 덕으로 살아온 운용주체 민족이라 비나리 타력 신앙에 얽매이지 않았다. 구원은 자력이라 신앙 너머의 종교를 지향해 왔었다.

그렇다고 해서 2,500년 동안 선지식의 뜻을 이뤄 앞서나간 학인도 없다. 동족상잔 6.25 이후 인류공영에 이바지할 시발의 학인세대가 베이비부머라 떠들어대지만 빛 좋은 개살구라 육생살이 습에 꺼둘린 잣대를 들이미는 것이 예사다. 실수할 때마다 기 싸움은 통과의례이듯 왜 그리도 못난 짓거리만 골라서 해댔는지 진짜 못난이라는 사실을 깨우칠 때까지 부딪침은 피할 수 없다.

"깨우침이 부처이니라"

업그레이드 시대라서 그런가. 종파나 도파에서도 말법시대를 운운한다. 의미심장한데 과연 말법시대의 뜻은 무엇일까. 저마다의 말이 법이 되는 시대를 가리키는 것인지 아니면 지금까지 선천적 1안의 육생물질문명을 이루어 왔으니 지금부터 후천적 2안의 정신량을 부가시켜 사람답게 살아가는 대안을 마련해야 하는 시대를 뜻하는 것인지에 대해서는 일언반구도 없다. 필경 둘 다 방향이 다르진 않을 듯싶은데 준비하는 단체가 있기라도 한 것일까.

업그레이드 시대는 인연맞이 시대이자 하늘이 돕는, 그러나 풍요 속의 빈곤 시대라 미화시켜 이로울 게 하나 없는 치우친 사행의 시대이기도 하다. 주고받는 이로움의 정책은 정부의 몫이요 대안은 신앙단체가 마련해야 하는데도 여전히 신을 종용하는 것을 보아 아닌 듯싶고 그렇다면 철학자나 인문학자들의 몫인가. 그만한 여력이 있다면 모를까 이들마저도 육생의 안과 신앙에 놀아나는 판국이라 무척이나 조심스럽다. 만약 신앙지도자들이 정신량을 부가시켜 종교로 승화시켰다면 모를까, 엘리트가 주축을 이루는 신앙마저도 육생의 범주를 벗어나지 못하자 지구촌은 기아와 테러와 전쟁의 공포에 휩싸였다.

육생의 안에 정신량을 부가시키면 인생 안이 될 터이지만 문제는 정신량이 무엇인지 모른다는 것이다. 육생량은 개척하는 선천질량이고 정신량은 창출하는 후천질량이라 말법시대는 그야말로 물질에 정신을 부가시켜 나가는 신인류 시대를 뜻하는 게 아닐까 싶다. 육생물질문명을 건설할 때까지가 나를 위해 살아야 하는 육생시대였고, 이루었다면 너를 위해 살아가야 하는 인생시대인지라 그 과도기는 컴퓨터가 보편화될 무렵부터였다.

물론, 깨우침만으론 부처가 될 수 없다. 걸맞은 정신량도 함께 머금었을 때 태양보다 밝고 수정보다 투명한 부처가 되는 것이므로 깨달아 인성을 함양한 자만이 이성을 잃지 않는 법이라 인류평화 대안을 마련할 수 있다. 나뭇잎에도 신이 내린다는 말법시대에 들어 영산명산 구석구석 깨달았다 말하는 이들이 넘쳐나는 판이라 깨달음의 진정성을 살펴볼 일이다.

"무엇을 깨달아 부처인줄 아느냐"

도술 너머의 도법이라, 도(道)의 술(術)은 육생살이 선천질량으로 신(神)이 들어와 부리는 차원이요, 도(道)의 법(法)은 인생살이 후천질량으로 정신량을 토대로 만들어 나가는 정법(正法)의 차원이다. 타고난 실력(實力) 너머의 원력(願力)은 내가 만들어 나가는 도력(道力)을 지향하는 바라, 백 일을 하던 천 일을 하던 수행 중에 근기에 맞는 신은 들어오기 마련이라 이때 부리게 되는 신통력(도술)을 가지고 깨달음을 운운한다.

고작 해봐야 신이 하는 말을 전하는 것뿐인데 무엇을 깨달았다는 것인가. 배고프면 먹어야 한다는 사실을 깨우친 것인가. 아니면 피곤하면 잠자야 한다는 사실을 깨우친 것인가. 물론 똥도 싸야 하는 것이겠지만 세 개의 차원으로 나뉘어 운행되는 세상의 깨우침은 바닷가의 모래알처럼 많다. 게다가 육생을 살아온 덕분에 깨우침이라고 해봐야 육생살이 범주를 벗어나지 못해 사람답게는커녕 여전히 내 욕심 가득한 기복에 매달리는데 말이다.

일체의 좌선이나 기복행위가 없었던 관계로 소일거리에 매달려야 했던 이유가 여기에 있다. 근기에 맞게 때가 되어 들어온 술(신통력)에 꺼둘리기라도 하는 날에는 육생의 신법(神法)에 의지하여 치우칠 것은 빤한 일이고, 그 너머 인생의 정법(正法)을 위한 정신량을 마련할 때까지 난관에 봉착하여 어려워 할 것은 빤한 일이다. 어떻게 해야 할까.

"하나 되는 깨우침은 지금까지 나오지 않았느니라"

천지인, 즉 머리는 뿌리요, 몸통은 줄기이고, 다리는 가지로서 세상사 상중하 차원으로 나뉘어 운행되는 만큼 저마다 소임도 달리 주어졌다. 이를 가리켜 신토불이라 말하는데 하늘은 천(天)이고 머리(뿌리)이자 상(上)의 위치인 만큼 역할은 정신량 창출을 위한 운용주체다. 땅은 지(地)이고 몸통(줄기)이며 중(中)의 위치로서 상하(上下, 머리와 다리) 중계자의 입장이며, 인(人)은 다리(가지)이고 하(下)의 위치하여 육생량을 생산하는 활동주체다.

아울러 천상(天上)의 머리는 정신수행(精神修行)을 통해 몸통과 다리를 하나로 아울러 후천적 행복의 대안을 마련해야 하고, 지중(地中)의 몸통은 육신수련(肉身修鍊)을 통해 교역의 장이 되어야 하며, 인하(人下)의 다리는 신을 앙망하는 기도(祈禱)로 말미암아 개척한 선천의 육생량을 토대로 사랑하며 살아가야 한다.

요컨대 뿌리는 운용주체로서 몸통과 가지를 위한 행복의 질량을 마련해야 한다는 것이고, 몸통은 뿌리와 가지의 질량이 교차하는 곳으로 화합을 위한 합의 조건은 뿌리 하기 나름이라는 것이며, 육생량을 개척하는 가지는 활동주체로서 사랑으로 만족할지언정 행복에까지는 이르지 못하므로 뿌리 하기에 달렸다는 것이다.

이기적 육생살이 득 될 성싶을 때 치솟는 감정이 사랑이라 이롭지 않으면 식기 마련이다. 사랑하며 살아가려거든 이로움의 에너지를 쉼 없이 생성해야 하는 것처럼 남녀지간은 물론이요, 운용주체도 소임을 다하지 못하면 활동주체에게 사랑을 받지 못한다. 무엇보다 만족은 내 뜻대로, 혹은 나를 흡족하게 하는 차원이라 육생량만으로 얼마든지 가능하다.

그러나 행복은 사랑을 통해 영위하는 차원이고, 만족은 육생량으로 자기욕구를 채운 것이라 오래가지 못한다. 득이 되지 않는 사랑을 할 수 있을까. 박애정신을 표방하는 사랑이라도 다르지 않다.

상호상생을 이룰 때 영위하게 되는 것이 행복인지라 이기의 육생량 앞에서 너 나 할 것 없이 내보이는 것이 욕심이다. 그만큼 이기심 앞에 이타심이 없으면 육 건사를 위해 동물처럼 끝없이 물고 물리는 관계로 살아간다. 그렇다고 손해 보며 살아가라는 소리가 아니다. 상호상생을 이끌어 낼 수 있느냐는 것이다.

사랑을 하는데 행복하지 않으면 이기적 행태의 결과다. 받고자 하는 이기의 사랑은 육생만족을 위한 것이요, 주고자 하는 이타의 사랑은 인생행복을 위한 것이라 시작은 어디며 그 끝은 어디일까.
유형의 이승 3차원이나 무형의 저승 4차원이나 영원한 안식처를 추구하기 위한 곳으로 본래 시작과 끝도 없었다. 육생의 인간에서 인생의 사람으로 승화되어 사람답게 사는 자체가 바로 영원한 행복의 동산 천국이 아니겠느냐는 것이다.
그리하여 다리(가지)는 사랑을 배우고, 몸통(줄기)은 그 사랑으로 교역하고, 머리(뿌리)는 육생량에 정신량을 부가시켜 행복을 영위해 나가야 한다. 하지만 활동주체 가지(다리)는 육생의 부문을 담당하는 전문의로서 전체를 아우르기에는 역부족이다. 그러나 머리(뿌리)는 운용주체이므로 인생 전체를 주도해 나가야 하는 입장이라 몸통(줄기)과 다리(가지)를 하나로 아우르며 살아가는 질량을 마련해야 하는데도 불구하고 몸통과 다리를 하나로 아우를 머리의 깨달음은 지금까지 나오지 않았다.

"깨달음의 차원은 육생과 인생이 있느니라"

머리와 다리 사이에 위치한 몸통의 깨달음은 육생차원에 있고 육생량을 담당한 다리의 깨우침은 경(經) 통해 신을 접하는 기도행위가 전부가 아닌가 싶다. 힘의 논리가 배어 있는 선천적 육생신앙 그 사랑으로 전체의 행복을 가장한 부분의 만족만을 취해왔으니 깨달음이라고 할 수 있을까.

물론, 육생의 전문인 활동주체 다리의 입장으로서야 만족이 그들만의 행복일 수도 있겠지만 전체를 아울러야 하는 머리의 입장으로서는 육생살이 자기만족에 불과할 따름이다.

나를 위한 육생은 선천지식을 바탕으로 물질에 의지하는 삶이요, 너를 위한 인생은 후천적 지혜로 정신을 부가시켜 나가는 삶이라 육생과 인생을 연결하는 가교 정신량은 후천의 삶을 담당한 민족의 몫이 아닐 수 없다. 동서양의 생활방식이 왜 다른 것일까. 각기 다른 이념만큼이나 다리(해양)의 민주와 몸통(대륙)의 공산이 머리(반도) 앞에서 힘겨루기 하는 모양새라 활동주체 다리의 안건과 몸통의 안건만으로는 결코 해결할 수 없어서다.

한편, 깨달음이 최고조에 다다랐다한들 지구촌은 사분오열되었는데 무슨 의미가 있을까. 적대보완적 공산과 민주의 대립으로 살상무기 개발에 여념이 없는 걸 보아하니 육생물질 앞에 힘의 논리는 여전히 기세가 등등하다. 생각해보자. 왜! 너와 나의 차원이 내 안에 함께하는 것인지에 대해서 말이다. 분명 육생 너머의 인생을 살아가기 위한 것이 아닌가.

앉은뱅이를 일어서게 하고, 장님을 눈뜨게 하며, 죽어가는 이를 살려내는 신통력은 신통력일 뿐 깨달음이 아니다. 그렇다고 미래와 과거를 꿰뚫어 보는 혜안에 있을까. 몸통의 입장과 다리의 입장에서는 다르기야 하겠지만 뿌리의 입장은 하나로 어우러져 살아가는 데 있으므로 적대보완적 부딪침의 원리를 시급히 찾아내야 한다. 빅뱅 이후 육 건사 육생살이 힘의 논리는 자연발생적이고, 컴퓨터가 보편화된 업그레이드 시대 이후부터 인생살이 유토피아는 정신량으로 인(人)이 운용해 나가야 하다.

한편, 힘에 꺼둘린 세월을 성토해봤자 육생의 기본금이 달리 주어지지 않는다. 다음 생이면 모를까 지금 여기에선 소임 때문이라 금수저로 태어난 너와 흙수저로 태어난 나, 모두 후천의 인생을 위한 것에 있다. 그게 아니라면 아무리 생각해봐도 절대 공평하지 않은 것 같은데 무책임하게 일부 신앙에서는 전생의 업 때문이라고 말하기도 한다. 신분을 왜 달리하며 오가느냐는 것이다. 복불복일까. 이도 무책임하게 업 소멸과정이라 말한다면, 그래서 나는 현생에 흙수저 생을 살아가는 것일까.

훗날 안 사실이지만 도술은 이미 들어왔었다. 소명(召命)을 받은 것이 깨달음이었고 자연스럽게 나는 누구인가에 대해서도 알게 되었다. 혹자는 깨닫는 순간 희열과 회광반조를 운운하는데 두려움이 엄습해왔다. 그리도 뛰어난 이들이 많은데 '설마 나 같은 놈이라'는 외마디 비명을 지른 것은 믿기지 않아서였고 또 민족의 사명을 알아서였다. 꿈은 자기와의 싸움을 통해 이루는 것이라고 말하지만 그런 자기와 싸우는 또 다른 자기는 당최 누구란 말인가. 자기가 자기와 싸운다는 자체도 아이러니하고, 또 자기를 이길 수 있다 생각하는 자체는 더 아이러니하다.

저마다의 자리는 달란트(사주)로서 근기에 맞게 노력하면 오를 수 있는 것이고, 때가 되어 올라섰다면 이로운 운용주체라 아쉬워서 찾아오는 활동주체와 함께하기 위해 주어진 과제는 하나 되어 살아가는 일에 있지 무엇을 어떻게 해서 올라섰다는 일에 있지 않다. 주어진 자리에 오른 것을 가지고 자기와의 싸움을 거론하면 그보다 덜 받아온 이들은 어떻게 하라는 소릴까.

깨달았더라도 인성을 배양하기 전까지 나보다 좀 더 아는 자이거나 소명을 아는 자에 불과하다. 시간이 흐를수록 대부분이 육생량에 치우쳐 좀 더 아는 것이 독으로 전락하게 되는 가장 큰 원인은 정신량을 가미하지 못해서다. 깨달았든, 신이 들어왔든, 올라섰든, 인기를 얻었든 수행의 근본은 왕년에 사달이 났던 이유를 곱씹으며 내일을 위해 인성을 함양하는 일이다. 깨달았는데 정신을 배양하지 못했다면, 신이 들어왔는데 성품을 갖추지 못했다면, 올라섰는데 인성도야를 하지 못했다면, 인기를 얻었는데 품성을 넓히지 못했다면 어떻게 될까. 꼴이 아주 우습게 된다는 것이다. 본분을 잊어 소임을 다할 수 없게 된다는 것이다.

5. 술독(術毒)

세간에서 마시는 술(酒)에 취(醉)한 어느 날
꽤 오랜 시간동안 인류도
육생의 술(術)에 취(醉)해 있다는 생각이 들었다
나라고 별수 있을까
그 속에서 아니 취할 수 없으니
취해 버린 세상을 어떻게 알 수 있겠는가

예부터 '똑똑한 이가 되기보다 지혜로운 이가 되기를 바란다'는 말을 입버릇처럼 해왔다. 생각의 지식으로 육생물질문명을 개척하여 육생살이는 장족의 발전을 이루었으나 그 너머 마음차원 지혜에 다가서지 못해 인생살이 정신문화는 매우 빈곤한 상태이다. 그래서 그런 것인가. 온통 스트레스 환자뿐이라 '삶은 고뇌의 산물'이니 '고통의 연속'이니 하는 말들이 꾸준히 나돌고 있다. 왜일까. 아마 그것은 나를 위한 육생살이를 너를 위한 인생살이로 착각하여 그런 것이 아닌가 싶다.

나를 위해 살아가는 어린 시절은 너를 위해 살아가고 싶어도 살아갈 수 없는 육생살이 시절이자 너를 위해 살아가야 하는 성인 인생시절을 위한 것에 있으니 삶의 고통을 모른다. 자기 뜻을 받아주지 않을 때마다 부모에게 떼쓰면 되는 것이라 어려움도 모른다. 물론, 집안이 궁색하면 물질적 어려움은 겪겠지만 부모만큼 클까. 간혹 자식에게 좋지 않은 일들이 벌어지는 것마저도 그르거나 다르게 살아가는 부모에게 주어지는 표적의 일환이다.

특히 성인이 되어 적용되는 인생 첫 번째 공부는 내 앞의 인연은 나 하기 나름이라는 데 맞춰진다. 모르는 이들이 있을까. 누구나 아는 사실이겠지만 간혹 내 앞의 인연을 내 뜻대로 해보려는 욕심 때문에 잊는 모양이다. 육생을 살아가는 동물들이야 먹을 것만 주면 얼마든지 뜻대로 부릴 수 있지만 생각과 마음이 공존하는 인간에게 물질은 방편이요, 정신은 궁극이라 작용반작용의 법칙 두 번째 공부가 적용된다.

특히 운용주체 국가는 활동주체 만백성의 삶의 질을 향상해 나갈 때 조국과 민족을 위해 아낌없이 한 목숨 바치게 되는 것이고,

운용주체 부모의 도리를 다할 때 자식도 활동주체의 행위를 다하게 되는 것이다. 부부지간이라고 다를 바가 있을까. 음의 기운 운용주체 부인의 도리를 다할 때 양의 기운 활동주체 남편의 행위를 다하듯이 운용주체가 활동주체를 주도해 나갈 때 상호작용으로 역량 발휘를 다하게 된다는 것이다.

이쯤에서 생각해보자. 운용주체는 정신량을 구하고 활동주체는 육생량을 개척하는 데 있어 활동주체에게 필요한 것은 음의 기운 정신량이요, 운용주체에게 필요한 것은 양의 기운 육생량이라는 사실에 대해서 말이다. 제자가 원대한 뜻을 펼칠 때 스승의 빛은 그때 발하는 것처럼 선순환 법에 의한 상호상생은 이로운 운용주체가 아쉬운 활동주체에게 에너지를 불어넣을 때 아쉬운 활동주체는 육생의 행위로 보답한다는 것이다.

이렇듯 운용주체는 보이지 않는 정신량을 위해 활동주체는 보이는 육생량을 위해 살아가는 것이 본연인지라 소명을 찾아 살아간다면 무탈하다. 만약 운용주체가 이기의 육생량을 구해야 하는 입장에 처했다면 소임을 배임한 결과라 하겠으니 삶은 고통스러울 수밖에 없다. 허나 활동주체가 이타의 정신량을 구하려 든다면 운용주체가 되기 위해 노력하는 것이므로 이때는 지도력과 함께 품성을 키워야 한다.

이렇게 인생의 첫 번째 공식은 나 하기 나름이고, 두 번째는 작용반작용의 법칙 상대성원리며, 세 번째는 먼저 주고 후에 받는 선순환 법이다. 아울러 변화변동은 이로운 운용주체로 인해 적용된 법칙이라고 할 수 있다. 주어진 기본자리에 오르는 것도 중요하지만 모든 육생행위는 인생살이를 위한 방편이므로 육생의 자리에 오르는 동안 누구한테 무엇을 배우는가도 그만큼 중요하다.

사실, 청출어람을 거론하지만 스승이나 제자나 그만한 근기를 가지고 태어난 것이므로 자기와의 싸움을 종용하면 곤란하다. 스스로 근기에 맞는 길을 찾아나갈 수 있도록 방편적 가르침을 통해 방향을 제시해 주는 것이 참된 교육자가 아닐까. '하라', '하지 마라' 알음알이 주입식 교육은 육생의 부문에 불과해 부지불식간에 내 앞에서 벌어지는 일을 얼마나 바르게 처리할 수 있을까.

특히 물리적·수학적, 보이는 선천적 육생물질문명을 일으키는 생각적 지식의 차원과 도술적 차원은 다르지 않아 인간관계에 지대한 영향을 미치지 못하고 있다. 물론 이를 토대로 너와 내가 만나는 것이겠지만 육생물질문명은 이기적인 인간을 위한 이기의 질량으로서 모두가 없을 땐 하나 되어 나가자 소리쳐도 풍족해지면서부터 파탄 나는 이유를 여기에서 찾아볼 수 있다.

사람으로 승화되기 이전의 인간은 육 건사 육생부터 살아가야 하므로 지극히 이기적일 수밖에 없다. 생각차원의 지식과 선천적 물질도 이기적인 질량인지라 언제나 아쉬워서 만나면서도, 만날 때마다 싸우고, 충돌하고, 부딪쳤다. 이면은 화합의 정신량 마련을 위해 벌어지는 일인데도 언제나 그렇듯이 재수 없어 당했다는 식으로 자기 합리화시키기에 바쁘다.

한편, 산으로 죽으러 들어가든, 병 걸려 들어가든, 제 발로 걸어 들어 가든 만사여의치 못해 들어가는 것이지만 이후에 향방은 대체로 정신적 지도자에 맞추어 있다. 아쉽게도 그 키를 놓치는 바람에 그곳에서조차 먹고살기 위해 아등바등하다가 한 많은 삶을 마감하는데 결국 유주무주를 떠도는 고혼을 면치 못한다.

누구보다 고집과 독선이 빚어낸 자존심으로 싸우고, 충돌하고, 부딪치며 산전수전 공중전까지 겪은 이들이라 고통을 이겨낼 때 완성되는 것이 삶이라고 그럴 듯한 말을 곁들여 할 줄도 안다. 특이성향도 본연 때문이고, 시기가 되어 들어간 것이라 다듬으면 영약이요, 다듬지 못하면 독약이라 결국 번화가나 도린결이나 자기 뜻대로 해보려는 욕심에 사단이 난다.

"글 읽는 것이 공부더냐."

고집과 독선보다 강한 이기심을 드러내는 성정(性情)이 있을까. 이기의 본성은 선천이요 이타의 인성은 후천이라 저마다 자기 욕심으로 물리적 수학적 계산을 통해 육생물질문명을 이룬 것이라, 집착과 욕망이 잠재해 있는 만큼 힘의 논리와 개인주의를 어찌하지 못하고 있다. 내 욕심으로 육생물질문명을 이루어온 시대가 나를 위해 살아갈 수밖에 없었던 육생시대로서 지금까지도 이타의 인생을 표방한 이기의 육생만이 가득 찼을 뿐이다.

정신문명은 육생문명을 이루고 난 후에서나 가능한 차원인데도 지금까지 육생에 머문 관계로 인생으로 착각한다. 컴퓨터가 보편화될 무렵이 육생시대의 정점이자 인생시대의 시발점이라, 과도기를 맞이하여 업데이트(update)와 업그레이드(upgrade)라는 말이 만들어졌다. 그런데 무엇을 업데이트시키고 업그레이드시켜야 하는 것일까. 물질에 물질은 양의 기운에 따른 육생량일 뿐이라 양양상충 불 보듯 빤한데 그저 쳐다볼 수밖에 없는 것인가.

뿌리는 가지와 몸통을 아울러야 하는데 화합과 소통에 대해 얼마나 알고 있는지 모르겠다. 일제강점기와 동족상잔 6.25를 치르는 동안 봉건주의 학연·지연·혈연의 폐단이 사라지는가 싶었고, 88서울올림픽 전후로 1안의 육생의 인프라가 구축되자 민주화 열풍이 불었다. 때를 같이해 가지(서양)의 육생문물이 봇물 터지듯 밀려들어왔지만 거의가 생각차원 지식에서 기인한 것들이라 양의 기운 육생 안위를 위한 것들뿐이다. 이타적 음의 기운을 생성해야 하는 뿌리민족에게 육생량은 한낱 방편에 불과한 따름인데 육생 안위에 빠져 실제의 정신량으로 받아들이는 것 같다.

물론, 생각에 무엇을 집어넣느냐에 따라 지식의 농도가 달리 묻어 나오겠지만 서양(가지)은 활동주체로서 이기의 육생량을 담당하는 만큼의 이타의 정신량과 차이날 수밖에 없다. 가지에 맞는 육생량과 몸통에 맞는 육생량뿐이라 결국 한 세대 36년이 지나기도 전에 정신량의 부재로 뿌리는 비틀거리고 있다. 그 틈바구니에서 진화된 IT시대의 이론은 꿈틀거리지만 누구에게는 맞고 누구에게는 맞지 않는 또 다른 육생 안일 따름이다.

전반적으로 가지의 이론과 몸통의 논리일 뿐인데도 꾸준히 진화하고 있다고 말한다. 어디로 가기 위한 것인가. 하나같이 진리를 표방하지만 부분의 육생의 안위를 지향함이라 몸통(중동)은 화약고로 자리하고 있다. 컴퓨터라는 거대한 발명품으로 인해 육생물질문명이 정점에 다다르자 몸통(중국과 동남아)과 가지(서양)는 세신을 위해 개혁을 단행하는 모양새다. 뿌리도 시대정신을 운위하기에까지 이르렀지만 문제는 뿌리 하드(hard) 운용주체가 가지 소프트(soft) 활동주체 방안을 가지고 논다는 것이다.

1차 기계식 시대와 2차 아날로그 시대를 거쳐 맞이한 3차 디지털 시대에 인공지능이 대세라 생각이 일으킨 분별을 마음의 지혜로 순화시켜 하나 되어 살아가는 이유에 대해 알지 못한다. 지혜는 섭리, 이치, 순리, 도리 등을 밝히는 차원이요, 지식은 주입한 사항을 골라 쓰는 차원에 불과한데도 생각의 틀 지식에 묶이어 나 잘 먹고 잘사는 것이 사람처럼 사는 것이라고 인지하고 있다. 바른 정을 모르기에 그르다는 사와 다르다는 선이 바른 노릇을 하고 있지만 주고받고 들고남이 음양이라, 4차 산업혁명시대를 맞이하여 나를 위해 살아왔다면 너를 위해 살아가야 한다는 사실 정도는 알아야 하지 않을까.

"절대분별의 삶을 아느냐"

생각과 마음, 지식과 지혜가 내 안에 공존한다는 것은 절대분별의 삶을 위한 것에 있다. 육생의 본능은 상극상충 힘의 논리 아쉬움이요, 인생의 분별은 상호상생 도와 덕 이로움이라, 생각과 마음이 함께하는 인간만이 들고나는 음양차원을 분간할 수 있다. 받아온 육생의 기본의 자리에 오르기까지 필요한 질량이 지식이고, 오른 후에 필요한 질량이 지혜라는 것이다. 그런데 육생량에 취해 살다 보니 지식과 지혜의 쓰임을 구분하지 못해 육생의 지식을 인생의 지혜로 아는 경우가 대부분이다.

생각의 본능차원으로 살아가는 동물세계에서는 육생살이 힘의 논리가 전부인지라 인과관계(因果關係)가 적용되지 않는다. 인간은 인간관계(人間關係)를 형성하여 모두 함께 인생을 살아가야 하므로 인과관계가 적용된다. 즉 너와 내가 만난다는 것은 하나 되어 살아가기 위한 것이라 분별보다 본능에 의지하여 나밖에 모르는 삶을 살아간다 할 것이고, 아예 분별을 잃어버린 상태면 자폐를 의심해 봐야 할 것이다.

한편, 시간이 흐를수록 저마다의 입장을 업그레이드시켰는지 몰라도 누구라고 할 것 없이 그럴싸한 말들을 내뱉기 시작한다. 서열은 갖춘 만큼 올라서는 것이요, 공부는 따르는 만큼 인정받는 것이라 후임이 선임을 이겨먹으려는 날선 공방을 벌인다. 물론, 공부는 의심과 마장으로부터 시작하는 것이지만 앞서가는 식과 각을 털어 내지 못하면 궁극에 다가서지 못한다는 사실을 모르지 않는다. 공부가 막히면 기운도 막히어 혈색까지 까맣게 타들어간다고 하더니 지금의 몰골이 딱 그렇다.

참으로 신기한 노릇이다. 공부가 막히니 혈도 막히는 것을 보니 말이다. 혈색이 까맣게 타들어가는 일면은 기운(氣運)이 혈(血)을 운용하듯이 이면의 인간관계도 인(人)의 기운이 운용함에 따라 소통이 막히면 혈도 따라서 막힌다. 즉 혈색의 변화는 나밖에 모르는 생각(에고)의 감정이 빚어낸 표적의 일환이라는 것이다. 마음은 지혜의 보고라 나를 위해 쓰고 싶어도 쓰일 그 무엇은 아니나 혈색으로 종종 나타내 보인다. 너를 위해 살아가는 이들에게 나타나는 광채(光彩)는 상호상생의 표상이 아닐 수 없다.

그저 먹고살기 위해 혈안이 되었던 지난날, 마시는 술에 취해 사는 만큼 미련의 꼬리도 길었으니 제 꼬락서니를 어이 알겠으며, 탁해진 기운 맑힐 방법 어이 알까. 못미더워 할수록 몰골은 더 초췌해져만 갔다. 소통이 막히면 기운이 막히고, 기운이 막히면 혈이 막힌다는 사실을 잘 알면서도 습관적으로 들이대는 의심의 잣대와 기 싸움으로 얼굴은 까맣게 타들어가고 몰골은 초췌해졌다.

정작 내게 필요한 것을 얼마나 알고 있을까. 알고 있다한들 써보기라도 했던 것일까. 내 앞의 인연과 불화를 조성한다면 이로운 것보다 그다지 이롭지 않은 것을 채운 결과가 아닐까 싶은데 하나 되지 못하는 데 있어 득보다는 실이 많을 수밖에 없다. 이는 사실 아쉬운 네 형편보다 내 욕심을 채우려 했던 결과로서 네 소리를 끝까지 귀담아 듣지 않는 게 발단이었다.

"육생 너머의 인생을 배우고자 하는 것이 공부이니라"

어떠한 각도 세우지 않고 사실 그대로 바라볼 수 있느냐에 대한 물음이자 똑똑한 바보가 아니라 진짜 바보가 될 때 자신의 가치를 바르게 세워 나갈 수 있다는 것이다. 진짜 바보가 되려고 노력했지만 정작 새로운 인연이 다가오면 꿈틀대는 척으로 똑똑한 바보가 되었고, 질문이라도 하는 날엔 척의 기세가 만만치 않았다. 억지로 되려 한다고 될 수 있는 게 아니었다. 정신까지 바닥을 칠 때 자연스럽게 되는 것이었다. 부족하기에 수행자라는 사실을 골백번 되뇌었지만 처지를 잊는 순간 놓치고 만다.

문제는 자기 식에 취해 산다는 사실을 인식하지 못하는 것에 있다. 더구나 뜻 받아주는 행위를 손해라 생각했었는지 은근히 화가 치밀어오곤 했었다. 척과 식에 빠져 똑똑한 바보짓거리를 하다보면 어설픈 행위로 눈살 찌푸리기 일쑤였고, 또 어떻게 해서든 무마하고자 합리화하는 반면, 우위에 서고자 상대방의 실수는 끝까지 물고 늘어져 약점 삼으려 했었다.

각자 근기가 다른 까닭에 너는 너에게 맞는 방법이 있고, 나는 나에게 맞는 방법이 있다. 보편적으로 누구에게나 통하는 방법도 있겠지만 왕년엔 잘난 이들이 못난이가 되어 사는 곳이라서 그런가. 기분이 좋을 때는 위하는 척 했다가 언짢은 날에는 숨겨진 발톱을 여지없이 드러냈다. 그것도 너를 위한 행위였다면서 말이다.

과연 하루 중에 너를 위한 시간이 얼마나 될까. 거의가 내 속 편키 위한 시간이 아니었나 싶은데 이러한 사실을 안다면 너를 위한 일이었다고 떠벌리지 못한다. 몰라서 벌이는 일이라고 해도 그렇지 한두 번도 아니고 이로움을 배우는 수행자라는 사실을 망각할 리는 없는데 어찌된 노릇인가. 자기 셈법만 난무한다.

"내 잣대로 평가하지 마라"

아예 모르면 무엇을 알고 무엇을 모르는지를 모르기 때문에 심기 불편할 이유가 없다고 말하는데 과연 그럴까. 진짜 바보가 아닌 이상은 어려운 일이고 똑똑한 바보다보니 종종 자기 뜻대로 안 될 때면 화가 배로 폭발한다. 불평불만도 알기만 하고 푸는 법을 모를 때 해대는 것처럼 아마 그래서 아는 게 병이라고 한 모양이다. 잡학다식한 지식을 머리에 쌓아두고 살아가는 이들을 가리켜 만물박사라 하지만 실상은 불통으로 온갖 풍상을 다 겪는데도 이유와 원인에 대해 전혀 몰라 그 꼴을 면치 못한다.

무엇보다 주어진 방편을 바르게 쓰지 못해 불만 가득 쌓인 심기와 뜻대로 되지 않을 때마다 쌓인 불평의 때는 결국 화가 되어 장애를 일으킨다. 결국 불편한 심기로 화를 내는 자가 손해라 그만한 피해까지 감수해야 한다. 내 앞에 인연 나 하기 나름이라는 기본덕목조차 모르면 증세는 중증으로 치달아 무엇을 하더라도 손해가 클 수밖에 없어 편히 쉬는 게 보약이다. 그런데 불편한 심기로 화가 달아오른 상태라 가능할까.

주제도 모르고 자기 잣대로 평가한 것이 문제가 된 것인데도 뜬금없이 그러한 너를 이해하겠다고 설레발쳐 댄다면 어떻게 될까. 자아도취는 자기모순을 덮어버려 알지 못한다. 육생의 술(術)에 취하면 인생의 법(法)도에 다다르기도 전에 안하무인이 되고 만다. 나보다 더 가졌을 때야 득 볼 심산으로 다가서고 응하는 척이야 하겠지만 이롭지 않으면 관계가 얼마나 유지될 것이며, 주어진 술(術)만으로 얼마나 가능할까.

개인의 술(능력)을 모두의 법(하나 되는)으로 승화시킬 때 생성되는 게 이로움의 에너지이지만 육생의 술에 취하거나 발목 잡히면 이내 울화병이 돋는다. 물론 육생살이 면하지 못한 너나 나나 다를 바 있겠느냐만 술(육생량)을 취(取)하고자 바동대는 바람에 꺼둘리는 게 무엇인지조차 모르고 꺼둘려 산다. 이 취기에서 깨어나지 못해 동물처럼 먹고사는 행위만 해대다 싸우고, 부딪치고, 충돌하여 어렵고, 힘들고, 고통스러워진 것인데 으레 삶이란 그런 것마냥 달관자처럼 굴고 있다.

그렇다고 인생을 안다면 모를까, 육생조차 모르는 이들의 판에 박힌 레퍼토리가 아닌가 싶다. 술에 취해 보는 세상이기도 하지만 세상은 이미 술에 취해 있었다. 선천의 기본금에 목매는 것을 보더라도 술(術)은 이미 독(毒)으로 변질되어 해독제가 절실한 판국인데 이마저 독으로 변질된 육생의 안에서 강구하고 있으니 교각살우

(矯角殺牛)만 되풀이한다.

각종 도파의 도량이나 사회나 국가나 육생살이 술에 취해 난관에 봉착했는데도 의논 동참하여 합의를 이끌어 내기보다 되레 우월주의 독불장군이 되어버렸다. 정녕 화합을 이루려 한다면 아상의 독선, 그 술독(術毒)에서 빠져나와야 한다. 이를 위해 할 일은 지식은 육생의 방편이라는 사실과 지혜는 실재하는 인생이라는 사실을 깨우치는 일이다.

한편, 항상 너보다 우선하려 들었기에 말과 뜻이 통하지 못했다. 어쩌면 그 이면은 어울리고자 했을지 모르지만 이미 부닥쳐 조율되지 않은 불협화음의 음색은 고울 리가 없다. 물론 부족하니 수행자요 취해 있으니 수행자라 때론 행위가 같잖을 수밖에 없다. 육생은 인생의 과정이듯 수행도 자신을 만드는 과정이라 함께하는 길은 상호 보완해 나가는 것이다.

특히 내 논리 내 잣대는 내 셈법이라 네 입장을 고려하지 않고 나 좋다고 나서면 곤란한 일이 벌어지는데 알음알이 지식은 담근 술과도 같아 마시다 취하면 주정(酒酊)이라 깨고 나면 후회할 일만 남는다. 그나마 취중(醉中)을 기억하면 다행이겠으나 태반이 비몽사몽이라 타산지석은커녕 주정뱅이로 머무니 문제다.

"부정은 부정을 낳느니라"

언제부터인가 한 뜸씩 알기에 이르자 내 욕심 가득 찬 수행상이 눈에 들어왔다. 저마다 자기 술에 취해 살아가는 모습이 다양하게 전개되는 만치 사회는 거대한 술동이가 아닌가 싶다. 독이 되는 술에서 깨어나질 못하고 있으니 말이다. 새삼 '거꾸로'라는 단어가 생각난다. '치우쳤다'와는 거리가 멀고 '다르다'와는 차원이 틀리고 취한 세상은 분명 바른 것을 지향하고 있다.

거꾸로 살면 바르다는 정(正)은 치우친 것이요, 치우친 사(邪)가 오히려 바른 것이 되고, 다르다는 착한 선(善)은 역시 바른 행위를 기피한다. 결국 부정은 부정을 낳는다는 것인데 육생의 술(術)에 취해 살다보면 간혹 진짜 술(酒)에 취(醉)한 세상을 보기도 한다. 내 생각에 취해 하는 소리가 아니다. 마시는 술이야 시간이 지나면 깨어나지만 육생의 술에 취하면 깨어나지 못하는 게 문제라 하는 소리다. 혹여 죽어서라도 깨어날 수 있다면 모를까, 지극히 단순한 상태가 영혼이라 생전의 집착에 묶여 떠돌게 된다는 것이다.

한편, 자기모순을 안다한들 등 따시고 배부르면 그만이라 흡족하면 순간적으로 잊는다. 선천의 본능에 후천의 인성을 부가시킬 때까지는 말이다. 수행자 주제에, 자존심 한 번 죽여보지 못한 주제에, 정신적 고통에 꼼짝없이 주저앉은 주제에 지난 세월에 취해 난리다. 더군다나 부정으로 일관하는 주제에 제 논리에 취해 들이미는 잣대가 그야 말로 가관이다.

비루한 자신의 모습을 들여다보려면 한 번은 죽었다 살아나야 하고, 부정과 합리의 투사는 시간만 허비하는 꼴이라 자신을 위해서라도 도량을 떠나야 한다. 정녕 다시 시작해보겠다면 최소 3개월은 어디론가 정처 없이 떠나야 하는데 이를 가리켜 만행(萬行)이라 한다. 중간 단계에 이르러 주어지기도 하고, 만들어지기도 하며, 수행을 마치고 떠나기도 한다.

마칠 즈음이면 귀와 눈으로 본 세상의 이치와 수행으로 본 세상의 이치가 별반 다르지 않음을 안다. 인생살이 바르다는 정행을 위해 육생살이 다르다는 착한 선행과 그르다는 치우친 사행으로 나뉘어 전개됨에 따라 싸우고, 부딪치고, 충돌해야 했다. 어렵고 힘든 고통도 즐겁고, 신나고, 기쁘기 위한 것에 있으니 세 개의 차원으로 나뉘어 운행되는 세상사 뜻한 바를 알 수 있지 않을까.

축원과 기도와 비나리는 무엇이 다른 것일까. 어렵고, 힘들고, 고통스러운 이유를 알기 위한 것이라면 싸우고 부딪치고 충돌하는 원인을 살피면 어렵지 않은 공부다. 처음부터 나를 위해 한 행위가 있고, 너를 위한다 하나 나를 위한 행위가 있으며, 전적으로 너를 위해 한 행위가 있다. 치우친 사행과, 착한 선행도 나를 위해 벌이는 일이고보면 무엇도 바른 게 없었다는 것이다. 섭리는 하나 되기 위한 것에 있고, 이치는 어우러지기 위한 것에 있으며, 순리는 음양이 화합하는 일에 있다. 따라서 하나 되고자 주어진 육생량에 빠지면 고통에서 벗어나지 못한다는 것이다.

한편, 만행은 세사의 실체를 바로 보고 미래비전을 제시하기 위한 공부의 연장선상이다. 빌어서 구할 수 있다면, 기도로 해결될 일이면 적대보완적 표적의 의미가 있을까. 게다가 육생 너머의 인생이 필요치 않을 터, 막무가내 욕심대로 살다 어려워지면 머리 조아려 빌면 그만 아닌가. 구태여 진리와 정의를 부르짖을 이유도 없거니와 나 하기 나름에 달리 나타나는 작용반작용의 법칙 상대성원리를 거론할 이유도 없다.

싸우고, 충돌하고, 부딪치는 일도 나밖에 모르는 욕심에서 기인한다. 어렵고, 힘들고, 고통스러움도 이에 따른 표적이라 사랑의 실천도장이어야 할 신앙이 기도를 방편으로 만민을 기복에 매달리게 만든 것도 주도자의 사고가 육생의 술에 의해 변질되었기 때문이다. 종교로 승화하지 못하고 신앙에 머무른 것도 너무나도 평범한 내 앞의 인연은 나 하기 나름이라는 인생방정식의 대안을 바로 보지 못해서다. 사랑은 행복을 위해 하는 것인데도 사랑이 행복인 것마냥 육생량을 앞에 두고 서로 탐할 뿐이니 말이다.

"아쉬운 자가 찾는 법이니라"

득이 될까 싶어 만나, 득 보고자 만남을 종용하는 것처럼 사랑은 이로움이 묻어난다 싶을 때 싹트는 감정이라 지극히 인간적이고 이기적인 행보가 아쉬움에서 비롯된다. 이기와 이기, 욕심과 욕심이 만나 이타가 발생할 때 맛보는 차원이 행복이라, 사랑을 한다 하나 행복하지 못하면 다시 생각해봐야 한다.

주기만 하고 받지 못하면 오래갈까. 혹자는 동정이라 말하는데 매우 특수한 경우이고, 사랑이 깨지는 것은 주기만 하거나 받으려고만 들 때 벌어진다. 네가 맘에 드는 것이나, 이상형이라고 하는 것이나 모두 이로울 성싶을 때 솟는 감정이다. 반면 비호감이라든가, 내 스타일이 아닌 것은 득 될 성싶지 않을 때 자리한 감정이다. 정녕 사랑받고자 한다면, 행복을 영위하고자 한다면 이로움의 에너지를 끊임없이 추출해 내야 한다.

한편, 신(대자연)에게 구원을 요청하는 인간은 양의 기운 활동주체요, 간청을 들어주는 대자연(신)은 음의 기운 운용주체다. 따라서 아쉬워서 찾아온 너의 고픈 곳을 채워줄 때 이로워서 맞이하는 나의 허한 곳도 채워지기 마련이라 신과의 언약은 음양화합을 이루기 위한 사랑이었다. 육생을 위해 살아온 아주 먼 옛날부터 육 건사를 위한 육생량을 개척해야 했으니 언제나 부족할 수밖에 없는 육생량(자연재해, 질병 등)이라 기도로 구하고자 하였다.

이처럼 신과의 언약은 선천의 사랑을 넘어 후천의 행복을 영위하고자 하는 것에 있었으니 육의 만족이라면 모를까, 모두 한 무리가 되어 행복을 지향하고자 하는 곳은 없는 것 같다. 있다고 해봐야 결국 육생 안위에 불과할 터, 가뜩이나 주고도 받지 못하는 일이 비일비재한데 언제까지 신이라 해서 포용해야 하는 것일까. 교묘히 전쟁은 평화를 정당화하듯이 싸움도 시기하는 사랑하기 때문이라 들이대는 총칼 앞에 행복을 영위할 수 있다면 얼마나 좋을까만 육생량에 육생량만을 부가시킨 결과가 전쟁과 테러의 공포다.

물질과 물질은 양과 양의 극단으로, 결과는 상충이라 인류는 전쟁과 테러의 공포 속에서 한 뜸도 벗어나지 못하는데도 사랑과 평화를 원자폭탄을 넘어 수소폭탄으로 으름장 놓고 있다. 전쟁과 테러가 신과의 언약을 깨뜨린 대가라는 사실을 아는지 모르겠다. 기도로 해결될 일일까. 물질에 정신을 부가하지 않는 민주와 공산 힘의 대결모드는 결코 숙지지 않는다.

이를테면 물질에 부가할 정신에너지를 마련하기만 하면 된다는 소린데 문제는 화합의 에너지 질량이 무엇인지 모른다는 것이다. 진정 이로움을 주고받는 사랑을 한다면 총칼을 앞세울 이유가 있을까. 인류가 사랑만 부르짖을 줄 알았지 행복하지 못한 이유 또한 여기에서 찾아볼 수 있다. 그리고 선천질량을 아낌없이 받았지 않았는가. 받았으면 응당 줘야 하는 법이거늘 무엇을 줘야 하는지 몰라 주야장천 매달리고 있다.

"착하게만 살지 않았느냐"

사랑은 아쉬운 선천질량이요 행복은 이로운 후천질량이라 온 인류가 사랑을 통해 행복하게 사는 일이 언약을 실천하는 일이다. 때문에 착하게 살아야 한다는 것은 주고받는 본질을 일깨우기 위한 방편이라 근본은 하나 되어 살아가야 한다는 것에 있다. 이로운 자에게 걸맞은 방편이 주어지는 것도 아쉬워서 찾아오는 이들이 있기 때문인데 육생량은 너를 위해 살아가는 나를 위해 자리한다는 것이다. 기억력도 다르지 않다. 탈은 정작 알아야 될 것은 모르고, 몰라도 될 것은 너무 많이 알고 있어 나는 것처럼 말이다.

상대성으로 벌어지는 죄의 의미도 모르고 교화의 명분으로 인간이 인간을 다스리고 있으니 들고나고 주고받는 음양행위가 무색할 따름이다. 착한 일을 권하고 악한 일을 징벌한다는 권선징악(勸善懲惡)이 맞는 듯싶지만 인간 논리일 따름이고, 죄를 지으면 벌을 받는다는 인과응보(因果應報)도 응당 주고받는 일이라고 하겠지만 운용주체 음이 활동주체 양과 화합하지 못하여 주고받는 표적인데 감히 죄라 단정 지을 수 있을까. 인간이 인간에게 어찌 죗값을 내릴 수 있느냐는 것이다.

착하게 살아야 복 받는다 했기에 복 받을 요량으로 착한 짓거리 찾아가며 해야 했으니 상대성으로 일으킨 죗값을 치르지 않기 위해서라도 합의의 질량을 찾아야만 했었다. 누구의 가르침일까. 육생의 기본자리 욕심에서 기인하는 것인데도 그 욕심(욕망)의 자리를 버리고 착하게 살라는 가르침이 얼마나 큰 모순인지 알고나 한 소리일까. 욕망(욕심)이 없어도 이룰 수 있다면 부딪쳐 고통스러운 삶을 살아가지도 않는다. 게다가 없으면 비렁뱅이 신세 면치 못할 터이고, 이루었다한들 이로운 개념이 자리 잡았을지 모르겠다.

결국 바른대로 간다는 사필귀정은 정의(正義)구현을 위한 것에 있지만 정의를 안다면 모를까 모르니 문제가 발생한다. 뿌린 대로 거두고자 노력한다. 거둘 수 없다면 바르고 공평한 것이라고 할 수 없으니 주고받을 수 있는 상호상생의 대안을 마련해 달라는 것이다. 분명 업그레이드 시대는 유리알처럼 투명해지는 정의 시대가 분명한데 이에 반해 이기의 육생량을 순화시키는 이타의 정신량 마련은 더디기만 하다.

육생 너머의 인생은 궁극을 위한 것이라 욕심과 서원의 관계를 바르게 이해해야 한다. 분명 이루고 나서 나를 위해 쓰면 욕심이라 할 것이요, 너를 위해 쓰면 이로움이라 할 것이라 바른 것을 추구하는 정의 실체를 알지 못하면 상호상생의 뜻도 모른다. 착하게 굴어 일으키는 반쪽반생이나 치우쳐 일으키는 상극상충이나 모두 욕심의 발로라 하겠으니 입으로 섭취하여 육을 건사시키는 만큼 눈으로 보고 귀로 듣고 정의 정신을 건사시켜야 한다.

매 순간 분별의 에너지는 눈과 귀로 보고 들은 정신량의 농도에 따라 다르게 나타난다는 것인데, 즉 너와의 만남은 지식의 육생량으로 이루어지고 하나 되어 나가는 일은 지혜의 정신량이나 태반이 미치지 못해 불신을 낳고 있다. 그리고 바로 앞에 너와 통하지 못하는데 그 뒤에 있는 인연과 소통이 원활하리라고 생각하면 오산이다. 하나 되어 나가는 일은 아쉬워서 찾아온 내 앞의 인연에서부터 비롯되기 때문이다.

"육생은 본능이요 인생은 분별이라"

지식에 국한된 생각차원에 의지하면 누구나 본능적으로 군림하려 든다. 마음의 지혜로 혼화시키고자 할 때 분별이 바로 서므로 이기의 사랑은 이타의 행복을 지향한다. 육생의 본능은 만족을 위한 것에 있고, 인생의 분별은 행복하기 위한 것에 있다 하겠으니 동물과 인간의 다른 이유라고 할까. 가장 큰 차이는 영혼이 있고 없음이겠지만 본능에 의지한 동물은 진화발전이 매우 느린 반면 분별로 살아가는 인간에게는 일촌광음(一寸光陰)이다.

물론, 사람으로 승화하는 문제가 남았지만 인성을 배양하지 않으면 너를 위해 살아간다는 자체가 쉽지 않은 일이고, 보다 큰 문제는 정작 내가 나를 위해 사는 법을 모른다는 것이다. 네가 나의 삶을 살아준다면 모를까 아마도 이 때문에 빌어서 구원받을 것이라 생각하는 이들도 적지 않은 것 같다. 분명한 사실은 네가 있어 내가 있다는 것이다. 왜 그런 것일까. 신과 언약한 바가 죄 사함은 사랑을 통해 행복을 영위하는 것으로, 즉 네가 살아야 내가 산다는 것에 있다.

마시는 술(酒)에 취한 것이나 육생의 술(術)에 취한 것이나 중독되면 세뇌 당한 것과도 같다. 마시는 술에 깨어나지 못하면 좌표를 잃어버린 것이요, 육생의 술에서 깨어나지 못하면 욕화에 묻힌 꼴이라 누구에게도 이로울 게 없다. 꽤 오랜 시간 동안 인류가 술(術)에 취(醉)했는데 용빼는 재주가 있겠는가. 그 속에서 아니 취할 수 없으니 취해 버린 세상인지를 알 수 없었다. 나도 취하고 너도 취하고 우리 모두 취한 판국이라 동물과 별반 다르지 않았다. 그러고 보면 지구촌은 거대한 술(術)독(毒)이 아닌가.

6. 조율

사랑

그 기준을 어디에 두느냐에 따라

육생살이 수업의 기준이 다르고,

행복

그 기준을 어디에 맞추었느냐에 따라

인생살이 공부의 기준도 다르다.

고작, 육생살이 동물처럼 종족 번식과 육 건사를 위해 먹고 사는 것이 전부라면 결코 생각의 지식과 마음이 지혜를 거론하며 나를 위한 본능과 너를 위한 분별에 대해 논하지 않을 것이다. 물론 언어라는 위대한 소통수단으로 말미암아 너와 내가 만나 우리가 되어 살아가는 것이겠지만 여기에는 선천의 육생량으로 사랑하고 후천의 정신량으로 행복을 영위해야 하는 인생공학이 자리하고 있음을 알아야 한다.

단순하게 육 건사 육생살이 동물로 태어난 것이라면 질량이 매우 얇은 생각적 본능에 의지한 채 종족번식을 위한 성행위(생식)와 등 따시고 배부른 만족이 삶의 전부일터, 마음의 지혜와 분별이 전혀 필요치 않고 이승과 저승을 오가야 할 하등의 이유가 없다. 인기가 인육을 쓰고 인간으로 태어난 것은 그만한 이유가 있고, 사람으로 승화해야 하는 것도 그만한 이유가 있다.

본래 대우주는 시공(時空)조차 없는 유한한 0의 차원이었으며, 핵심 주체 인기끼리 부딪쳐 탁해지는 바람에 세상은 천지인(天地人) 세 개의 차원(빅뱅)으로 나뉘어 조물되었다. 원래 천지인 차원은 없었다. 빛조차 통과하지 않는 칠흑 같은 암흑에서 3:7 음양으로 분리되어 7차원 천기는 음의 기운 운용주체로 자리하면서 3차원 지기 양의 기운 활동주체를 감싸 안았다. 다시 지기 3차원은 삼라만상으로서 이승과 저승이 공존하는 운용주체로 자리한다. 이에 따라 저승은 음기 운용주체요, 이승은 양기 활동주체라 기운을 맑히고자 인기가 인육을 쓰고 지구에서 인간으로 살아가고 있다.

참으로 납득하기 어려운 설명이겠지만 기독교의 아담과 하와의 원죄(原罪)와 대우주의 핵심원소 인기(人氣)로부터 촉발된 빅뱅과

꽤 많은 점이 유사하다. 저마다 해석이야 판이하겠지만 공통점은 죄를 씻기 위해 천지(대자연)의 자식 인기가 인간으로 환생했다는 점이다. 원죄를 사하기 위해 인육을 쓰고 인간으로 살아가는 동안 상대적으로 짓게 되는 죄를 본죄(本罪)라 말하는데, 기실 원죄의 사함은 나 하기 나름에 따른 작용반작용의 법칙이 적용된다는 사실에 입각해 본죄를 생각해 볼 일이다. 화합은 대체로 아쉬운 자가 이로운 자를 찾아갈 때 반응하는데 급박할 때 이로운 자의 도움을 받지 못하면 어떻게 하란 말인가. 분명 수단과 방법을 가리지 않을 터, 선악의 분별이 가능하겠느냐는 것이다.

물론, 어려움에 처한 이는 잘못 살아온 지난날의 과오를 응당 받은 것이다. 또 아쉬워서 찾아갔어도 도와주고 안 도와주고는 순수 맞이하는 자의 몫인지라 탓할 권리도 없다. 이도 나 하기 나름 아닌가. 아쉬운 자는 왜 그 지경에까지 몰려야 했는지 되돌아볼 일이며, 이로운 자는 물질도움만으로 해결될 일인지 숙고해야 한다. 만약 물질에 정신까지 병행할 수만 있다면 금상첨화지만 아쉽게도 돕는 차원이 한결같이 물질에 국한되어 크고 작은 문제가 끊이지 않게 공부로 주어지고 있다.

왜! 도와주고 욕을 먹어야 하는 것일까. 아쉬운 이에게 도움이 되었다면 덕이 되고 득이 되는 상호상생이 되었을 터, 하지만 실질적 도움이 되지 못할 때 아쉬운 이에게 받게 되는 것이 아쉬움을 채우지 못한 것에 대한 표적이다. 특히 심성이 여리거나 자기밖에 모르는 이들에게 나타나는 공통분모는 도와주고 욕을 먹거나 생색내다가 눈총 받고 주저앉는다는 것이다.

선악을 세 개 차원으로 나뉘어 적용시킨 인생방정식에 대입해보면, 첫 번째 나 하기 나름으로서 원죄 앞에 선과 악의 본죄는 자리하지 않는다는 것이고, 두 번째 작용반작용의 법칙 상대성원리로서 운용주체 하기 나름에 따라 활동주체는 행위를 달리해 나가게 되어있다는 것이며, 세 번째 먼저 주고 후에 받는 선순환 법으로 생각과 마음이 함께하는 인간에게 물질은 방편이요, 정신은 궁극이라 변화변동은 운용주체 행위에서 비롯된다는 것이다. 아울러 죄 사함은 사랑을 통해 행복을 영위하는 것이므로 화합을 위한 합의를 일으키다 대부분 저지르게 되는 본죄는 악행과 상관관계를 이룬 선행의 결과물이라는 것이다.

아울러 바르다는 정행은 주고받는 상호상생을 일으키고, 착한 선행은 주고도 받지 못하는 반쪽반생을 일으키며, 치우친 사행은 빼앗다시피 하는 형국이라 결과는 상극상충을 일으킨다는 것인데 미리 정해 놓은 선악 때문인가. 왜 착하게 사는 이들일수록 어렵고, 힘들고, 고통스럽게 살아가는 것일까. 이는 분명 주고도 받지 못한 표적이 아닌가 싶고, 이승에서 죄 지어 벌 받는다는 개념과 지옥의 차원을 다시 생각해봐야 한다.

물론, 해코지는 순간의 감정을 억제하지 못해 부지불식중에 저지르고, 복수는 계획적이라 무엇 때문에 이 같은 짓을 하는지 짚고 넘어가야 한다. 누가 먼저 매 맞을 짓을 한 것인가. 누구로 인해 감정억제를 하지 못한 일이 발생하는 것인가에 대해서다. 활동주체는 운용주체하기 나름이라 먼저 주고 후에 받는 선순환 법에 어긋나면 벌이게 되는데, 둘 다 행실이 똑같아 벌이겠지만 굳이 따지자면 이로운 위치에 선 자(者)의 책임이 크다.

조금이나마 인성을 배양한 자가 있다면 극단으로까지 몰리지 않는다. 특히 누가 이로운 자이고 아쉬운 자인가를 분별하면 다툼이 있다한들 사소한 말다툼 정도가 아닐까. 누구든지 응분의 대가는 부메랑이라 표적은 쌍방 간에 주고받을 수도 있고 가장 아끼고 사랑하는 자가 대신 받을 수도 있어 조율의 책임이 누구에게 있는지 알아야 한다. 이를 회피할 때마다 나로 인해 죄(상충)를 짓고, 나로 인해 벌(표적) 받는 일이 되풀이되었다.

"물질에 정신이 부합되는 순간 원죄의 소멸은 시작되느리라"

육생살이 육생물질은 이로움의 행위를 다할 수 없다는 것이다. 만남의 방편이자 사랑 자체만 자리할 따름이라 함께하는 행복은 스며 있지 않다는 것이다. 인기가 인육을 쓰고 인간으로 태어난 것은 원죄, 그 천상의 빚을 청산하기 위함이라 저승과 이승을 오가는 행위도 결국 죄 사함을 위한 것에 있다는 것이다. 그렇다면 전생(前生)에 벌인 일은 현생(現生)에서는 무관하다는 것이고, 현생에서 벌인 일도 내생(來生)에서 무관하다는 소리지 않은가.

물론, 바르고, 다르고, 그른 세 개의 차원으로 나누어진 현생의 삶을 분별하기 위한 것이겠지만 이롭지 않을 때마다 주고받는 표적질로 인해 싸우고, 충돌하고, 부딪치어 결국 어렵고, 힘들고, 고통스럽게 살아간다. 이는 상대성원리가 적용된다는 방증 아닐까. 저승이 운용주체로 자리하는 만큼 활동주체 이승에서 저승으로 돌아간다는 것은 다시 이승으로 돌아오기 위한 것에 있다.

특히, 양의 기운 유형의 이승이 활동주체라는 것은 죄 사함의 현장임을 뜻한다. 탁해진 인기가 탁한 육의 물질을 쓰고 살 때 필요한 것이 탁한 육생량이라 이를 통해 만남이 이루어지고, 또 아쉬워서 만났다면 하나 되어 살아가기 위해 필요한 질량은 존재하지 않는, 그러나 만들어야만 하는 티 없이 맑은 이로운 정신량이다. 때문에 육생량으로 사랑만 하다가 행복하지 못하면 지옥을 맛본다 할 것이고, 행복하다면 천국을 맛본다 할 것인데 결국 천당과 지옥은 이승에 있지 저승에 있지 않다는 것이다.

아마 천당과 지옥의 차원을 논하려면 책 한 권 분량이라 여기서는 다루기 어려워 요약하자면, 보이지 않는 저승의 질서가 보이는 이승에 투영되어 오간다고 하겠다. 예컨대 아내가 운영하는 집은 음의 기운 에너지 충전소요, 남편이 활동하는 사회는 양의 기운이라, 행의 현장에서 공적을 쌓을수록 가정의 행복은 물론, 직계 손의 신분도 따라서 상승하므로 대내외적으로 활동의 영역까지 자연스럽게 넓어진다는 것이다.

이를테면 아쉬운 육생량(물질)과 함께하는 이승에서 육생량 때문에 사자짓을 해대며 사느냐 아니면 이로운 삶을 살아가느냐가 저승의 직위와 직책을 가르는 행위로서 이승의 삶은 누구도 예외 없이 나 하기 나름에 달렸다는 것이다. 반면 저승은 무형이라 무수한 집착의 공간으로 자리하여, 망자가 생전에 사자짓거리를 해댈 때마다 죽어서 지옥에 갈 것이라고 생각했다면 없는 지옥도 만들어 갈 것이고, 억지로 착한 짓 해대며 천당에 갈 것이라고 생각했다면 없는 천당도 만들어 갈 것이라는 소리다.

그만큼 저승은 헤아릴 수 없는 집착의 공간으로 채워졌기에 삼천대천(三千大天) 세계요, 만물과 함께하는 이승은 삼라만상(森羅萬

象) 세계라 이승에서 보이는 물질에 빠지면 헤어나지 못하듯 저승에서도 보이지 않는 집착의 공간에 빠져도 헤어나지 못한다. 기실 이승과 저승은 보이고 보이지 않는 차이일 뿐 죄 사함의 연장선이며, 이곳과 저곳의 신분의 차이는 행의 차이 때문으로, 이승에서의 삶이 그만큼 중요하다.

저승에서 조상들의 소임은 이승의 자손에게 무형의 기운을 실어 주는 일이다. 때문에 이승의 소통행위가 바르면 바를수록 힘은 배가 될 것이요, 다르거나 그르면 소멸될 것이라 가문의 흥망은 이승 행위에 따른 결과이지 다른 데 있지 않다. 유의할 점은 이승에서의 집착이 강할수록 저승으로 돌아가지 못하고 구천(九泉)을 떠도는 귀신(鬼神)을 면치 못한다는 것에 있다. 그야말로 직계의 본줄을 찾지 못하고 떠도는 공간이 구천으로서 저승과 따로 분리되어 있지 않고 대체로 망자가 생전의 집착을 심어둔 곳이다.

인간 구성은 참된 나의 기운과 육신과 마음, 세 개의 차원으로 이루어졌으며, 숨이 끊기면(죽으면) 참나의 본질은 천(天)의 기운이라 혼(魂)과 백(魄)으로 재차 분리되고, 지(地)에서 생성된 육신은 소멸되며, 마음은 에너지라 우주로 돌아간다. 혼(魂)은 참나(에고)로서 육신을 벗어나 마음과 분리되는 순간 지극히 단순한 상태, 즉 죽을 때 모습 그대로 머무는데 생전의 집착 여하에 따라 머무는 시간은 천양지차다.

혼(魂)에서 분리된 백(魄)을 마땅히 표현할 방법이 없으니 이승의 상념체(想念體)라고 할까. 혼에서 투영된 백은 욕망의 그림자와도 같아 혼은 하늘로 올라가고 육체는 땅에서 산화되고 백도 생전에 집착한 곳에 머물다 소멸되지만 간혹 혼이 찾아가는 경우도 있다.

족속의 계통 본줄(직계혈통)에 찾아들면 조상이 되고 신선이 되어 이승의 자손에게 힘을 실어주지만 들어가지 못하면 구천을 떠도는 집착귀신에서 벗어나지 못한다.

이보다 더 큰 문제는 자손에게 빙의되는 날이면 고스란히 같은 병으로 고통 받는다는 것인데, 유전이라 할 수도 있고 병의 씨라 할 수도 있다. 만약 부모가 암으로 죽었다면 자식에 이어 손주까지 3대가 암으로 고통 받다 죽을 수도 있다. 생전의 욕심이 사후에 집착이라 구천을 떠돌게 만드는 가장 큰 원인 중의 하나로서 지옥은 바로 내 욕심이라는 소리가 이를 두고 한 말이다.

"집착과 욕심을 버릴 수 있겠느냐"

버려야 한다는 뜻이 무엇일까. 선천의 질량은 필요하기 때문에 준 것이라 기본금으로 받아온 육생량을 도리어 버려야 한다면 대자연이 잘못해도 단단히 잘못했다. 그게 아니면 육생살이 인간은 물질 앞에 지극히 이기적이므로 내 것으로 취하고자 하는 욕심이 생성시킨 집착을 가리키는 소리가 아닐까 싶다. 인류는 저마다의 욕심으로 육생물질문명을 이룬 만큼 선천적 질량은 분명하긴 한데 아집이 일으킨 집착은 욕심의 소산물인지라 문제는 화(禍)를 일으킨다는 데 있다.

그렇다고 쓰레기통에 손쉽게 집어 던질 수 있는 것이면 모르지만 집착을 버리고 비우지 못해 절망에 이르는 것을 보아하니 인류의 숙명적 과제 육생살이 인간에서 벗어나려면 가장 먼저 해결해야 할 문제인 것 같다. 그런데 절망에까지 왜 이르는 것일까. 이도 분명 불통 때문일 것이고, 원인은 집착에 있지 않나 싶고 살펴보면 실패는 오르고 나서 하는 것이고 탈은 벌지 못해 나는 것이 아니라 바르게 쓰지 못해 나는 것이다.

육신의 탈은 입으로 먹기만 하고 오장육부가 소화시키지 못해 나는 것이고, 일상의 탈은 벌기만 하고 쓰지 못해 나는 것이라 역시 모든 육생의 문제는 소화시키지 못하는 데 있다. 욕심으로 이루고 집착으로 올라섰더라도 이로운 운용주체로서 아쉬운 활동주체를 위해 살아간다면 무슨 문제가 있을까만 나를 위한 행위뿐이다 보니 싸우고, 충돌하고, 부딪치는 일에 연관된다. 실제의 교육제도는 선천의 질량에 오르거나 벌어들이기 위한 것에 집중되어 경쟁의식 속에 집착과 욕심만 키운다.

그리고 과연 버리라고 가르치는 너는 버렸느냐는 것이다. 바르게 쓰는 법을 안다면 버리고, 비우고, 내려놓으라는 소리를 할까. 필요하기 때문에 선천적으로 자리하였고, 기본금으로 주어진 것이라 만약 버리고, 비우고, 내려놓으려 가부좌를 튼다면 순전히 자기 욕심으로 벌이는 행위다. 너를 위할 때인데도 나를 위한다면 양과 양의 기운은 반드시 상충을 칠 터, 육신은 얹히고 관계는 막힐 것이라 나의 발전을 위해서라도 소통의 방도를 구해야 하건만 버리고, 비우고, 내려놓으라만 강요한다.

한편, 빚쟁이는 빚 받기 위해 웃으면서 사랑스럽게 다가온다는 사실을 알까. 부부지간도 그렇고 부모자식지간도 그렇지 않은가. 하기야 성깔 부리면 누가 받아주기야 하겠느냐만 주고받을 것이 있어 맺어지는 게 인연이다. 원죄는 나하기 나름이고 또 먼저 갚고 후에 받는 쌍방의 빚은 사랑하며 살아가는 것에 있다 하겠으니 주고받지 못하면 행복은 맛보기도 전에 깨진다.

무엇보다 버리고, 비우고, 내려놓는 행위가 가능한지 아니면 바르게 쓰는 법이 가능한 것인지 심사숙고해야 할 때다. 유사 이래 오늘에 이르기까지 버리고, 비우고, 내려놓으려고 발버둥 쳐 왔다. 과연 얼마나 될까. 안 하는 것이 아니라 안 되니 못하는 것인데도 어찌된 노릇인가. 교육은 주구장창 버는 법만 가르치고 있으니 이보다 심각한 모순은 없을 것 같다.

"불협화음이라"

한편, 도량이라는 특수한 곳일수록, 수행자가 생활하는 곳일수록, 함께하고자 공부하는 곳일수록 네 음률에 내가 맞춰들어 가야 하는 곳이라 만약 네가 맞춰오길 기대하면 곧바로 공부가 시작된다. 우월감에 도취되었다고 할까, 나보다 못한 네가 숙이고 들어와야지 잘난 내가 숙이고 들어가야 하느냐는 식이면 부딪침의 원흉기 싸움은 피해갈 수 없다. 특히 공부자가 늘어날수록 은근히 군림하고자 하는 행태가 드러나는데 아상의 일환으로 초발심, 처음처럼을 새기기 위해 주어진 공부다.

부딪치거나 할 때 '고'에 걸렸다는 말을 한다. 고는 '한(恨) 맺혔다'는 뜻으로, 망자의 맺힌 한을 풀어주는 행위가 고풀이다. 생전의 한이나 집착이 많을수록 저승길로 들어가지 못하여 구천을 떠도는데 저승길 터주는 행위를 말한다. 또 '영혼(靈魂)' 두 글자 그대로 해석하면 영(靈)은 보이지 않는 저승이요, 혼(魂)은 주체(에고)로서 혼(기운)의 세계를 뜻한다. 때문에 고는 조상과 영혼 간에 걸릴 수도 있고, 죽은 자와 산 자 간에 걸릴 수도 있으며, 산 자와 산 자

간에 걸릴 수도 있다.

　더러 육 건사 육생시대에는 빌어서도 원하는 바를 구하였기에 제법 굿도 성행했었고, 컴퓨터가 보편화된 업그레이드 시대 전후까지도 다르지 않았다. 하늘은 스스로 돕는 자를 돕는 말법시대 전후로 해서 고 푸는 행위는 산 자와 산 자 간에 쌓인 한을 푸는 것이다. 어렵고, 힘들고, 고통스러운 일도 싸우고, 부딪치고, 충돌하여 일어난 일이 아닌가. 살풀이와도 별반 다르지 않아 모든 걸림은 내 앞에 있는 너에게서 기인하므로 소통의 장애요소를 제거하는 일을 말하며, 결국 나 잘났다는 식의 기 싸움은 티끌이 쌓여 장벽이 되는 것이라 이면으로 이를 푸는 행위가 고풀이다.

　크건 작건 고에 걸렸다 말하는 것은 기 싸움이 시작되었다는 것으로 숨고, 피하고, 외면한다고 절대 풀리지 않는다. 진화발전은 거기에 막힌 일을 조율하면 상승할 것이요, 못하면 더 큰 장벽에 부딪쳐 매우 곤란한 지경에까지 이를 것이다. 대대로 이어지는 철천지원수지간이 빌어서 해결될 일이었다면, 그리고 남북관계가 기도나 굿으로 해결될 일이었다면 대물림될까. 그만한 이유가 있어 벌어지는 것이므로 이를 밝혀내지 못하면 끝내 파탄난다.

　특히 인간관계의 고는 수행 도량보다 행의 현장 사회가 더하면 더했지 덜하지 않는다. 인성배양하기도 전에 성인이 되어 대학을 졸업한 것과, 유학으로 박사학위 취득한 것과, 정신량을 머금은 것과는 질이 다르다. 깨달았다고 말하는 자는 깨달았다고 말하는 자에 불과할 뿐이라 쉼 없이 구석구석 싸우고, 충돌하고, 부딪쳐 조용할 날이 없다. 육생의 지식교육은 부족하더라도 인격도야에 힘썼다면 그는 이미 운용주체로서 존경의 대상이다. 네 화음은 너의 가치듯 내 화음은 나의 가치라 조율 가능하다면 어렵고, 힘들고, 고통스러울까. 작금까지 인류의 커리큘럼(curriculum)이라고 해봤자 선천의 육생량을 위한 교육일 뿐이지 후천의 정신량 배양을 위한 교육이 아니다.

설령 있다 하더라도 육생량에 국한되어 하라, 하지 마라식의 주입식 예절교육이 전부라 아날로그 베이비부머 세대 넘어 디지털 에코부머 세대에게 백약이 무효다. 왜일까. 충성(忠誠)도 국가 하기 나름이듯 효도(孝道)도 부모 하기 나름으로서 내가 만들어 나가는 업그레이드 시대다. 양의 물결 넘쳐나는 시대에 필요한 것이 무엇일까. 육생량이 넘쳐나는 시대에 정작 필요한 것이 무엇인지 모른다면 누구의 책임이겠느냐는 것이다. 운용주체 국가에게 있지 활동주체 만백성에게 있는 것이 아니다. 운용주체 부모에게 있지 활동주체 자식에게 있지 않다는 것이다.

한편, 도량 공부는 자연스럽게 인성으로 초점이 맞추어졌다. 받아온 기본금이야 노력하면 대가로 주어질 것이고, 또 올라서면 운용주체로 공인의 삶을 살아가야할 터 이쯤 되면 불협화음은 일지 않는다. 언제나 사달은 기본의 자리에서 나는 것처럼 나락의 길로 접어들었다면 함께하는 네가 문제였을까 아니면 함께하고자 권했던 내가 문제였을까. 운용주체가 누구냐에 따라 책임량이 다르겠지만 표적은 부메랑이라 활동주체 입장이라도 되돌아보면 그만한 이유가 있음을 안다.

그만큼 불협화음은 너보다 더 크게 내려는 내 소리 때문이었고, 너의 음률에 맞추어 나가지 못해 발생하는 내 음이 문제였다. 너를 탓해 발생한 음이자 조상을 탓해 발생한 음인데도 화음을 구실로 천도나 해대고 굿이나 해댄다면 어떻게 될까. 한술 더 떠 받아온 기본금 육생량 부족으로 일어난 일이라 말하면 정말 곤란하다. 좌절이야 오를 때 맛보는 것이라 재도전이 남아있지만 실패는 오르고 난 후에 맛보는 차원이라 약발이 잘 들지 않는다.

"어울린다는 것이 무엇이더냐"

못난 면면이 내 앞에 너를 통해 드러나고 있다. 얼마만큼 숨겨놓은 것인가. 이리도 속물이었단 말인가. 이왕 드러난 못난 근성 뿌리째까지 확 뽑혀야 할 텐데 쪽팔려서 자존심 상한다고 숨기려들면 도량이라는 병원에서 병든 정신량을 집도하지 못한다. 그런데 이상하게 못난 면이 많으면 많을수록 감추려는 모양새만큼이나 못난 인성의 심각성을 모른다. 그렇게 바닥을 쳤으면서도 뜻대로 되지 않는 어느 순간 폭발하니 말이다.

아쉬운 자리에서는 저자세이고 이롭다 싶은 자리에서는 고자세가 되는 것을 보아 거기까지 뿐인 됨됨인 것 같다. 나만 그런 것일까. 너는 그런 것 같지 않아 속상할 때가 한두 번이 아니었다. 어떤 때에는 이조차 은근히 샘나는 경우가 있었고, 정말 나아진 면이 없어 보일 때에는 포기하고 싶었다. 가끔은 절친한 사이와도 고 걸겠다는 듯이 행동을 하는데 당최 어느 정도 나한테 잘해야 걸리지 않는 것일까. 통하지 못해 어려워졌음을 모르지 않았다. 문제는 내 탓이 아니라 네 탓으로 돌렸던 것에 있었다.

분명 너는 몰라서 못하는 것인데 알고도 안 하는 것쯤으로 생각해 얕잡기도 한다. 몰라서 못하는 것이 그리도 미운 행위일까. 설령 알고도 안 하더라도 그만한 이유가 있을 터, 그조차 이해하려 들지 않고 절친과 씩씩거릴 때를 보면 밴댕이 소갈딱지 어디 갈까. 때론 거절 못해 속으로 투덜거린다. 무엇이 잘못된 것일까. 거절도 조율의 방편인데 문제는 눈치 보는 착한 근성이다.

합의는 화합을 위해 한다는 사실을 뇌리 깊숙이 새겨둔 듯싶었다. 대화는 조율을 위해 한다는 사실도 잘 아는 듯싶었다. 하나 되고자 한다면 아쉬운 입장이 돼봐야 하지 않겠느냐는 말을 기본으로 해왔었다. 그런데 정신량 부재로 전후사정 아랑곳하지 않는 육생행위가 고작이라 아전인수가 되곤 한다. 조율치 못한 자신의 부족함은 모르고 되레 말뜻을 못 알아듣는다고 타박과 핀잔 일색이었으니 내 앞의 인연은 나 하기 나름이라는 사실조차 모르는 파렴치한이 되기도 했다.

부족한 것이나, 받아들이지 못하는 것이나, 진상부리는 것이나 상황은 다른 것 같지만 다르지 않다. 적어도 부조화를 일으키는 데 있어서는 말이다. 또 음률 튀게 하는 독선의 불협화음은 실상 협화음을 위한 것이므로 벌어질 때마다 어울림을 생각한다. 사랑이 행복으로 승화하기까지 들고남이 안팎으로 하나 될 때 가능한 것처럼 불협화음을 협화음으로, 부조화를 조화로 변화시키기 위한 공부는 상호상생의 가치관을 바로 세울 때까지 지속된다.

특히 지속되는 불협화음 속에서 조화와 조율의 깊이를 공부하다 보니 한없이 작은 포용력으로 무엇을 할 수 있을까라는 생각을 수도 없이 했다. 때론 위하는 척 뜻 받아주고는 은근히 손해 보는 것이 아니냐는 쓸 때 없는 생각이 뇌리를 떠나지 않았으니 말이다.

사자로 만들고 그런 그가 사자짓을 할 때마다 더욱더 밉상이라 그러다 보이지 않으면 짠한 생각이 들기도 한다. 아무리 공부라 해도 그렇지 왜 그이만 있으면 왜 이리 심사가 뒤틀리는지 모르겠다. 뭐라고 한 것도 아닌데 스치기만 해도 미움이 미움을 낳는다고 진정으로 하나 되고자 할 때까지 눈엣가시로 다가왔다.

본래 눈엣가시였던 것일까. 아니면 내가 집어넣은 가시인 것일까. 사자로 만들고 어울려 보겠다고 척이나 해댔으니 어찌 진정성이 묻어나겠으며, 옆에 있기라도 하는 날이면 부정이 부정을 낳아 미움의 살얼음판을 걷곤 했었다. 아마 부모 죽인 원수라 해도 이렇게 미워하고 증오하지 않을 것 같은데 시기와 질투까지 동반할 때가 허다하니 환장할 노릇이다.

이해심이 포용력에 비례한다면 인성의 기본이라 할 수 있는 배려도 상황은 다르지 않다. 사랑이든, 동정이든, 연민이든 가르침에 따라 해석을 달리하겠지만 너를 위한다는 차원에서는 다르지 않다는 것이다. 물론 저마다의 셈법에 따라 다가서는 것이겠지만 이해의 차원이 깊어질수록 동정과 연민이라는 단어가 필요할까. 어울려 하나 되어 살아가는 일은 나 하기 나름이라 결국 내 문제지 네가 문제가 아니라는 것이다.

"배고프면 먹고 피곤하면 잠자라"

사랑, 그 기준을 어디에 두느냐에 따라 육생살이 수업의 기준이 다르고, 행복, 그 기준을 어디에 맞추었느냐에 따라 인생살이 공부의 기준도 다르다. 나를 위해 육생을 살아가야 할 때인가 아니면 너를 위해 인생을 살 때인가. 이에 따라 수행의 수위가 달리 적용된다는 것이다. 수행자는 인생살이를 위해 육생살이를 흡수하는 자이므로, 항상 입은 다물고 눈과 귀는 열어둔 채 배고프면 먹고 피곤하면 자도 된다.

수행을 마쳤다면 너를 위해 살아가야 하는 인생살이 운용주체라 내 배가 고프다고 먹고 내 육신이 피곤하다고 잘 수 있을까. 이쯤 되면 먹고 자는 문제는 자동발생이라 이로운 운용주체 삶에 있어서 아무런 걸림이 되지 않는다. 너를 위해 사는 만큼 열성적으로 지지하는 이들이 있을 것이라 배고픔과 피곤함이 묻어날 새가 없다. 정작 나밖에 몰라 고 걸리면 외로움과 배고픔에 피곤함까지 엄습해온다. 혈색은 까맣게 타들어가고 찌푸린 오만상에 자도 자도 자꾸만 자고 싶고, 먹어도 먹어도 채워지지 않는 허기로 자꾸만 먹고 싶어진다.

한편, 물처럼 바람처럼 살고 싶다는 소리는 자연인을 운운하는 이들이 상투적으로 하는 말이다. 내 뜻만 받아주면 탓하지 않겠다는 이들이 쫓기듯 들어온 곳이 궁벽한 산골이라 동물처럼 피곤하면 자고 배고프면 먹는다고 누가 상관하겠는가. 육생과 인생을 분별하지 못하는 자연인의 착각은 물도 바람도 정처 없이 떠도는 것쯤으로 알고 있다는 것이다.

사실, 고집과 독선으로 부조화를 일으킨 이들이 도린결에 방목되어 살아가고 있다. 자유를 빙자하고, 사랑을 빙자하고, 행복을 빙자하며 자기만의 왕국에서 아상만 키우다 결국 유주무주 고혼을 면치 못할 이들이다. 본연의 자리는커녕 구천을 떠돈다는 것은 하나 되어 살아가지 못한 대가이자 이리 살면 이 꼴 면치 못한다는 교과서로서, 본래 천도는 산 자를 위해 고혼이 된 이유를 밝히는 일로서 경을 읽고 목탁 치는 것은 육생의 방편일 따름이다.

　근기에 따라 주어진 사주(달란트)는 인연맞이 육생의 기본금이다. 수행을 방편으로 도량에서 인연 짓고 함께 공부한다고 근기가 다 같은 것은 아니다. 학창시절 동기동창의 근기가 다르듯 말이다. 집안 내력이 달라 격이 다르고, 지능이 달라 등수가 다르고, 소임이 달라 학과가 다른 것도 있다. 무엇보다 받아온 기본금만큼이나 기본행위만이라도 다하기 위해 다함께 공부한다는 것이다. 분명한 사실은 직위가 높고 낮건 간에 맡은 바 사명을 위해 살아가야 하는 것이므로 수행의 결과물은 과정에 있지 않고, 행위에 따른 결과에 나타난다는 것이다.

　아울러 상하좌우 조율은 나의 몫이자 너의 몫이기도 하다. 자율을 보장받고 싶어 했던 만큼 너도 자율을 보장받고 싶어 할 것이라 이해와 배려는 자율을 보장받을 때 향상된다. 그런데 우위에 서려 할수록 욕심이 발동하여 참견간섭 일색이라 지나치면 하극상이 발생한다. 온갖 풍파에 시달린 육생살이 덕택인가. 배고프면 아무 데서나 먹고 피곤하면 어디에서든지 쓰러져 잠자는 것을 자유를 빙자한 자연인의 행태로 여겨왔던 모양이다.

　그러고 보면 모든 행위가 고작 욕먹지 않기 위한 보여주기식 행위에 불과하였다. 이로운 것에 대한 진정성이 없다 보니 선웃음에 과장된 몸짓 해댈 때면 궁색한 처지 모면하려는 듯 인기나 얻고자 하는 행위에 지나지 않으니 말이다. 내 앞의 인연이 내 모습이라 너를 통해 내 자신 찾을 때마다 드러나는 거지근성, 혹 나만 숨겨둔 것일까. 이해는 잘못을 상쇄시키려는 데 있고, 존중은 소통을 위한 것이라 정녕 이로운 행위가 너를 위한 것이었다면 사랑이라 해야 할 것 같다.

무심코 던진 돌에 개구리 맞아 죽는다고 하는데 의견조율 하는 데 있어 반대 입장을 표명할 때보면 지난날 무심코 던진 말에 상처를 입었던 모양이다. 칭찬은 고래도 춤추게 한다던데 다듬어지지 않은 언행은 모르는 사이에 불신의 벽만 쌓게 했다. 조율은 의논이요, 합의는 조화라 이견을 보이면 투덜거릴 줄만 알았지 네 소리에 귀를 기울일 줄은 몰랐다.

"그럴 수밖에 없었을 때의 처지를 아느냐"

이도 물론 나밖에 모른 데에서 기인한 일이다. 그렇다면 정작 너와 가까워질 수 있는 기회가 언제인가를 생각해보자. 난관에 봉착할 때, 혹은 어려움에 처했을 때가 아닌가 싶다. 아쉬워서 찾아온 너의 아쉬움을 채워줄 때 나의 아쉬움도 채워지는 법이라 이쯤 되면 누구보다 가까운 절친한 사이가 되었다 해도 무방하지 않을까 싶다. 궁지에 몰린 처지를 헤아리려드는 게 본성이요, 그럴 수밖에 없었던 입장을 받아들여야 하는 게 인성이라 만약 이러한 지인과 함께한다면 그 누가 부러울까.

자기기분에 따라 셈법에 따라 이익에 따라 대처하려드니 이해차원은 물론이고 궁지에 몰린 너의 처지를 아랑곳하지 않을 때가 다반사다. 되레 이용하려 들지나 않으면 다행이다 싶은데 결국 기분 여하에 따라 농락하는 것이라 너보다 내가 해야 하는 것인데도 불구하고 주체하지 못한 폭언에 결국 자신만 손해 본다.

어찌 보면 참견간섭은 너에 대한 관심을 보이는 행위가 아닐까. 너를 미워하는 것은 나를 사랑하지 않기 때문이라 너에게 관심 두지 않으면 미움도 사지 않는다. 누구에게나 장소불문하고 적대보완적 대립구도가 과제로 주어지는데 우위를 점하려는 순간 시기질투 공부가 시작된다. 의논을 통해 합의를 이루었다면 별 탈 없지만 언제나 뜻대로 해보려는 욕심이 문제라는 것이다.

의논하는 데 있어 욕심끼리 불꽃 튀면 조율은 녹록치 않다. 혹자는 둘 다 똑같아 벌이는 일이라고 하는데 그렇게 될 때까지 몰아붙이는 자가 누구냐는 것이다. 참견간섭해댄 내 잘못이지 도와 달라 말하지 않는 네 잘못이 아니라는 것이다. 진정 너의 자율을 보장한다면 내 속 편코자 하는 행위가 아니다. 부족하니 수행자라 때가 되면 채워지는 과정에서 연소시키지 못한 티끌이 쌓여 왕왕 폭발하기도 한다.

우울과 분노는 타박의 망상에서 벗어나지 못할 때 촉발되고, 즐거움은 네 뜻과 함께하는 순간부터 차오른다. 즉 노력의 대가가 나타날 때 누리는 차원이 기쁨이요 성과가 나타나지 않을 때 좌절하게 되는 것이라, 보이지 않고 만져지지 않는 질량 기분(氣分)은 인(人)의 조절기관으로서 탁기가 차면 압이 폭발하듯이 의욕을 상실하게 되면 쇄신을 위해 반드시 폭발한다.

이때 네 기분과 내 기분이 별반 다르지 않아 그 얄궂은 맛을 알고 일으킨 기운을 가라앉히면 생기로 화한다. 수술 후 회복은 자신의 몫이듯 이해하고 받아들이는 몫도 자신의 몫이다. 비 온 뒤에 땅이 굳듯 대차게 한번 부딪치고 나면 성숙해 지기도 한다. 가장 좋은 방법이 마찰 없이 함께 헤쳐 나가는 일인데 나 하기 나름에 달리 나타나는 인생방정식을 푸는 중이라 녹록치 않다.

　때론 사자가 되기도 하고, 치받는 자가 되기도 하며, 3자로서 관찰자가 되기도 한다. 들고나고 주고받는 선순환의 이로움을 깨우칠 때까지 덕이 되니 득이 되더라는 상호상생과 무득하니 무덕하더라는 반쪽반생과 해하니 독이 되더라는 상극상충 대자연의 섭리를 몸소 부딪치며 깨우쳤다. 무엇보다 이로운 자 입장이면 이로움으로, 해로운 자 입장으로 몰렸다면 해로움을 알게 모르게 주고받는다는 것이다.

　이를 수행자 간에 고에 걸렸다 말하기도 했고, 시험에 걸렸다고 말해왔었다. 세간에는 벌을 받았다, 죗값을 치렀다고 말하는 것 같은데 표적질은 상호 진화발전을 위해 주고받는 것이므로 크건 작건 책임은 쌍방에게 전가된다. 이때 누가 운용주체이고 활동주체이냐에 따라 책임의 농도는 다르게 묻어난다. 그럴 수밖에 없었던 지난날 자신의 처지를 되돌아볼 시간을 가진다면 이로운 자로 거듭날 것이지만 지금 여기에서도 그럴 수밖에 없다면 아쉬운 자라 하겠으니 하나 되지 못한 책임은 저지른 자에게 있다.

"기운이 탁한데 분별이 가능하겠느냐"

　이 세상이 다르고 저 세상이 다르지 않다는 것이다. 물론, 고통 속에서 바라보는 세상이 다르고, 기쁨 속에서 바라보는 세상도 다르겠지만 한낱 인의 조절기관 기분에 따른 현상에 불과하다는 것이다. 섭리가 하나이듯 이치도 하나이고 근본이 하나이니 진리도 하나이기 때문이다. 아울러 내 앞의 인연에 따라 바뀌는 내 기운과 나 하기 나름에 따라 바뀌는 내 기운은 그만한 이유가 있다는 것이다. 특히 뜻대로 되면 좋다 할 것이고, 어긋나면 나쁘다 할 것이라 좋고 나쁨의 상관관계는 너를 내 뜻대로 해보기 위함에 있다.

이처럼 대자연의 근본은 음양이 화합하는 것이므로 만났다면 하나 되어 살아가야 한다. 들고남이 안팎으로 하나 되면 신나고, 즐겁고, 기쁜 일이 생겨나고, 되지 못하면 어렵고, 힘들고, 고통스러운 일이 발생한다. 천지인 상중하 차원으로 펼쳐지는 세상의 법도가 이러한데 과연 입장과 처지에 따라 주고받는 행위를 가지고 죄와 벌을 논해야 할까. 대자연은 하나 되는 원리를 내 앞의 인연을 통해 일깨우건만 떡을 빚는 과정에는 관심 없고 빚은 떡에만 관심 두다 보니 상대성으로 일어나는 표적마저도 설마와 우연으로 치부하고 있지 않은가.

변별력이 떨어질수록 싸우고, 충돌하고, 부딪치는 빈도가 늘어나 생활은 점차 어렵고, 힘들고, 고통스러워진다. 탁해진 기운만큼 탁해진 육생살이에 머물렀으니 나아질 리가 없다. 세상은 온통 인생을 표방한 육생뿐인데 바른 삶을 위한답시고 정의를 부르짖으며 버려라, 비워라, 놓으라는 가르침 일색이다.

그래서 그런가. 미혹되지 않는다는 불혹의 40세에, 혹은 하늘의 뜻을 안다는 지천명 50세에 자연인을 꿈꾸며 귀농을 핑계로 외진 곳으로 들어가는 이들이 적지 않다.

참으로 안타까운 노릇은 너를 위해 살아가야 할 나이인데도 불구하고 나를 위해 살아가는 것이 진정한 삶인 마냥 매스컴에서까지 떠들어대는 통에 자유인은 정처 없이 떠도는 방랑자를 연상시키고, 자연인은 깊은 산속 나 홀로 삶을 행복으로 연상시킨다. 끼리끼리 연이 되고, 안팎으로 하나 되어 살아가는 것이 인생이건만 인간으로 태어나 자연 속에 동물의 삶을 꿈꾼다는 자체가 필경 무소유를 행복쯤으로 여겨 왔던 모양이다. 가능한 일일까. 고생길이 훤할 것 같은데 말이다.

세계정복을 꿈꾸는 알렉산더(B.C. 356~323)가 인도를 정복하러 가던 중에 강둑 위에서 발가벗고 일광욕을 즐기던 견유학파(犬儒學派) 디오게네스(?~B.C. 320 추정)를 찾아갔었을 때 알렉산더에게 햇빛을 가리지 말고 비켜달라고 했던 말이 유명한 일화로 전해온다. 한술 더 떠 본인은 이렇게 쉬고 있는데 대왕은 왜 쉬지 못하느냐며 핀잔까지 줬다고 한다. 견유학파는 개와 같다는 뜻에서 붙여졌다고 하는데 사유체개보다 일상관습에서 벗어난 생활방식을 추구하는 집단이라고 할까.

즉, 기거할 곳조차 없이 떠돌며 먹을 것을 구걸하고 개처럼 살아간다는 학파로서 이후 디오게네스는 구걸하던 깡통마저도 불필요한 것이라고 여겨 혓바닥으로 땅바닥에 버려진 음식을 핥아먹었다고 하니 어떻게 해석해야 할까. 개인마다 육생의 기본금 사주가 달리 주어지는 이유를 알면 말조차 함부로 입에 담을 수 없다. 어린 시절은 성인 시절을 위해 나를 위한 육생을 살아갈 수밖에 없고, 맞이한 성인 시절은 너를 위한 인생을 살아갈 때, 안팎으로 화합을 이루게 될 것이라 이보다 담백하고 청순한 삶은 없다할 것이다.

어떤 이는 소유욕과 무소유를 빗대어 모든 것을 내려놓을 때 모든 것에 자유로워질 수 있다고 말한다. 정녕 가능한 소릴까. 깊은 산속도 아니고 사회생활 한다면 거지꼴 면치 못할 것이라 모든 것을 버리면 모든 것을 얻을 수 있다는 생각 자체를 아예 갖지를 말아야 한다. 무소유를 미화시켜 육생살이 골병들게 만들었고, 소유욕을 비하시켜 인생살이에 다가서지 못하고 있다. 그것이 가능한 일이면 오늘날 이 모양 이 꼴일까. 안 되니 못하는 것이라 가능하면 말로만 떠들지 말고 구체적 방안을 모색해 달라는 것이다.

예컨대 안팎으로 들고나는 것도, 내외가 하나 되는 것도, 선천질량을 통해 후천질량을 이루어야 하는 것도 하나 되는 인생량은 이기의 육생량을 통해 이루어야 한다는 것이다. 정신량은 상하좌우 연결질량으로 비우거나, 버리거나, 놓는 데 있지 않고 바르게 쓰는 데 있다는 것이다. 사달은 벌기만 하고 쓰는 법을 몰라 내는 것이므로 바르다는 정의는 이로운 행위를 뜻하고, 바른 행위 또한 이롭게 쓰는 것에 있기 때문에 향방은 바르게 쓰는 법을 얼마나 알고 있느냐에 달리 나타난다는 것이다.

"수행은 산속에서만 해야 하는 것이 아니니라"

양의 육생문물이 음의 정신문명을 찾기 시작한 시대가 업그레이드 시대다. 스마트폰을 넘어 태블릿이 뜻하는 것은 유리알처럼 투명한 시대를 가리키므로, 어려움은 물론, 신나고, 즐겁고, 기쁜 일도 나 하기 나름이지 예나 지금이나 신(神)이 일으키지 않는다는 것이다. 벌어지는 일을 바르게 처리하지 못할 때 받는 표적으로 저마다의 행위가 공부로 주어진 시대를 맞이하여 생활의 도를 실천해야 할 때라는 것이다.

소통과 융합은 하나 되어 살아가기 위함이자 인간에서 사람으로 승화하기 위함이라 필요한 것은 존엄성을 깨우치는 일이다. 가치를 아는 일이야말로 가치를 존중하는 일이라 산속에서 영통을 위해 주술주력에 매달리는 것은 신에게 구걸하는 것밖에 안 돼 정신량 마련이 수월치 않다는 것이다. 매달리는 것도 바라고 기대는 꼴이라 자유의지와는 무관하여 희락(喜樂)보다 노애(怒哀)가 더 크다는 것이다.

수행과 믿음, 기도와 기복에 대한 각성을 위해 알아야 할 것은, 어려움을 풀고자 찾아간 것은 신에게 매달리러 간 것이지 성찰을 위해 간 것이 아니라는 것이다. 병을 낫게 해달라는 것도, 입시나 입사나 돈 많이 벌게 해달라는 것도 애원하러 간 것이지 기도하러 간 것이 아니라는 것이다. '오! 주여' 외친다고 기도일까. '관세음보살' 외친다고 기도이냐는 것이다. 내 욕심으로 부르고 외쳐대는 것일 뿐 기도와는 전혀 상관없는 일이다.

병으로 고통 받는 이유가 무엇일까. 입시나 입사로 애간장을 태워야 하는 이유가 무엇이고, 생활고에 시달리는 이유가 어디에 있느냐는 것이다. 일어나는 일에는 그만한 이유가 있기 마련이라 원인을 밝혀내지 못하면 기복으로 소원한 바를 이루었더라도 얼마가지 못한다. 진정한 기도는 너를 위한 행위에 있다. 말로만 외쳐대는 것은 달라고 떼쓰는 것과 다를 바 없어 결코 협화음이 되지 않는다. 조율은 나 하기 나름이라서 그렇다.

음식에 집착하면 몸이 비대해지고, 기복에 빠지면 편중된 육생 살이에 꺼둘려 그 너머의 차원을 보지 못한다. 내면의 음의 기운을 찾고자 2,500년 동안 온갖 형상에 매달렸듯이, 양의 기운 육생의 외면을 위해 2,000년 동안 십자가에 매달려왔으나 오히려 힘의 논리만 난무하여 지구촌 어느 곳에도 사랑을 통해 행복을 영위하는 곳을 찾아볼 수 없다. 수십 년간 신앙에 매달려온 이들의 삶은 어떠한가. 더하면 더했지 덜하진 않는 것 같다. 물론 나름의 사랑 행위를 가르치고 있지만 다르다고 말하는 착한 짓에 불과하여 반쪽 반생만 자리할 뿐이다.

그래서인가. 신앙생활 할수록 어렵지 않은 자 하나 없다는 말이 떠돌고 있으니 말이다. 신을 흠모하는 신앙에서 사람답게 사는 가르침의 종교로 승화되었다면 모를까. 육생행위에 빠져 동물의 아우성만 들리는 것 같아 말 그대로 한 푼 없이 살아간다면 찾아오는 자 있을까. 노숙자 신세 면치 못할 것이라 받아온 육생의 기본금은 너와 나를 연계하는 매개체다. 생활의 도 시대, 누구에게도 예외 없이 쓰임이 이롭지 못하면 거두어 간다. "누가", "대자연이". 바르게 쓰지 못하는데 가지고 있어야 할 이유가 없지 않은가.

"네게 있다 해서 어찌 네 것이더냐"

없어지거나 잊히는 것은 이롭지 않기 때문이요, 실패한 자를 찾지 않는 것도 이롭지 않기 때문이라 조금이라도 득이 된다 싶으면 영혼까지 모시는 판국에 천리타향 마다할까. 이로움은 너를 위해 살아가는 것에 있지 나를 위해 빌거나 구하거나 하는 데 있지 않다. 어린 육생시절은 성인 인생시절을 위한 것에 있다 하지 않았는가. 누구라고 특별할까. 나를 위한 공부를 마치면 너를 위해 살아가야 하는 데 있어서 말이다.

그리하여 사회는 너를 위해 살아가는 행의 현장이다. 주역이 되었다면 나를 위해 쓸 것이 있을까. 너를 위해 쓸 때 나를 위해 쓰는 것이라 무소유의 개념을 바로 알아야 한다. 선천적 본성과 이기의 육생량으로 사랑하고, 후천적 인성과 이타의 정신량으로 행복을 영위하는 것이므로 생각본능 지식은 1안으로 육생물질 과학을 위한 것에 있듯, 마음분별 지혜는 2안으로서 인생살이 화합과 소통을 위한 것에 있다.

이처럼 지식은 육생살이 방편이요, 지혜는 인생살이 궁극을 위한 것이다. 물론 육생을 무시하고 인생을 살아갈 수 없는 노릇이고, 인생을 무시하고 육생에 안주할 수만은 없는 노릇이다. 내가 있다는 것은 네가 있기 때문이라 하나 되어 살아가는 방도가 육생의 기복에 묻어 있다면 얼마나 좋을까. 입장과 처지는 돌고 돌아 그럴 수밖에 없었던 너를 존중하고 이해하려 들 때, 커지는 품성만큼 지혜를 마음껏 쓴다.

내 생각은 내게만 옳듯, 인연이 하나둘씩 늘어날 때 기운도 변하고 생각도 따라 변하기 마련이라 너를 위해 살아가야 한다는 말을 하긴 쉽지만 그 어디 쉬운 일인가. 나를 위해 짓는 인연 나밖에 모른다면 인연이라 할 수 있을까. 만남은 헤어짐을 전제로 이룬다지만 그 무엇도 알 수 없는 일에 대해서는 어디까지나 내 셈법이라 모두에게 맞는 것마냥 부추기지 말아야 한다.

주고받는 이로움은 지고지순한 사랑 속에서 피어나는 한 송이 꽃이라고 할까. 있는 그대로 자체 발광하는 꽃은 자신의 아름다움에 대해 모른다. 오만상을 써가며 사는 이유도 내 뜻대로 해보기 위함이고, 안 될 때마다 커지는 목청만큼 인상 찌푸리면 아름다울 리 없다. 단아한 기풍, 온화한 인상, 너를 위해 살아가는 이들에게 나타는 자태라 과연 흉내 낼 수 있을까. 낸다면 얼마나 같까.

집착을 강하게 드러내 보일 때가 한계에 부딪쳤을 때로서 자기 합리화의 자존심은 억지 배설물이다. 얼굴에 침 뱉는 경우야 그렇다 치더라도 발전을 위해 그마저도 흡수해야 하는 것이 아닌가. 빨대구멍으로 쳐다보고 세상만사를 이해한다는 것도 알 만하고, 타박이나 해대는 병이 도지는 것도 알 만하다. 남 탓으로 합리화시키는 병세는 각 세워 미리 결론 내릴 때부터 도지고 있다.

7. 내 생각

생각을 열면 지식의 꽃이 피고
마음을 열면 지혜가 찾아들고
대문을 열면 인연이 찾아든다는
원리에까지 근접한 시기라
입가에 온화한 미소를
띠기 시작한다.

사차원에서 받아온 육생의 기본금 사주, 언제 어느 때 어떻게 주어질지 모르는 터라, 희망을 꿈꾸는 젊은 날 오르고자 하는 허장성세도 만만치 않았다. 나이 먹을수록 허세와 자존심을 혼합시켜 버팀목 삼는 늙은 날, 역발상이라고 해봐야 동물처럼 먹고 살기 위한 육생의 재테크가 전부다. 88서울올림픽을 치르기 전까지만 하더라도 엄두조차 내지 못한 황혼이혼과 듣도 보도 못한 졸혼까지 극성이다. 너를 위해 살아가도 부족할 노년에 내 인생은 나의 것이라 외쳐대며 얼마 남지 않은 여생 자유롭게 살아가 보겠다고 아우성이라 자식 넘어 손자 세대의 도전과 응전은 어디에도 없고 공무원 합격만 부르짖는 실상이 되고 말았다. 누구의 책임일까.

정녕 자유로움을 안다면 모를까, 혼인율 떨어지고, 이혼율 치솟고, 저출산 문제에 심각한 인구절벽 시대를 맞이했다. 원인이 어디에 있는 것일까. 유치원에서부터 육생살이 교육으로 어긋난다 싶더니 육생물질 넘쳐나고 대학생 넘쳐나는데도 쓰임을 다할 줄 모른다. 창업이라고 해봐야 치맥을 필두로 프랜차이즈 음식점이 전부인 것 같고, 일거리 창출이라고 해봐야 푸드 트럭이 전부인 것 같은데 기실 말이 좋아 푸드 트럭이지 좌판이지 아니한가. 최소 16년을 공부한 결과가 포장마차 노점상을 벗어나지 못한다면 참으로 안타까운 현실이다. 무엇이 문제인가.

"간판의 의미를 아느냐"

매사 주어지는 화두를 풀고자 한다면 오르기 위한 것만 가르치는 육생교육의 모순부터 알아야 하지만 안타깝게 모든 사회적 시스템이 육생의 안에 국한되어 있다. 세사가 이러한데 의식을 개혁

해본들 고작 김영란 법이나 갑을관계나 따지면서 획일적인 소통, 배려, 봉사, 나눔, 기부 등이나 논할 터이고, 다가올 엄동설한에 소외계층 위하는 척 보여주기식 연탄 나르기 자원봉사나 해댈 뿐이라 운용주체는 정신량을 지향하고 활동주체는 육생량을 추구하는 음양 관계라는 사실을 어이 알까.

주는 자가 음이요, 받는 자가 양이라 아울러 음은 이로운 갑이요, 양은 아쉬운 을이 되는 원리를 모르다보니 간판 보고 찾아가 돈 많이 쓰면 갑, 적게 쓰면 을로 내몰리는 경우가 허다하다. 갑은 이로워서 맞이하는 운용주체이고 을은 아쉬워서 찾아가는 활동주체라는 사실에 입각하여 간판의 의미 짚어보자. 물건 팔기 위한 수단으로 내걸었지만 이면은 찾아오면 도와주겠다는 깊은 뜻이 내포되었다. 엄연히 주인은 업(業)의 장(長)으로서 이로운 운용주체이고 손님은 아쉬워서 찾아간 활동주체로서, 이는 불변이다.

기업의 간판이든 상가의 간판이든 인연을 불러들이는 수단으로서 음식이면 음식, 상품이면 상품, 운동이면 운동 등등 내걸은 품목의 한도 내에서 최상의 서비스를 제공하겠다고 약속한 것이나 다름없다. 소비자는 간판 보고 찾아가는 아쉬운 활동주체 을이다. 맞이하는 운용주체는 이로운 갑의 입장인데도 불구하고 물건 팔려고 쌍심지 켜고 들이대기만 하면 어찌 되겠는가. 이로움은 전혀 없고 호주머니만 노리는 꼴이라 덕이 되고 득이 되는 상호상생의 일체 행위가 없으면 내걸은 간판이 오래가지 못한다.

창업이라는 미명하에 이 땅의 젊은이들을 푸드 트럭 노점상으로 내몰았을지언정 적어도 간판 걸고 맞이하는 운용주체 갑의 입장이 아닌가. 인포메이션(information), '무엇을 도와 드릴까요'라는 간판의 진정성까지도 교육시켜야 하는데 융자와 허가가 전부다. 육생 교육의 폐단은 내 것으로 취하는 게 전부라 주고받는 이로움으로 하나 될 줄 모른다는 것이다. 인연을 불러 호주머니만 노리는 축제의 간판이 더하면 더했지 덜하진 않는다.

망하는 데에는 이유가 있다. 다시 찾지 않는다는 것에 있는데 그 이유가 어디에 있겠느냐는 것이다. 기업과 상가와 각종 단체뿐만 아니라 신앙의 간판이라고 다르지 않다. 차이라면 단지 보이는 상품을 파는 곳과 보이지 않는 믿음을 파는 곳의 차이일 뿐, 특히 신앙과 신앙끼리의 경쟁은 예언자가 다르다는 이유만으로 유세가 장난이 아니다. 그야말로 믿음으로서 하나 되는 정신량을 일깨워 즐거움이 넘쳐나야 할 판국에 신도가 줄고, 또 간판을 내려야 할 지경에까지 몰렸다면 대내외적 모순이 매우 심각함을 방증하고 있다.
기도발이 들지 않는다는 것은 생활에 보탬이 되지 않았다는 것을 극단적으로 드러내는 예로서 사찰, 교회, 성당 등을 매매하는 곳이 늘어난다 하니 육생의 술(術)을 추구한 신앙시대는 저물어가고 인생의 법(法)을 지향하는 종교시대가 떠오르는 게 분명한 듯싶다. 그렇지 않다면 돌파구가 보이지 않는 총체적 난국인 시대에 신도들로 발 디딜 틈 없이 북적거려야 하는 곳이어야 하는데도 불구하고 외면하는 실정이라면 원인을 찾는 데 주력해야 하지 않을까.

혹여 숨긴다고 숨겨질 것들이 있다면 컴퓨터에 스마트폰이 발명될 이유가 없다. 생각 너머의 마음, 지식 너머의 지혜, 육생 너머의 인생을 살아가야 할 때라 유리알처럼 투명한 시대가 도래했다. 이로운 행위는 너를 통해 묻어나는 것이므로 찾아오는 인연을 위해 살아가는 인연맞이 시대이기도 하다. 구걸의 비나리 타력 시대보다 자력으로 이롭게 행하는 구원의 시대를 맞이하여 이타의 음과 이기의 양의 조건은 나를 위한 육생량과 너를 위한 정신량으로서 주고받고 들고나고자 하는 데 있다.

그러고 보면 명함과 핸드폰도 간판의 일환으로 쉼 없이 울려대는 벨소리가 인기의 척도를 가늠한다. 그만큼 바쁜 시기를 맞이하여 바빠졌다는 것은 육생의 기본자리를 목전에 두었거나 오른 직후가 아닐까. 대체로 이 시기에 간판을 거는데, 운용주체로서 아쉬운 육생량으로 인연을 불러들였다면 이로운 정신량으로 하나 되어 살아가야 하므로 그에 걸맞은 정신량 마련은 운용주체의 몫이다.

"아쉬운 자와 이로운 자는 종이 한 장 차이니라"

한편, 관찰자가 되려고 바동대도 어느 순간 관찰의 대상이 되곤한다. 특히 수행자는 주고받는 가운데 인성이 숙성되는 자라 자신도 모르는 사이에 공부에 휘말린다. 배우는 자는 흡수하는 입장이라 눈으로 보고 귀로 들으려만 했는데도 여간 힘들지 않다. 아마세간에서 반쪼가리 삶에 고착시킨 아상 때문인가. 너를 탓하더니 사회를 탓하고 급기야 자기 자신까지 탓한다. 낮말은 새가 듣고 밤말은 쥐가 듣는다고 독백이 그리도 어려운 것인가.

충신과 간신은 종이 한 장 차이라고 하더니만 홀리면 관찰의 대상이요 들으면 관찰자라 소심과 대범도, 아쉬운 자와 이로운 자도 종이 한 장 차이다. 사실 그 한 장의 기준을 어디에 두느냐에 따라 우열이 갈리므로 부딪쳐 고통스러웠던 순간을 드러나지 않게 인생 방정식에 대입해 보는 일이 품을 넓히는 일이다.

특히 부족한 수행자에게 도량은 자유 속에 구속, 창살 없는 감옥이라 일정한 시간이 지나면 연소시키지 못한 때가 자연 폭발하게 된다. 이를테면 표적은 부족하기에 주고받듯이 폭발은 생각을 씻어내기 위해 터지는 것이라 자칫 한순간 분을 참지 못하면 떠나야 하는 경우도 생긴다. 포용력과 이해력과 분별력 등을 보기 위해 내리는 대자연의 시험인지라 마장이 들면 걷잡을 수가 없지만 심성이 여리기도 하기에 그 시간이 지나면 미치도록 후회한다.

그러나 화의 때가 폭발하는 순간 아쉬운 자와 이로운 자의 관계도 없다. 시험에 걸린 관찰의 대상뿐이라 판에 박힌 위로와 격려는 자칫 궁지에 몰릴 수도 있다. 머릿속에는 시커멓게 뒤엉킨 머리카락으로 꽉 차있고, 입에서는 구더기와 바퀴벌레를 토해내는 형국이라 무슨 위로의 말이 필요하겠는가. 기세가 숙질 때까지 기다려야 한다. 위 사항은 기(氣) 싸움과 신(神) 싸움의 일면을 영적 차원으로 보여진 것을 설명한 것으로 나부터 살고자 하는 세간이라 해서 다르지 않다. 기가 신이요, 신이 기인지라 전반적으로 센 자가 이기기 마련 아닌가.

그러나 도량에서는 정신량을 위한 모든 상황을 자신의 공부로 잡고 나가는 반면 세간에서는 대체적으로 자존심 싸움하다가 상대방 탓으로 돌린다는 점이 다르다고 할까. 어찌되건 행동거지가 치우쳤더라도 이로움을 주고받음이 지속된다면 상호상생이라 치우친 것이라 할 수 없고, 행위가 이롭다 하더라도 주고받지 못한다면 반쪽반생이라 이로운 것이라고 할 수 없다. 쭉정이밖에 남지 않은 속내를 감추려고 할 때마다 습관적으로 내뱉는 말이 있는데 "그게 맞아"라고 확정 짓듯 답하는 것이다.

특히 공부의 초점은 나와 너에게 맞춰졌으니 검증되지 않은 나의 답은 내게만 맞는 답이 될 수 있으므로 물어보지 않은 사안에 답하면 종종 곤란한 일이 발생했다. 설령 아는 것을 물어본다 해도 잘 모르겠으니 함께 답을 구해보지 않겠느냐며 동참할 것을 제시해야 하는데 "그게 맞아"라고 은근히 자신을 내세우기라도 하는 날에는 물어본 이와 여지없이 고에 걸리곤 했다. 티끌이 쌓이면 폭발하기 마련 아닌가. 열등이 불러들인 허접한 자존심으로 합리화시키는 한 부딪침은 월중행사다.

추접한 모순을 감추려 하면서도 우위에 서려 기 싸움하다 드러낼 때면 좀 모자란 것이 아닌가 싶은 생각이 들기도 한다. 진짜 바보가 되어야 했건만 헛똑똑이 노릇만 해대는 꼴이 병신(秉神)이 육갑(六甲)하던 젊의 날의 기운을 다스리지 못하여 모순이 쌓이면 자연 폭발시킨다는 사실을 몰랐다. 성의를 무시한다 싶은 날에는 겸연쩍고 무안하다는 생각이 들다가도 돌연 두고 보자는 식으로 몇 날 며칠을 곱씹기도 한다.

대범하다고 상처받지 않고 엉큼하지 않을까. 소심하다고 엉큼하여 더 큰 상처받지 않는다는 것이다. 경우에 따라 질량과 농도도 다르고 치유의 시간도 다르겠지만 나밖에 모르면 힘의 논리라 대범과 소심 모두 뜻대로 안 될 때는 앙심을 품기는 마찬가지다. 인성함양과 더불어 근본원리에 입각하여 나 하기 나름에 달리 나타나는 현상을 공부 중인 학인이지만 내 생각에 꺼둘려 한순간에 무너지곤 한다. 바보공부 중이라 미리 결론을 내리지 말아야 하는데 그게 그리도 힘들었던 모양이다.

"방편이 왜 주어지겠느냐"

성질머리대로 살다가는 방편이고 나발이고 없다. 이유야 어찌 됐든 내 뜻대로 해보려 했기 때문에 사달 나고 찾아든 고통이다. 무엇을 뜻대로 해보려 했던 것일까. 유형의 육생량일까. 아니면 무형의 정신량일까. 먼저 줘야 받을 수 있는 것이건만 육 건사를 위한 육생량이야 그렇다 치더라도 내 앞의 인연을 내 뜻대로 해보려 한다면 어떻게 될까. 이보다 큰 욕심은 없는지라 함께할 수 있는 정신량 부가가 절실하다.

특히 남의 육생에 관여하는 일는 위험천만한 곡예라 잘못되면 응당 책임져야 하는데 네 잘못에서 기인한 것처럼 외면한다. 화합의 근본은 운용주체가 이로움의 질량을 끊임없이 생성시켜야 하는데 있다. 즉 육생의 기본값 이후의 향방을 아는 자만이 가능하다는 것으로 정신량을 마련하지 못하면 육생량만으로 따르는 이들과 함께하지 못한다는 것이다. 결국 이로운 자나 아쉬운 자나 따로따로 놀다가 해체 수순을 밟는 것이고 보다 더 큰 문제는 운용주체는 하나인데 활동주체는 수천수만이 넘는 경우가 허다하다는 것이다.

물론, 보이던 보이지 않던 근기에 따라 주어지는 것이 조건이자 방편이다. 어떻게 하고 어떻게 쓸 것인가 풀어나가야 할 과제이지만 정작 때가 되면 인연은 찾아들기 시작한다. 예컨대 개척의 아쉬운 육생량은 창출의 이로운 정신량을 만나기 위한 조건이라 방편을 통해 만났다면 조건을 대하지 말고 인연맞이해야 한다는 것이다. 누가 품어 안고 나가야 하는 것인가. 바로 이로운 운용주체다.

필요에 따라 근기에 따라 주어진 기본의 육생량이므로 필요하지 않은 육생량은 없고 필요하지 않은 조건 또한 없다. 만남의 성사는 나는 너의 조건을, 너는 나의 조건을 필요로 하기에 이루어지는 것이다. 물론, 조율은 운용주체 몫이긴 하겠지만 실제는 자기 하기 나름으로 내 욕심과 네 셈법이 뜻을 같이할 때가 언제인가. 쌍방의 이로움을 목전에 두고 있을 때가 아닌가. 조건은 너에게 이로워야 한다는 것에 있다.

그렇다면 이로움의 질량을 어떻게 생성시켜야 하는 것일까. 나밖에 모른다면 아쉬움의 질량이고, 너와 함께 하고자 하면 이로움의 질량이라 선천의 육생량이든 후천의 정신량이든 누구를 위해 어떻게 하느냐에 따라 값어치는 다르다. 무엇을 어떻게 해야 한다는 것도 너의 근기를 알 때 가능한 것처럼 본연은 근기와도 같아 때가 되면 소질(素質)을 찾아 나선다는 것이다. 이때 이래라저래라 참견간섭으로 일관하기보다 올라설 수 있도록 뒤에서 기운 북돋아 주는 것만으로 충분한데 대리만족을 위한 부모욕심으로 자식의 미래를 망치는 경우가 허다하다.

소질은 사차원에서 직접 받아온 사주이니 자기 자신보다 누가 더 잘 알까. 어린 시절을 거쳐 성인 시절에 이르기까지 스스로 깨치는 게 이치고, 알았을 때 자연스럽게 올라서는 게 순리이건만 사사건건 시비 걸고, 트집 잡는 등쌀을 배겨나기 힘들다. 나를 위한 육생량은 개척으로 올라서는 자리요, 너를 위한 정신량은 창출로서 만들어 나가는 자리라 성인 시절을 위해 인성함양에 힘써야 하는데 육생자리에 오르는 게 전부다 보니 선천의 본질을 잃을 쯤이면 자식의 좌절은 부모의 실망에서 드러나고, 가정불화는 부부불화와 부모자식불화로 이어진다.

한술 더 떠 사회는 무한경쟁 시대라 부추기기만 하고, 대안을 모르는 교육정책은 갈팡질팡이라 신앙은 당최 무엇을 위해 자리하는지 모르겠다. 유치원부터 치열한 경쟁구도로 결국 동물처럼 먹고 살기 위한 육생교육 그 이상을 바라보지 못해서라고 할까. 물론, 생각으로 문제를 해결하고 지식으로 육생문명을 발전시켜왔지만, 쓰임은 고작 군림을 위한 힘의 논리라 모두 함께하는 일에는 수많은 문제가 발생할 수밖에 없어 이롭게 쓰일 리가 있나. 구석구석 제동만 걸리는 터라 육생신앙 앞에 세상의 심기는 불편해졌다.

왜 제동 걸리는 것일까. 원인을 생각해보지도 않고 제동 거는 상대방 탓이나 해댄다면 달라질 것은 없다. 육생문명이 비대해지고 정신량이 바닥을 보이자 동서는 상충이요, 남북은 상극인 상태다. 즉 사분오열 됐다는 것으로 뿌리(한국)·몸통(중국)·두둑(일본)으로 이어지는 동북아의 정세나 뿌리(반도)·몸통(대륙)·가지(서양)으로 이어지는 세계의 정세나 다를 바 없다. 숨기려 해도 부족한 것을 드러내 놓는 무지렁이 수행자처럼 깨우칠 때까지 어쩔 수 없었던 모양이다.

"한 틀에 고착시키지 마라"

내 속 편차고 하는 행위가 참견간섭이면서도 상대를 위한다는 명분이 따라 선다. 내 잣대로 건드려 이로울 게 하나 없는데 형편에 따라, 상황에 따라, 조건에 따라 쉼 없이 잘난 척이 튀어나온다. 우두머리의 본질이라고 할까. 나밖에 모르는 생각을 잠재워야 하는 것인데도 불구하고 마음만 비우라고 한다. 겉으로 드러난 도량은 평온하기 그지없어 힐링에 적합하게 보인다. 법문까지 곁들이니 금상첨화 아니겠느냐만 못난이들이 모여 생활하는 곳이라 이면에는 모순의 불통이 쉼 없이 튀고 있다.

간혹 아량과 이해심이 풍부해 보이는 도반들이 한 달씩 묵곤 할 때가 있다. 일주일이 채 지나기도 전에 거의가 육생의 습을 드러내 보인다. 물론 수행 3년차에 들어간 학인과는 감싸 안고 포용하려 들기에 별 문제 없지만 태반이 1~2년차 학인이거나 함께하는 도반이다. 그것도 불쑥 내뱉은 말 한마디가 화근인데 도량은 비나리 신당이 아니라 정신량(인성공부)의 장이므로 제 삼자는 무심한 자가 아니라 관찰자이다. 도와 달라 청하지 않았는데 나섰다간 자칫 잘난 행위밖에 안 될 터이고, 위로도 대부분 치우쳐 편들어 주는 행위밖에 안 될 것이라 본인의 모순을 스스로 인정하고 받아들일 때까지 지켜보는 것이 너와 나 우리 모두의 공부였다.

냉정함과 냉철함을 설명할 수 있을까. 이기와 이타로만 알고 있지 않나 싶고, 어디까지나 인간의 논리는 어디에 갖다 붙이냐에 따라 쓰임의 농도가 다르다는 점이다. 지위고하 정해지지 않는 상태에서 위로한답시고 다가서면 주제를 모른다 할 것이고, 바라만 보고 있다면 냉정하다고 할 것이라 지혜롭게 바라볼 수밖에 없다. 단, 도와 달라 청하면 나 하기 나름에 따라 달리 나타나는 작용반작용의 법칙 상대성원리 인생방정식의 공부를 함께한다.

기도나 명상의 시간이 별도로 주어진다면 모를까. 일체의 행위 없이 잠자든, 빈둥대든, 소일거리에 매달리든, 나름 친한 도반과 소꿉놀이하든, 나름 하루를 소화시킨다. 살기는 눈으로 주고받고, 독기는 입으로 주고받는다고 하지 않았는가. 무심코 내뱉은 말이 씨가 되어 심각한 지경에까지 이르는데 그도 그럴 것이 수십 년 신앙에 몸담았던 이들과 도반이 되어, 전무한 천부(天符)의 가르침으로 운용주체 공부를 하고 있으니 어련하겠는가.

치우치면 머무는 것이고, 생각은 이기의 발로이자 내 욕심의 셈법일 따름이라 한 틀에 고착시키지 말아야 한다. 대체로 3년 차에 들어서면 입은 무거워지고 귀는 열린다. 생각을 열면 지식의 꽃이 피고, 마음을 열면 지혜가 찾아들고, 대문을 열면 인연이 찾아든다는 원리에까지 근접한 시기라 입가엔 온화한 미소를 띠기 시작한다. 그래도 공부자는 흡수하는 자이므로 물리가 트이고, 이지가 밝아질 때까지 알아도, 들어도, 보아도 몰라라 연신 새김질을 한다.

수구적 관행이 몸에 배인 1년차더라도 어떠한 시간이 되면 무척 숙연해진다. 단지 뜻과 뜻이 맞지 않을 때 치솟는 자존심 때문에 교과서가 되긴 하지만 말이다. 무엇보다 손해라는 인식의 틀을 부수지 못하면 타박이나 해대다가 세파에 시달릴 것이고, 모순을 안다면 부딪치기보다 화합을 위한 합의로 돌아설 것이다. 이쯤 되면 어렵고, 힘들고, 고통스러운 상황을 무난히 극복할 것이지만 숨기고 감추려 할수록 부딪침의 고통에서 벗어나기 어렵다.

기도로 해결하고, 빌어서 해결될 일이면 작용반작용의 법칙 상 대성원리가 세사에 배어 있을까. 어제의 기운이 다르고 오늘의 기운이 달라 내일의 기운을 모를 일이라, 어제를 통해 오늘이 있고 오늘로 말미암아 내일이 있어 모든 기운이 나 하기 나름이다. 인연에 따라 바뀌는 기운은 내 행위에 따라서도 바뀐다. 어제의 일은 오늘에 와서 다르고, 또 내일이 되면 달라지는 것도 내 앞에 일은 내 앞의 인연에서 기인하기 때문이고, 모든 행위는 하나 되자는 것에 있고, 득보기 위한 것에 있다.

너를 위해 사는 법을 아는 자는 성현(聖賢)이라, 생면부지 인연과 하나 되어 살아간다는 게 어디 쉬운 일인가. 행위가 이로울 때서나 하나 되고자 하는 것이고, 우연인 듯 숙명인 듯 나의 아쉬움과 너의 아쉬움이 만나는 것도 이를 위해서다.

채워줄 수 있느냐가 너와 내가 만난 이유이자 공부다. 그것도 산속에서 이기의 조건과 아쉬운 조건이 만났다는 자체만으로도 기구한 운명이라 대자연은 이로움의 에너지를 끊임없이 생성하고자 모든 상황을 연출한다.

"대자연은 스스로 있는 기운이니라"

때가 되면 만나는 것이 인연이요, 필요하면 주어지는 게 방편이라 주고받는 순환원리를 깨우칠 때까지 너는 내 편을 들어줘서 좋고 너는 내 뜻과 다르니 안 좋다는 치우친 생각이 많은 장애를 일으켰다. 욕심이 불안초조도 함께 일으키지만 트리우마 때문일까. 자라보다는 솥뚜껑 보고 놀라 방어기제만 펼친다. 특히 가치관을 새롭게 정립하는 중이라 사고를 틀에 고착시킬 때마다 흐트러지는 것은 평상심이었다.

특이성향이라고 할까. 상처받지 않겠노라 각을 세워 움직이면 어찌된 노릇인가. 한순간에 관찰의 대상이 되곤 하니 말이다. 그렇다고 너는 나의 입장과 다를까. 부족하니 수행자라 그럴 수밖에 없는 상대방의 처지를 이해하지 못하면 바뀔 것은 없다. 한낱 무지렁이에 불과하여 지위고하가 주어지지 않았는데 대범함을 부각시켜봤자다. 왜 그럴까. 누구도 예외 없이 순간순간 부족함을 공부로 주고받기 때문이다.

특히 품은 내 앞에 일어나는 일들을 얼마나 이해하고 받아들이느냐에 따라 달리 적용되지만 생각을 열고 물질문명을 개척한 지식은 육생량을 담당하기 때문에 크게 적용되지 않는다. 대문을 열고 인연을 맞이한 이들에게 필요한 것은 하나 되는 정신량으로, 마음을 열면 찾아드는 게 지혜라, 쓰고자 한다면 얼마든지 쓸 수 있다. 즉 생각의 차원 지식보다 마음의 차원 지혜를 쓸 줄 아는 이들일수록 품성도 넓힐 줄 안다는 것인데 버느냐 쓰느냐 중에 어디에 초점을 맞추느냐에 품의 질이 다르게 나타난다는 것이다.

몰라서 못하는 것이나, 아는 만큼 이해하는 것이나 별반 다르지 않지만 모든 가치를 나만을, 나밖에, 나 아니면 안 된다는 식으로 부여하다 난관에 봉착한다. 이해할 수 없는 일, 이유 없이 일어나는 것일까. 일어나지 말아야 할 일들이 이유 없이 일어나겠느냐는 것이다.

그만한 이유가 있는 것이거늘, 개념 없다 소리는 뜻한 바와 같지 않을 때 하는 말이 아닐까 싶고, 실제 주고받는 행위가 이롭지 않으면 개념 없는 일들이 벌어지곤 한다. 득 될 성싶어 만나 득 된다 싶으면 다음을 기약하지만 되지 않을 것 같으면 득 될 성싶은 곳을 찾는 게 인지상정이다.

한편, 습관성 분노라고 해야 할까. 당했다 싶은 생각을 지우지 못하면 삭히지 못한 화가 온종일 부글거린다. 좀 과하다 싶은 행위로 사자가 될 때마다 가슴이 두근거리고 얼굴이 새까매지면 다시는 그런 일 없을 거라 곱씹으며 몇날 며칠 가슴을 쥐어짠다. 그러다가 유사한 상황이 발생하며 여지없이 걸려들고 마는데 참으로 환장할 노릇이다. 한계가 거기까지인가, 아니면 완전 연소까지 시간이 필요한 것인가. 그나마 다행이다 싶은 것은 상대를 탓하기보다 자신을 되돌아본다는 것이다.

물론 심화되면 문제겠지만 품성을 갖추는 하나의 과정이라 큰 탈은 나지 않는다. 고에 걸릴 때를 보면 분명 가치의 중요성도 알고 있고, 보호하는 방법도 알고 있지만 문제는 욕구불만이다. 내 뜻대로 해보려다 한순간 농락당한 그 기분을 말하는데, 병은 고치고자 함이지 고통을 주고자 하는 것에 있지 않듯, 표적을 받는다는 것은 나로 인해 주어지기도 하고 부메랑으로 주어지기도 한다. 부족한 것은 채우고 잘못된 것을 잡아 나갈 때 발전하는 것이므로 때론 자연스럽게 연출되기도 한다.

한편, 디지털 시대를 아날로그 세대가 이끌어 나간다면 모순은 끊임없이 발생한다. 시대가 앞서고 세대가 뒤처지면 돌연변이 사고가 극성부릴 것이고, 세대가 앞서고 시대가 뒤처지면 힘의 논리가 극성부릴 것이라 치우치면 살인마저도 정당화시키는 것이 인간이다. 세대가 앞서가고 시대가 뒤처진 힘의 논리 시대에서, 시대가 앞서가고 세대가 뒤처진 돌연변이 사고를 바로 잡아 나가야 할 시점에 육 건사 육생량을 부가시키는 게 전부라 육생만족을 인생행복으로 받아들였다.

육생량은 이기적 선천질량으로 정신량을 부가시킬 때까지 언제나 아쉽고 부족하여 힘의 논리가 자생하였다. 육생본능의 가치는 개인만족을 위한 것이고, 하나 된 인생량은 정신량이 부가되어 이로워 맞이하는 운용주체 입장이라 그 가치는 너와 함께하는 행복에 있다.

도(道)로 길을 밝히고 덕(德)으로 하나 되어 살아가야 하는 시대가 업그레이드 시대다. 업그레이드화할 수 없는 동물의 세계는 행복을 모른다. 본능적 만족을 채워주면 얼마든지 육생량만으로 길들일 수 있지만 행복을 추구하는 인간은 결코 길들일 수가 없다.

"어떻게 쓸 것인가"

허접한 딸깍발이가 제 잘난 멋으로 지난날을 살아왔었다. 받아온 육생의 기본금 덕택인데 제 잘난 멋에 도취되어 안하무인인데다가 없으면 비굴함도 모르고 굽실거린다. 품을 키우기도 전에 입을 먼저 키웠으니 언행일치 가당할까. 유세 떨고자 잘 보이기 위해 얼마나 척질을 해댔는지 모른다. 성이 차지 않아 책임 없이 벌인 일도 부지기수라 그러는 나는 네 눈에 차보기라도 했을까.

주제도 모르고 간섭했듯 욕심대로 부리려고만 들었지 너를 위해 한 뜸이라도 쓰는 법을 알기나 했나. 경솔함에 자가당착은 따 놓은 당상이라 행위가 이로워본들 생색내기가 전부일터 이런 유의 이들일수록 따가운 눈총을 받아도 육생량을 위해서라면 뭐든지 하는 거지근성에 사로잡혔었다. 개성이라 해야 할까. 본성에 인성이 부가되지 않으면 나밖에 모르는 짓을 한다.

인성은 됨됨이라 포장되지 않는다. 본성이 과대포장되면 자기만 손해라 서푼짜리도 안 되는 자존심을 방패삼아 지키려 하는 것이 무엇일까. 너를 위한 이로움일까. 나를 위한 이기심일까. 너를 위해 살아야 할 때 나를 위해 산다면 양과 양의 기운은 부딪치기 마련이라 상충의 표적은 재물에 가하다가 결국 육신으로 전이한다. 이리 살면 이리 된다는 본보기를 위해서라 가까운 주변만 살펴보더라도 유사한 이들이 꽤 있을 것 같다.

유유상종하니 내 앞의 인연이 내 모습과 다르지 않다. 본보기로 사는 이들을 위해서도 깨쳐야 할 것은 나를 위해 살 때와 너를 위해 살 때를 아는 일이다. 어린 육생시절과 성인 인생시절, 이기의 발로 육생량과 이타의 시발 정신량, 즉 설익은 내 생각을 내 안에서 발효시키지 못하면 이상증세를 보이듯, 발효를 위해 효모작용 일으키는 것을 정신량에 비유하면, 생각을 발효시켜 숙성시키는 절차는 인성함양에 비할 수 있고 또 생각의 차원은 어떻게 쓸 것인가로 바뀌는 과정이다.

발효는 숙성을 위해 시키고, 숙성은 이롭게 쓰기 위해 시키듯 수행은 발효의 과정이요, 인성의 숙성도 이롭게 쓰기 위한 과정이라 도량이나, 가정이나, 사회나 운용주체로 승화하기 위한 상황은 내 앞에서 전개된다. 특히 이로운 자는 존중하고 존경받아야 하므로 내 뜻대로 해보려 할수록 가는 방망이 오는 홍두깨 면치 못한다. 배려는 마지못해 해야 하는 경우도 있고, 손해 보지 않기 위해 하는 경우도 있지만 존경은 존중할 때 받는 법이다.

나만 그런 것인가. 처자식 먹여 살린다는 명분하에 물질만을 쫓았었고, 사는 게 전쟁이라 수틀리면 여지없이 등 돌려 적을 만들었다. 너 따로 나 따로 놀 때 짓는 한숨 골과 푹 파인 주름 골로 삶의 애환을 엿볼 수 있는데 아쉬워 찾아온 이와 함께하지 못해 패인 주름 골은 타박의 골로 바닥을 친 만큼 파였다.

너와 나는 억겁의 세월동안 만남과 이별이 반복되었다는 사실을 알까. 순수하게 받아들여 하나 되고자 했다면 정의로운 삶을 살아 갔을 텐데 안타깝게 티 없이 맑은 인의 존자가 탁한 인육을 쓰고 탁한 인간의 삶을 사는 순간부터 허물이 되고 말았다. 저승과 이승은 때(업)를 씻기 위해 오가는 차원이라 다르지 않지만 저승의 체계가 이승에 투영되었고, 이승의 집착이 저승에 고스란히 반영되어 티 없이 맑은 기운 찾아보기 힘들다.

삼라만상 이승에서의 행위가 티 없을 때 인의 빛은 해맑음이라 삼천대천 무형의 저승은 유형의 이승을 위해 쉬어가는 곳이자 에너지 충전을 위한 이로운 운용주체로 자리한다. 그만큼 인기가 인육을 쓰고 인간으로 살아가는 이승은 아쉬운 활동주체 차원으로 타박이나 해대면 상극상충만 일으킨다. 비록 탁한 삼라만상일지언정 탁한 기운을 맑히고자 자리한 방편이라 어떻게 쓸 것인가는 이승이 부여한 숙제요, 쓰임을 다하기 위해 저승에서 받아온 것이 육생의 기본금 사주라는 것이다.

아울러 육생량은 탁한 것이라 쌓이면 쌓일수록 부패한다. 때론 발효 후 숙성시키는 것도 있지만 쓰임을 달리하는 요소이고, 썩는다는 것은 소통을 위한 표적의 일환이다. 즉 무형의 저승이 부여한 사주 유형의 이승에서 하나 되기 위해 소비해야 하는 것으로 질량이 다른 것은 주고받고 함께하기 위한 것에 있다.

탁해진 만큼 관계는 이기적이고, 물질마저 탁한 아쉬운 육생량일 따름이라 채울 수 없다고 말해왔다. 아울러 정신량은 전체를 담당하고, 육생량은 부분을 담당하기 때문에 쌓아도 아쉬울 수밖에 없다. 나에게 필요한 것은 너에게, 너에게 필요한 것은 나에게 있기에 관계개선은 각자의 몫이지만 쓰임의 용도를 많이 아는 이들이 화합의 대안을 마련해야 한다.

　어떻게 쓸 것인가. 순수 운용주체 몫으로 사차원에서 받아온 사주의 질량만큼 하나 된 삶을 위해 지속적인 노력을 해나가야 한다. 육생량이 부족한 이들은 육생량을 위해 일하는 것은 당연지사, 많은 육생량을 할당받은 이들은 육생의 안위를 걱정하지 않는 만치 그 쓰임을 다하기 위해 꾸준히 노력해야 한다. 하나같이 너를 위해 살아야 할 때인데도 나를 위해 살다가 결국 실패의 나락으로 빠지지 않는가. 기본행위조차 못해 벌어지는 일이다.

　그러고 보면 본죄는 육생량 때문에 어쩔 수 없이 짓게 되는 것이라 응당 책임은 운용주체에게 더 크게 부가시켜야 하지 않을까. 원죄를 사하고자 인기가 인육을 쓰고 인간으로 살아가는 것이므로 죗값은 대자연(유일신)에게 치르기보다 내 앞에 인연에게 치러야 한다는 것이다. 언제나 감사의 대상은 내 앞의 인연이므로 이기적 육생행위 기도하며 살기보다 이타적 인생행위 상호상생을 일으키며 살아가야 한다는 것이다.

　저승으로 가져갈 수 있는 것은 무형의 정신량과 행의 공적이다. 아울러 소비해야 하는 것은 유형의 육생량으로, 아쉬워서 찾아온 인연의 소중함을 알아야 한다. 유의할 점은 경솔하게 손목만 잡고 가다 팔의 존재를 잊어버리는 것인데 자칫 덕행의 가치를 떨어뜨릴 수도 있다는 것이다. 이롭게 쓰는 일에 초점을 맞춘다면 싸우고, 충돌하고, 부딪치며 살아갈까. 어렵고, 힘들고, 고통스러움이 줄어드는 만큼 행의 공적은 쌓이는 것이라 욕심으로 정해 놓은 선에 억지로 맞추려 들다간 되레 육생살이 풍파를 면치 못한다.

8. 분수

인의 조절기능은 기분이요
자기 조절기능은 감정이고
관계 조절기능은 분수다
몰라서 괴로워하는 것인가.

어디에서든 그다지 부끄럼 타지 않고 비위 좋게 다가설 수 있는 방법이 없을까. 넉살 없는 이들은 경우에 따라 자기밖에 모르는 몹쓸 놈이 되기도 하고, 숫기 없어 용기 내어 호기부리면 잘난 체 하는 놈이 되며, 넘쳐나면 천하의 호래자식 대명사가 되기도 한다.

득 보자고 만나 얼마나 득 보느냐에 따라 반응을 달리 나타나는 것처럼 넉살과 숫기가 누구에게는 간사할 수도 있고 누구에게는 교활할 수도 있으며 누구에게는 없어서 불이익을 당할 수도 있다.

둘 다 정신량을 가미한다면 신뢰감 잃지 않는 호인(好人)이 되지 않을까 싶고, 육생살이 가장 값진 선물은 아쉬워 찾아온 내 앞의 인연이라, 기꺼이 반기어 하나 된다면 이보다 더 값진 삶은 없을 것 같다. 옷깃만 스쳐도 인연이라, 말이 통해야 인연이라, 사상이 같아야 인연이라 말하지만 아쉬워 찾아온 내 앞의 인연과 하나 되지 못하면 인연이라 할 수 없어 합의를 통한 화합과 사랑을 통해 행복영위는… 꿈같은 소리다.

수행(배움)은 자신을 낮추는 데 있다. 낮은 자세로 임하면 스스로 찾게 되는 것이 분수라 자기 주제에 걸맞은 행위를 하고 산다. 방편의 물질문명은 생각차원에 의해 건설해야 하고, 궁극의 정신문화는 마음차원으로 창조해야 하는 것처럼, 개인주의 힘의 논리 지식이 양산되는 만큼 하나로 융해하는 이로움은 지혜가 창출해야 한다는 것이다. 아쉬움을 들어주고자 했을 때 발휘되는 것은 지혜이고, 후회는 네 아쉬움을 채워주기보다 내 이득을 챙기려 할 때 하게 되는 것이므로 아쉬운 을의 입장을 무시한 이로운 갑의 희망만을 권고해서는 안 된다.

뭔가 특별한 것이 있진 않을까 기웃거리는 것도 자기만의 희망

사항을 찾는 중이라 이때에도 분수를 알아야 찾아들어 간다. 들고 남이 음양이듯 묻고 답함도 음양이며 특별하고 하지 않음도 음양이다. 즉 쓰임에 따라 가치가 달리 나타난다는 것인데 일상다반사로 쓰이는 경우에도 특별할 수 있을까. 분명 누구에게는 이로울 수도 있고, 해로울 수도 있으며, 특별할 수도 하지 않을 수도 있다. 인연의 연속이 곧 삶의 연속이라 평범한 인연일지라도 하나로 어울린다면 특별하다 할 것이고, 특별한 인연이더라도 어울리지 못하면 보통보다 못하다 할 것이다.

이와 같이 특별한 만남도 그렇고, 극적인 만남도 그렇고 만남 그 자체가 이로움에 대한 기대치로서, 이롭지 않으면 못 미친 것이므로 실망감을 드러내게 된다. 여기에서는 누가 아쉬운 활동주체 이냐보다 누가 더 이로운 자인가부터 살펴야 한다. 하나 되는 것은 나의 몫이기도 하지만 이로운 자의 몫으로서 지속된 만남은 얼마나 주고받을 수 있느냐에 달려있다.

절망, 좌절, 실의, 낙담 등은 뜻하는 대로 되지 않을 때 하게 된다. 네게 득이 된다고 내게도 득이 될까. 네가 한다고 나도 할 수 있느냐는 것인데 주고받은 결실은 득 됨에 있듯 이롭지 못해 사자가 되어버린 너를 사랑해야 하는 것도 내게 더 득이 되어서라고 할까. 뜻한 바를 이루려는 것도 새로운 희망을 보았기 때문이라 운용주체에 올라 쓰임을 다하지 못하면 돌이킬 수 없는 실패의 늪에서 헤어나기 어렵다.

"공부는 마장을 끌어안고 하는 법이니라"

한편, 서당개 3년이면 풍월을 읊는다고 흘러간 세월 미루어 보아 변화가 있으리라 생각했었다. 나름 문리가 터지고 이지가 밝아지지 않았나싶어 모든 걸 포용해 나갈 것 같은 생각이 들곤 할 때가 있었다. 문제는 항상 전혀 예상하지 못한 곳에서 터졌으니 분수를 몰라도 너무 몰랐다. 터진 곳은 곪아 터트려야 했던 곳으로 수술이 불가피했으며 불편한 심기 매 마찬가지라 안하무인의 건방으로 독선에 빠진 나는 아상만 키우지 않았나 싶다.

부딪침의 근본을 알고 있다 내심 자부했던 터라 어떠한 경우에도 시험에 걸리지 않을 것이라는 자만심이 꽉 차 있기도 했던 모양이다. 얼마나 됐건, 얼마나 도술의 경지에 올라섰건 진화발전은 만남에서 지속되는 것이므로 크고 작은 부딪침이 일지 않을 수 없다. 단지 경중의 차이가 다르고 이해의 품이 달라 겉으로 드러나지 않을 따름이다. 이렇듯 수행 기간과 상관없이 분수를 모르면 아상의 턱을 넘지 못해 곤욕을 치른다.

과연 수십 년 길들여진 습성을 바꾼다는 자체가 쉬운 일일까. 마장은 이로 인해 찾아드는 것이고, 유형의 인간계(人間界) 차원이건 무형의 신계(神界) 차원이건 그럴만한 이유로 찾아드는 인간사 마장의 원인을 밝히는 일은 그리 어렵지만은 않다. 정작 낮은 자세로 임하겠다고 원을 세운 수행자에게 마장이 찾아들지 않는다면 그 누가 원인을 밝힐 수 있을까. 이승의 인간계와 저승의 신계가 음양으로 한 팀을 이루어 나간다는 사실을 과학적으로 증명하기도 어렵거니와 유형무형 저승과 이승이 유무상통(有無相通)할 때 뜻을 이룬다는 사실까지도 부정하는데 말이다.

물론, 행실이 바르다면 큰 문제가 나겠느냐만 바르다는 정행을 모르는 터라 싸우고, 충돌하고, 부딪치는 송사에 말려든다. 오늘날까지 다르다는 착한 선행이 바르다는 정행을 대신해온 바람에 어렵고, 힘들고, 고통스러움에서 벗어나지 못하고 있으며, 여기에 그르다는 치우진 사행까지 가세하여 상극상충을 부추긴다. 내 앞의 인연과 하나 되는 일도 유무가 상통하는 일로서, 내 안에 자리한 나의 차원 생각은 사랑과 합의를 위한 것에 있고, 너의 차원 마음은 행복과 화합을 위한 것에 있다. 현상계도 너와 나를 연계할 신계와 인계가 공존한다.

조건과 조건이 만나는 것도 화합을 일으키기 위한 것에 있듯 너와 내가 만나 사랑하는 것도 행복을 영위하기 위한 것에 있다. 그렇다면 궁극에 도달하기까지 찾아드는 고통은 과연 보이지 않는 신계에서 일으키는 일일까, 아니면 보이는 인간계에서 일으키는 일일까. 합의나 사랑이나 뜻을 하나로 모으기 위한 행위이라 표적은 뜻을 이루지 못할 때 주어지는 것으로 그 책임은 나에게 있지 너에게 있지 않다는 것이다.

물론, 이로워서 맞이하는 운용주체의 책임이 가장 크지만 아쉬워서 찾아간 활동주체도 채워진 아쉬움만큼 이로운 행위를 다했느냐는 것이다. 이쯤 되면 쌍방의 문제가 야기될 터, 손잡고 나가면 표적이 주어지더라도 농도가 얕아 충격은 그다지 크지 않다. 기실 크고 작은 마장은 화합의 원천이라 만백성을 위해서라도 군주가 모르면 신하가 일깨워줘야 한다.

"마장이 없으면 공부가 되기나 하겠느냐"

싸우고, 충돌하고, 부딪치는 자체가 인간계에서 일으킨 불협화음인데도 주된 원인이 신계에 있는 것처럼 조상 탓이나 해댄다. 게다가 인간의 역사 이래 오늘에 이르기까지 형상 앞에 빌어 왔는데도 불구하고 요 모양 요 꼴 면하지 못했다면 기복 자체를 의심해봐야 하지 않을까. 정작 빌어야 할 대상은 음의 신계가 아니라 하나 되어 살아가지 못한 양의 인간계 인연들인데 말이다.

누구나 할 것 없이 육생의 기본자리에 오르면 이로운 운용주체에 걸맞은 행위를 다해야 한다. 올라섰으니 필시 도와준다는 의미의 간판을 내걸 터이고, 분명 이를 보고 아쉬운 이들은 도움받기 위해 찾아올 텐데 혹여 불러들이고 호주머니만 노린다거나 운용주체 행실이 이롭지 못하면 고생하는 쪽은 아쉬워 찾아온 활동주체다. 누구의 책임이 큰 것일까. 찾아오면 도와주겠다고 부른 오너가 더 큰 것인데 당장 필요한 게 이기의 육생량이라 궁지에 몰리는 것은 활동주체이니 우스꽝스러운 현실이다.

잘되면 내 탓 못되면 조상 탓하는 것과 운용주체가 활동주체에게 책임을 전가시킨 것과 다르지 않아 합의를 통해 화합을 이루어 나가기까지는 육생의 힘 앞에 아쉬움은 기를 펴지 못한다. 제자는 스승의 연을 잘 맺어야 하는 것처럼 사원도 오너를 잘 만나야 한다. 과연 스승도 찾아가서 잘난 제자를 만나야 하고, 오너도 찾아가서 잘난 사원을 잘 만나야 하는 것일까. 또 그리해서라도 만날 수 있다면 얼마나 좋겠느냐만, 스승과 오너는 이로워서 맞이하는 위치라 아쉬워 찾아오는 이들을 선택할 권리가 부여되었고, 아쉬워 찾아가는 이들의 선택권은 육생의 아쉬움에 묻혀버렸다.

스승과 오너는 운용주체요, 제자와 사원은 활동주체다. 물론 대가를 지불하고 배우는 입장이라면 응당 선택할 권리가 주어지지만 이외에는 아쉬운 입장이라 변함없다. 그러나 가치와 개념이 바로 선 자라고 한다면 아쉬워서 찾아간다한들 쌍방의 미래를 책임질 사안이라 면접은 상호간에 보는 입장임을 명심해야 한다. 삶을 육건사 육생살이에 국한시킬 것이냐 정신량을 부가시킨 인생을 살아갈 것이냐가 향후 삶의 질을 달리해 나가기 때문이다.

한편, 흡수하는 자라 잣대를 들이대지 말아야 하는데도 무엇이 못미더운 것인가. 공부의 깊이가 깊어지는지 몰라도 언행일치의 고민에 이따금씩 빠진다. 스승의 거울은 제자요, 제자의 본바탕은 스승이라 하건만 그 무엇을 채우지 못한 듯한 허전함 때문인가. 가르침만큼이나 행위도 그에 못지않았으면 하는 바람을 가지는 시간이 갈수록 늘어난다. 그러다가 진짜 못 미치는 것은 아닌가라는 생각에 사로잡힌 어느 날 극도의 실망감에 빠졌다. 어느새 그렇게 공부는 극한까지 치달은 모양이다.

따른다는 것은 신뢰요, 함께한다는 것은 미더움이라 활동주체는 은연중에 운용주체를 닮아간다. 즉 무엇을 배우는가도 중요하지만 가르치는 자의 품성도 못지않게 중요하다는 것으로 전도몽상(顚倒夢想)이라 물질에 빠지면 물질의 노예가 되듯 세 치 혀에 빠지면 결국 세 치 혀에 농락당하기 마련이다. 육생량 활동하는 활동주체 사이에서도 주고받고 들고나는 신용을 제일로 치는 판국인데 그것도 정신량을 논하는 운용주체 행실이 그러하다면 배우는 활동주체의 실망감은 어떠할까.

"못났으니 공부하는 것이 아니겠느냐"

스승의 그림자도 밟지 마라하였거늘 분수를 몰라 그러는 것인가, 시간이 흐를수록 은근히 관찰의 대상으로 삼기도 했다. 신나게 놀아도 시원치 않을 판에 초발심을 어디에 팔아먹은 것일까. 주제를 몰라 건방이 하늘로 치달아서 그런 것인가 아니면 바르다는 정(正)과 다르다는 선(善)과 그르다는 사(邪)의 분별을 막바지에 심어주기 위해 대자연이 벌이는 일인가. 바르다는 정(正)은 후천의 인성이라 머리로 차갑게 받아들여야 할 것이고, 뜻 정(情)은 선천의 본성이라 가슴으로 뜨겁게 받아들여야 할 것이라 마장은 아닐지 모르겠다. 인의 조절기능은 기분이요, 자기 조절기능은 감정이고, 관계 조절기능은 분수다. 몰라서 괴로워하는 것인가.

기분, 감정, 분수 세 가지 기능을 제어하지 못하면 파렴치를 넘어 배은망덕도 유분수라 욕하지 않겠나. 아상과 독선과 몽상을 떨쳐내려 몸부림쳤다. 기실 수행의 첫물의 마장이라면 기쁘게 받아들여 공부로 승화시키겠지만 끝물의 마장이라면 공부됨이 없다는 소리와도 다르지 않아 정신량은 이내 곤두박질친다. 진정한 스승은 온몸으로 가르치고, 참된 스승은 스스로 깨우치기를 간절히 바라는 바라 부족하니 수행자요, 못났으니 공부자라는 사실을 망각하지 말아야 하는데 망각한 것은 아닌지 모르겠다.

바르다고 말하는 정(正)의 분별을 위해 잘됐다는 것도 받아들이고 잘못됐다는 것도 받아들여야 한다. 물론, 잘됨과 잘못됨도 본성에 인성을 부가시켜 이성이 흐트러지지 않은 상태에서 끝까지 들여다봐야 아는 일이겠지만 도중에 잣대를 들이밀면 다르다는 선(善)의 차원에 머무르게 되므로 yes-no, 맞고-틀리다, 기다-아니다식의 답변을 절대 삼가야 한다. 특히 자기 논리를 주입시키는 순간 치우친 사(邪)의 차원으로 흐르기 때문에 좋을 게 없다. 혹자는 경험을 토대로 길을 제시하는 훌륭한 스승들이 도처에 있다고 말하는 이들도 심심치 않다.

이는 반복 숙달 도제교육이거나 전문의 양성 생각차원 지식의 부분이거나 이기의 육생량 개척을 위한 일이라면 얼마든지 가능하다. 이에 인성까지 함양한다면 육생의 운용주체로서 선망의 대상이 아닐 수 없다. 문제는 마음차원 지혜로 전체를 주관하는 이로운 정신량이 아니라 아쉬운 육생량 부문에 국한되어 스승이라기보다 선생에 가깝지 않은가 싶은데 스승은 마음차원 지혜를 일깨울 지도자에게 붙여야 하는 거룩한 존칭이다.

군군신신부부자자(君君臣臣父父子子). 왕은 왕다워야 하고, 신하는 신하다워야 하며, 아버지는 아버지다워야 하고, 자식은 자식다워야 한다. 예컨대 왕이 운용주체 덕목을 바르게 알고 행할 때 신하도 활동주체의 도리를 다하게 된다는 것이다. 아버지가 운용주체의 도리를 다하면 자식도 활동주체의 행위를 다한다는 것인바 운용주체와 활동주체의 관계가 『논어』 「안연」 편에 나와 있다.

학생을 위한 선생의 덕목은 육생의 전문지식을 전수하는 데 있다면 정신수행자 스승의 덕목은 인생의 정신량을 이수시키는 일이므로 정신량 운용주체는 그 무엇보다 가르침과 행동이 일치해야 한다. 말 따로 행동 따로 훈장님에게 배우면 어떻게 될까. 나밖에 모르는 행위로 위세 떨 텐데 불어 닥칠 풍상고락 어찌해야 할까.

"무얼 그리 아는 것이 많아서 그러느냐."

성인군자가 되었다고 마장이 찾아들지 않을까. 뛰어넘지 못해 당하는 고통을 미화시켜 없는 것처럼 보일지 모르나 궁극으로 가야 하기에 그 누구도 예외는 없다. 단지 범인(凡人, 인간)을 넘어 성인(사람)의 반열에 들어선 것일 뿐, 인연이 찾아드는 한 진화발전을 위한 마장은 끊임없다. 물론, 범인의 마장은 싸우고 충돌하여 부딪침을 온몸으로 표출시키지만 성인에 가까워질수록 내 안에서 승화시킨다는 점이다.

나름 성인이라 자부하더라도 육생의 지식을 많이 쌓아 두었느냐, 인생의 지혜를 찾아 쓸 줄 아느냐에 따라 질량이 다르고, 또 육생지식은 물질 관련 부문이라 겉으로 드러나게 되어 있고 인생지식은 인간관계 사안이라 겉으로 드러나지 않는다는 것이다. 물론, 됨됨이야 배양에 따른 일인지라 안팎으로 들고나는 행의 차원이 다르다. 아울러 인생지혜는 너를 위할 때 쓰이는 정신량으로 쌓아둘 수 있는 그 무엇이 아니다. 때문에 육생지식을 쌓아두고 살아가는 지식인일수록 범부에 가깝다 할 것이고, 인생의 지혜를 찾아 쓰고자 하는 이들일수록 성인에 가깝다 할 것이다.

한편, 천지도 모르고 살아왔던 지난날, 고작 역서(易書) 몇 권을 훑어보고 겁도 없이 남의 운명을 논하다가 뜻밖에 신통하다는 소리 들었을 때는 이미 신(神)이 들어와 있을 때였다. 그 무렵 지적(知的)으로 노는 이들에게 꿀리기 싫어 온갖 잡서를 닥치는 대로 읽었는데 참으로 신기한 노릇은 방금 읽은 내용조차 전혀 기억하지 못한다는 것이고, 별다른 뜻 없이 툭툭 내뱉은 말들로 '용하다', '신통하다'는 소리를 들었다는 것이다.

이러한 전례 때문인가. 모난 돌이 정을 먼저 맞는다는 소리를 수 없이 들으며 생활하던 어느 날 운명상담 해주던 이를 도량에서 만났다. 그 순간을 무어라 표현해야 할까. 투명인간이 되었으면 하는 생각뿐이었다. 그날 이후부터 한마디 할 때마다 각을 세운 것은 아닌가, 혹 척을 해대는 것은 아닌가를 습관처럼 되돌아보기 시작했으나 부정이 부정을 낳는다고 아니나 다를까 여전히 척 하는 놈에서 벗어나지 못한 것 같다.

무엇이 불통을 일으키는 것인가를 알고자 한다면 내 생각의 흐름과 내 앞에서 벌어지는 관찰하면 된다. 내 욕심에서, 나를 위해, 내 뜻대로 해보려다 일으키는 사실을 알 수 있을 터이니 말이다. 이따금 과거의 인연이 들르곤 할 때마다 우스갯소리로 글문이나 점사나 약도 등의 작은 도술이라도 부리게 되면 태반이 하산하는데 무슨 연유로 들어왔느냐고 하던 말이 생각난다.

육갑(六甲)조차 짚는 법이 생각나지 않는다. 용신(用神) 잡고 대운(大運)과 세운(歲運)을 어찌 논할 것인가. 완전 먹통된 상태라 떠올리는 것조차 엄두가 나지 않는다. 기억이라고 해봐야 하루 세끼 밥 먹고 잠자고 그저 관찰의 대상이 되지 않으려고 발버둥 치는 것 이외를 떠올릴 수가 없었다. 생활이 단순하다 보니 오죽하면 칫솔에 테이프를 감아 놨겠으며 통성명한 인연 기억 못하는 일이 다반사라 괜한 오해를 사기도 했다.

혹여 치매가 아닌가 의심도 해보았지만 수행한다 약속했고 공부의 원을 세웠기에 기운이 바뀌었던 모양이었다. 외우지도 기억하지도 못하는 지경에까지 이르렀으니 말이다. 단순함 때문인가. 간단명료하게 일을 처리하더니 일어나고 벌어지는 일을 수긍하고 이해하고 품어 안으려 들었다. 특이한 점은 까마득하게 잊힌 일들이 유사한 상황이 전개되면 주마등처럼 스친다는 것이다.

요컨대 이승에서 인기가 인육을 쓰고 인간으로 살아가는 것은 저승과의 공조로 가능한 일이고, 활동주체 아쉬운 인간은 운용주체 이로운 신과의 뜻이 일치할 때 받아온 역량을 발휘하게 되는 것이라 개인 의지에 따라 인류공영 기여도가 달리 나타난다. 즉 나를 위한 아쉬운 이기의 생각과 너를 위한 이로운 이타의 마음작용이 일치할 때 일어난다는 것이다.

물론, 정신량 운용주체 하기 나름에 따라 육생량 활동주체 행보가 달리 나타나지만 업그레이드 시대에 들어서 활동주체 의지에 따라 운용주체 의지 여부가 달리 나타나기도 한다. 노사관계가 바로 그것인데 선천의 육생량으로 이기의 물질문명을 활동주체가 개척하였다면 운용주체는 물질문명 토대로 후천의 정신량을 창출하여 이타의 인생문화를 창출해야 한다는 것이다.

선천적 육생량 개척을 위해 살아가는 양기 활동주체에게 동적차원 지식과 힘을 생각차원에 더 부가하였고, 후천의 정신량 창출을 위해 살아가야 하는 음기 운용주체에게는 정적차원의 덕과 지혜를 마음차원에 더 부가하였다. 만약 정적 운용주체가 동적 활동주체 삶을 살아가야 하는 지경에까지 몰렸다면 소임을 저버린 대가로 싸우고, 충돌하고, 부딪침을 면치 못할 것이다.

특히 컴퓨터가 보편화될 즈음(1988년 전후)에 양성평등 부르짖는가 싶더니 점차 여성인권에 무게가 쏠리자 여성상위 시대를 거론하기에 이르렀다. 인류의 역사는 선천질량 육생살이 힘의 역사다.

육 건사를 위해 이기적 생각의 지식을 바탕으로 활동주체 남성들이 육생량을 개척해왔기 때문에 이타적 마음의 지혜를 바탕으로 살아가는 운용주체 여성들은 힘에 눌려 억압의 세월을 살아왔다. 왜 그래야만 했던 것일까. 양(陽)의 에너지원이 음(陰)인 것처럼 활동주체 지식에 필요한 자원은 운용주체 지혜이고, 이기의 육생량에 필요한 에너지는 이타의 정신량이므로 이를 적시적소에 공급해 주었느냐에 따른 문제에서 발생했다.

만약 육생량을 추구하는 활동주체 양기에게 필요한 에너지 정신량을 부여했다면 응당 여성이 상위였을 텐데도 불구하고 양성평등을 부르짖어야할 이유가 있을까. 물론, 이를 가르치는 교육기관도 없었거니와 있다한들 순종의 미덕을 종용할 뿐이라 안팎으로 필요한 내조가 오늘날까지 정립되지 않았다. 1안은 2안을 위해 있듯, 운용의 정신량도 활동의 육생량을 위한 것에 있고, 음기도 양기를 위한 것에 있듯 이로움은 아쉬움을 위한 것에 있다. 주고받고 들고 남이 음양이라, 여성은 정신량 운용주체로서 육생량 활동주체 남성에게 에너지 충전을 시킬 때 양성평등을 넘어 평가절하된 여성 상위의 삶을 보장 받는다.

"분수는 네 자신을 아는 일이니라."

내 뜻대로 해보겠다는 심사는 악성생활 장애증후군이다. 이를 완쾌하기까지 자기 셈법 들이밀다 곤욕을 치르는데 문제는 나를 위한 짓인지 아니면 너를 위한 짓인지 분별이 쉽지 않아 가랑이 수십 번 찢어졌는데도 시원치 않았다는 것이다. 자기 주제도 모르고 날 뛰는 착한 심성 때문이라고도 하지만 너라고 다를까. 입을 뗄수록 드러나는 것은 우매함이요, 불통 때마다 드러나는 것은 부족함이라 어떻게 해야 할까.

어렵사리 가까워졌으나 습관처럼 짖어대는 입방아로 다투어 멀어질 바에야 차라리 가까워지지 않는 것이 좋을 법하다. 눈빛만 봐도 통하는 사이라고 자랑할 때는 또 언제인가. 그러다가 크게 한방 터지고 나서 하는 소리는 내가 너에게 어떻게 했는데 그럴 수 있느냐는 식의 타박이 태반이다. 이로울 것 같아 만나 이로울 것 같아 보이던 호감정을 유지할 수는 없는 것인가.

대우주 운행주체 핵심원소 인기(人氣)가 이승과 저승을 오가는 것이나, '성주괴공(成住壞空)' 생성되어 존재하다 무너져 공으로 돌아가는 것이나, '생주이멸(生住異滅)' 생겨나 머물다 변화하여 소멸하는 것이나, 진화발전을 위한 것이므로 싸우고, 충돌하고, 부딪치는 과정은 다르나 결과는 다르지 않다. 하지만 육생의 힘으로 이끄는 차원과 정신의 지혜로 주도해 나가는 차원은 엄연히 달라 '공멸(空滅)' 완전히 없어지는 것과 거두어 저장하여 이른 봄을 기약하는 '수장(收藏)'과는 본질이 다르다.

인연은 하나 되고자 짓고, 허물은 가까워지기에 보이며, 품어 안을 때 하나 되는 것이라 네 허물은 내가 갚아야 할 빚이요, 내 허물은 네가 청산해야 할 빚으로 가까워지지 않고 주고받을 방도는 없다. 싸우고, 충돌하고, 부딪치는 것도 먼저 받겠다고 나대다 받는 쌍방의 표적으로 등지면 무엇도 하지 못한다. 주고받기 위해 인연 짓는 것이므로 가장 가까운 빚이 고리관계 천륜지간 부모자식이요, 두 번째가 지륜지간 부부이며, 세 번째는 인륜지간 지인으로, 먼저 주고 후에 받는 선순환 법이 적용된다.

그러고 보면 웃으며 만나는 것은 빚 받기 위한 것에 있음을 알수 있다. 인상 쓴다면 받아주지 않을 터 가장 사랑스러운 얼굴로 마주하는 것은 일생의 관계를 맺는 일로서 어마어마한 일이 아닐수 없다. 웃으면서 주고받고 살아간다면 어려운 일 뭐가 있을까마는 남아야 장사하는 것이고, 밑지고 살아갈 수 없는 게 육생살이인 만큼 남은 과제는 쌍방 이득을 어떻게 남기느냐에 있다.

끼리끼리 만나는 데서부터 육 건사 육생살이 시작이요 하나 되면 인생살이 시작이라, 이기의 육생량으로 만족을 추구하며 이타의 정신량으로 행복을 지향한다. 즉 육생량으로 느끼는 것은 내 욕심의 만족이고, 내 앞의 인연과 영위하는 것이 행복이라는 것이다. 대부분 이기의 육생만족을 이타의 인생행복으로 착각하여 분수도 모르는 짓거리를 하다 받는 표적이 싸우고, 충돌하고, 부딪치어 어렵고, 힘들고, 고통스럽게 사는 일이다.

"음양, 하나에서 둘로 분리된 것이니라"

0의 차원 그 하나에서 분리된 홀수짝수 음양개념은 인간논리일 뿐이다. 하늘(天)과 땅(地), 물과 육지, 산과 들, 남(♂)여(우) 요(凹)철(凸) 등으로 나뉜 음양에서 기인한 선천적 유형의 만물은 이기의 육생량으로 양기 활동주체가 개척할 부분이라고 한다면, 후천적 무형의 정신은 이타의 인생량으로 음기 운용주체가 창출할 사항이라는 것이다. 다시 말해서 선천적 힘의 육생량은 아쉬움이라 후천적 덕의 인생량 이로움으로 가기 위한 방편 정신량을 마련한다면 음기 운용주체와 양기 활동주체가 하나 되는 일은 그리 어렵지 않다는 것이다.

혼돈은 선천질량에서 비롯된 육생물질문명을 인생정신문명으로 받아들여 빚는다. 특히 이로운 정신량은 아쉬운 육생의 인프라가 구축된 후에나 창출 가능하고, 혹여 그 전에 마련했더라도 활동주체 육생 안위 범주에서 벗어나지 못한다. 바르다고 말하는 정(正)은 다르다는 착한 선(善)의 모든 행위를 알 때 정립 가능한 차원인 것처럼, 다르다는 착한 선은 그르다는 치우친 사(邪)의 모든 행위를 알 때 분별 가능한 것이라 컴퓨터가 보편화되는 시점부터 육생량을 토대로 정신량을 마련해 나가야 했다.

지구촌 구석구석 지식의 질량이 컴퓨터에 차곡차곡 쌓이면서 치우친 사와 착한 선의 차원이 드러나자 유리알처럼 투명한 시대를 맞이하기에 이르렀다. 그러나 이는 또 다른 인과관계를 유발할 따름이라 나 하기 나름에 달리 나타나는 작용반작용의 법칙 상대성 원리를 증명하기에는 역부족이다. 치우친 사와 착한 선을 통해 바르다는 정의 질량은 마련 가능한 것이라 개인만족과 인연맞이 이기의 육생량에 불과하다는 것을 알 수 있고, 하나 되어 살아가기 위한 질량은 이타의 정신량임을 알 수 있다.

육생살이 동물이야 육 건사가 전부인지라 음양화합도 종족번식을 위한 육생성행위화합이 전부이고, 사람으로 승화되어 사람답게 살아가야 하는 인간에게는 육생성행위결합은 한낱 방편에 불과할 따름이다. 아쉬운 육생량으로 인연 맺고, 이로운 정신량으로 하나 되어 사는 게 진정한 음양화합으로, 0의 차원 하나에서 왜 둘로 분리되었는가는 인류에게 던져진 화두이자 신앙이 풀어야 할 숙제다. 오늘날까지 신앙은 선천적 육생살이 육생량을 담당해온 만큼 업그레이드 시점부터 종교로 승화되어 후천적 인생살이 정신량을 담당해야 하는데 육생 안위에 치우치다보니 정신량 마련에 큰 차질을 빚고 있다는 것이다.

한편, 너를 위한다고는 하지만 내심 나를 알아달라는 행위가 전부인 것 같다. 생각이라고 해봐야 나를 위한 것들뿐이라 자칫 하다간 눈 밖에 나기 십상이다. 그런데도 내 방식이 네게도 맞을 것이란 생각을 떨치지 못했고, 물론 알고 하는 이는 없겠지만 모르고 하는 이도 별로 없을 것 같다. 나보다 내 자신을 잘 아는 이가 또 있을까. 누구보다 너 자신에 대해 잘 아는 이도 너 자신일 터인데 탐색전이 끝나면 분수도 모르고 나댄다.

기쁨 속에 보는 세상과 슬픔 속에 보는 세상이 다르듯, 고통 속에 보는 세상은 또 다를 터인데 서로를 잘 안다 싶을 때쯤이면 똥 묻은 개가 겨 묻은 개를 나무라듯 보여주기 행위로 놀고 있다. 물론 정일 수도 있고, 연민일 수도 있으며, 함께하자는 포용력일 수도 있지만 얼마 안 가 고에 걸려 부딪치는 게 문제라는 것이다. 육생살이가 전부면 환자가 병자를 도와도 무어라 할까. 인생살이 인간의 표적의 의미를 모르면 위로라면 모를까 상처만 남는다. 즉 탁한 기운이 탁해진 기운을 어찌 맑힐 수 있겠으며 있더라도 한순간 모면일 따름이라 자신의 병부터 치유해야 하는데도 불구하고 그놈의 아상 때문에 사단이 난다.

"무엇을 요구할 권리 누구에게도 주어지지 않았느니라"

저지레는 분수를 몰라 떤다. 부딪칠 때마다 추잡한 꼬락서니를 보았다면 부질없는 자존심에 상처받지 않을 텐데 버팀목 삼아 버팅기면 결국 응분의 대가를 치른다. 벌어지고 일어나는 일에는 그만한 이유와 원인이 있을 터인데 유사상황이 전개되면 타박을 일삼는 악습이 되살아난다. 이때 '하필이면 또 나야'라든가 '재수에 옴이 붙어 그랬다'는 식으로 운이 없어 당한 일인마냥 핑계로 합리화시키려 든다면 누구에게도 조건을 나쁘게 주지 않는다는 사실을 모른다.

본성에 인성을 부가하지 못할수록 존중은 언감생심, 특히 배려조차 손해라는 생각을 떨치지 못하는 날에는 권리를 빙자해 생색내거나 압도하려 든다.

그 무엇도 요구할 권리가 주어지지 않았는데 이성을 잃는 순간 여지없이 군림하려는 모양새다. 입장 바꿔보자 말하는 데도 입장 바꿀 생각을 하지 않는 것 같다. 분을 삭이지 못할수록 억울하고 답답한 일만 터진다. 본분을 저버릴 때마다 드러나는 환부는 원인을 밝히기 위한 과정이라고 할까. 물론 순수 집도를 위한 것으로 비우고, 맑히고, 채우는 중이라 곪은 부분은 여지없이 불거져 나오게 되어 있다는 것이다.

인원이 많고 적고의 따른 문제가 아니다. 오장육부 기능이 저하되면 소화장애를 일으켜 육신이 병들고, 인간관계가 저하되면 소통장애를 일으켜 육생살이가 고달픈 것처럼 장애는 고통보다 치유하기 위해 드러난다. 그리고 하나같이 이해와 관용이 부족해 벌어진 일이라는 사실을 잘 알면서, 당최 아는데 왜 뻘짓을 해대는 것일까. 고작 빨대구멍으로 하늘을 쳐다보는 주제에 노련한 이해자인냥 굴고 있다. 지금 여기에서 너나 나나 별반 다를 바 없다. 빈 깡통인데 꽉 들어찬 것마냥 척 하기에 바빴으니 초발심은 자존심에 말아먹었다.

마칠 때까지 알아도, 들어도, 보아도 몰라라 했건만 시간이 흐를수록 진짜 바보가 되어보지도 못한 채 똑똑한 바보가 되어 독선을 자존감으로 둔갑시켰다. 끝날 때까지 끝난 게 아니라고 했건만 마치기도 전에 마친 것처럼 굴었으니 허장성세가 대단하다. 바닥을 그리 쳤어도 정신적 육체적 고통이 아만의 그늘에 가리기라도 하는 날이면 서슬 시퍼런 아상의 날을 세우는데 그나마 다행이다 싶은 것은 분별가능하다는 것이다.

그런데 육생량을 더 가지려는 것이 욕심일까, 정신량을 배제하고 너를 내 뜻대로 해보려는 것이 욕심일까. 선천의 육생량으로 인연 짓고 후천의 정신량으로 하나 되어야 하므로 아쉬워 찾아온 너를 뜻대로 해보려는 것이 욕심이지, 육생량을 더 가지려는 게 욕심이지는 않다. 직분이 높으면 높을수록, 재물이 많으면 많을수록 그에 걸맞은 인연이 찾아오기 마련이라 이보다 더 좋은 방편이 있을까. 문제는 이롭게 쓸 줄 모른다는 데 있다.

따라서 권력과 재물 소유욕을 욕심이라 말하지 않는다. 아쉬운 너보다 이로운 나를 위해 쓸 때 무소유를 부르짖었음이라 아쉬워서 찾아온 너를 위해 쓸 줄 안다면 어찌 욕심이 될 수 있겠으며 가당치도 않은 무소유가 왜 만들어졌겠는가. 기본금으로 받아온 사주를 자신을 위해 쓰기 때문에 욕심이라 불렀으며, 쏠림의 주범이라 무소유를 거론했던 것이다.

한편, 끊임없이 의심하고, 고민하고, 성찰을 위해 되물어 볼 수 있는 이들이 얼마나 될까. 인정하고 받아들이는 풍토가 조성되면 그리 어렵지 않은 일이나 문제는 그르고 다른 차원을 넘어 바르다는 길을 제시할 선지식이 얼마나 있느냐에 있다. 신을 종용하는 이상 가르침은 육생 안위에 머물 것이고, 사람으로 승화되어 사람답게 살고자 한다면 인생 안위에 다다를 것이라 물질문명의 가치추구는 정신문명 창달을 위한 것이라는 사실을 깨치기만 한다면 자문자답 되묻는 질문은 어렵지 않다.

또 권좌에 앉고 물질의 풍요를 누린다고 해서 삶의 질량을 채운 것일까. 이제부터 시작이라 정치인이 되었다고 해서, 경제인이 되었다고 해서, 인기스타가 되었다고 해서 성공을 거론하면 곤란하다. 육생을 넘어 인생을 보지 못하여 술과 노름과 마약과 섹스에 빠져 태반이 절망에 이르는데 인생량의 가교 정신량 마련에 심혈을 기울인다면, 실수라면 모를까 실패하지 않는다. 기본의 자리에 올라 기본 행보를 모를 때 하게 되는 것이 나락이라 욕심과 무소유의 깊이를 생각해 볼 일이다.

아울러 너와 나에게 부여된 조건은 소통과 상생을 위한 것이라 묶이거나 머물면 불통으로 이내 썩는다. 사랑은 아쉬운 이들의 조건과 조건이 만나 득 보기 위해 하는 것이고, 행복은 아쉬움과 이로움이 소통할 때 맛보는 차원이라 어떻게 쓸 것인가, 어떻게 할 것인가를 실체적으로 끊임없이 연구하고 노력해야 한다. 육생살이 시대에서 부족한 육생량을 나름 기복으로 취하기도 했었지만, 인생살이 시대는 하늘은 스스로 돕는 자를 돕는 시대이자 육생량은 정신량 마련의 토대라 나 하기 나름에 따라 주어진다.

무엇보다 개인주체 존엄성을 가지고 살아가는 게 인간이므로 조건은 이기로서 합의 사항이지 요구 조건이 아니다. 화합의 덕목은 존중인데 이를 손해 보는 것으로 안다면, 특히 배려는 기본인데도 불구하고 그조차 손해라 생각한다면 외톨이가 될 수밖에 없다. 육생량이 있다면 아쉬운 이들이 찾기야 하겠지만 고갈되면 어찌할 것인가. 도린결에 숨어들어 자연인을 부르짖으면 외로움 면치 못할 것이고, 도반의 인연 짓는다면 다른 삶을 기약할 것이다.

운명이고 숙명이라 하더라도 왕년에 잘나갔든 못나갔든 선택은 개인의 몫이다. 고집과 독선으로 점철된 삶을 살아온 장본인들이라 어려워진 이유를 누구보다 잘 안다. 그러한 과거의 전례로 나름 자신을 숙성시켜 인성을 함양할 수 있고, 무엇을 위해 어떻게 살아야 하는지에까지도 다가설 수 있다. 물론 수행 중에 내리는 도술은 덤이요 넘쳐나는 생기와 건강은 이로움의 표상이라 남부러울 게 없다.

특히 도술은 근기에 따라 주어진 자원으로서 때가 되면 걸맞게 찾아드는데, 술에 법을 가미시킬 때가 정신량이다. 인성을 함양하고 생각을 숙성시키면 내 앞에 일은 진화발전을 위해 벌어진다는 사실에까지도 접근한다. 오르는 과정에서의 좌절은 촉진제요, 결과에 따른 실패는 고통이라는 점을 깨우친다면 나를 위해 살아가야 할 때와 너를 위해 살아가야 할 때도 안다. 하나 되지 못해 어려워지고, 하나 되지 못해 불행해졌다는 사실을 누군 모를까. 수행은 하나 되는 법을 배우는 과정이다.

제2장

호굴에서

I. 사랑에 대하여…

　산에는 죽으러 가는 자, 병들어 가는 자, 때가 되어 스스로 가는 자, 크게 세 가지로 나누어 볼 수 있다. 이 중에 죽으러 들어간 자는 그만큼 잘못 살았음을 뜻하는 바라 옹고집으로 실패했거나 자만과 독선으로 불통을 자초하여 이러지도 저러지도 못하는 지경에 이르러 마지막을 선택한 자다.

　두 번째가 병 걸려 들어간 자인데, 마찬가지로 둘째가라면 서러울 정도로 고집과 독선이 대단하고, 대부분이 현대의술로 어찌하지 못하는 상태에까지 이른 이들이다. 시한부더라도 들어만 간다면 치유가 문제이겠는가마는 완쾌 후 하나같이 무엇을 먹고 어떻게 했더니 완치되었더라는 방편을 쫓다 본질을 놓쳐 안타깝게 인생과는 무관한 육생을 살아간다.

　세 번째가 수행을 방편으로 들어간 이들로서 첫 번째와 두 번째 이들과 사정은 크게 다르지 않다. 물론 죽어야 할 만큼 실패했다거나 시한부 삶을 살아야 할 만큼 병으로 고통 받지 않았으나 온갖 풍상 겪은 탓에 굴곡진 삶을 어이 말로 표현할까. 계기야 어찌 됐든 산으로 들어간다는 것은 타고난 기본량이 상좌의 명(命)이거나 운용주체의 명(命)이라는 것이다.

개중에 0.3%는 스스로 깨치는 자라 인간 스승은 불필요할 따름이고, 3%는 스승을 통해 깨치는 자이며, 30%는 스승의 뜻과 함께 해 나가야 하는 자들이고, 나머지는 도움 받아 살아가야 하는 이들이다. 그렇다면 과연 누가 죽음을 담보로 불러들인 것일까. 간혹 처자식을 담보로 한 경우도 있지만 대자연이 불러들인다. 사랑과 행복을 새롭게 일깨울 정신적 지도자 명으로 태어난 이들이기 때문이다. 물론 오고가고 죽고 사는 일이야 하늘의 몫이겠지만 기로의 선택은 순수 자신의 몫이라는 것이다.

보이는 질량이나 보이지 않는 질량이나 무형의 4차원에서 받아온 육생의 기본금으로 유형의 3차원에서 하나 되기 위해 쓰일 자산인 만큼 아쉬운 이기의 질량을 내재하고 있다. 아울러 아쉬운 이기의 육생량은 누구를 위한 것이고, 누구를 위해 써야 하는 것인가. 이를 소명(召命)하고 밝히는 일에 있다 하겠으며 어린 시절 나를 위해 살아가야 하는 육생시절이자 너를 위해 살아가야 하는 성인 시절을 위한 것이라 어린 시절 교육은 상호상생의 밑거름이 되어야 한다. 그런데 결국 오르고 취하는 육생교육이 전부라 앞에서 벌어지는 일을 해결하는 데 부족할 수밖에 없어 쉽사리 난관을 해쳐나가지 못한다.

이로운 정신량은 아쉬운 육생량을 토대로 창출하는 부분이라 육생의 기본금으로 말미암아 싸우고 충돌하고, 부딪쳐 어렵고 힘든 고통도, 신나고 즐거운 대안을 마련하기 위해 가해진 표적이자 권고사항과 다르지 않다. 합의를 거쳐 화합을 이루거나 사랑을 통해 행복에 다가서면 기쁨이 충만한 것처럼 말이다. 싸우고, 충돌하고, 부딪칠 때가 언제인가 보면 너보다 나를 위할 때가 아니던가. 어렵고 힘들어 고통스러운 삶도 이로 맛보는 차원이라 정녕 너를 위할 때를 알고 너를 위하는 법을 안다면 있을 수 없다.

이기의 육생교육은 이타 인생교육의 발판으로 일생일대를 좌우하는데도 불구하고 문제는 벌어들여 군림하고 취하기만 독려하는 육생살이에 국한되어 있다는 것이다. 내 앞의 인연과 소통장애를 일으킬 때마다 기초교육과 예절을 거론하지만 주고받는 근본을 잊어 대안마련에 어려움을 겪는다. 육생량이야 근기에 따라 기본금으로 주어질 터, 쓰일 때가 되면 들어올 것이라 이에 얽매이기보다 자신의 삶을 위해서라도 바르게 쓰는 법부터 배워야 한다. 벌고 취하는데 역점을 두다 보니 앞에서 벌어지는 일을 바르게 해결하지 못해 겪는 고충이야말로 성인 시절의 향방을 일깨우는 교훈이 아닐까 싶다.

어린 시절의 사고는 부모에게 책임이 전가되지만 성인 시절의 사고는 자신이 전적으로 책임져야 하므로 육생교육일지언정 초점은 의논과 합의와 화합을 위한 인성에 맞춰야 한다. 나를 위한 어린 시절이야 너를 위해 사는 법을 배우는 과정인지라 얼마든지 친구 간에 다툼이 벌어질 수도 있다. 하지만 너를 위한 성인 시절에까지 아집과 자만과 독선으로 일관한다면 어떻게 될까. 남녀관계는 사랑하기 때문에 탈나고 사제, 노사, 지인, 친구 사이는 사랑하지 못해 탈나는 것을 보아 사달은 주고받는 사랑을 할 줄 몰라 내고 있다.

그만큼 인연은 이로움을 주고받기 위해 짓는 것으로 이를 신앙에서는 전생과 연관 짓는데 대체 무엇이 필요하다는 소릴까. 허기진 이들에게 필요한 것은 육생량이요, 하나 될 때 필요한 것은 정신량이라, 이기의 육생량에서 이타의 정신량으로 이어져야 한다는 것일까. 사랑의 조건은 육생량이며 추구는 내 욕심에 기인하는 것이라 기실 육신이 허기졌는데 정신의 허기를 느낄까. 느낀다면 정신적 지도자이거나 육생의 기본자리에 올라선 이들이다.

때는 바야흐로 아쉬워서 찾아오는 활동주체를 위해 살아가야 하는 운용주체 시대를 맞이하였다. 득 될 성싶을 때 만나, 득 될 성싶을 때 사랑하고, 득 될 성싶을 때 하나 되고자 하는 사랑행위보다 이기적인 것은 없다. 고픈 곳을 채우고자 만나 채울 성싶을 때 사랑의 감정이 솟구치는 것이라 없으면 죽고 못 살더라도 고픈 곳을 채워주지 못하면 등 돌리기 마련이다. 이상형도, 첫눈에 반하는 것도, 매력이 넘치는 것도 아쉽고, 허하고, 고픈 삶에 생기를 불어넣어줄 것만 같은 이를 만났을 때 상투적으로 하는 말이다.

대중의 사랑받는 인기스타는 아쉬움을 채워줄 법한 육생의 사주받아왔기 때문에 누리는 것으로, 그 실체는 아쉬운 육생량이라 결국 정신량 부재로 주저앉는다. 대중의 사랑을 한결같이 받고자 한다면 이로움의 자원을 꾸준히 생성시켜야 하는데 안타깝게도 아쉬운 육생량을 이로움의 자원으로 착각하여 거기에 머물다 썩힌다. 실패와 몰락은 사랑을 받지 못해서가 아니라 사랑을 할 줄 몰라 하게 되는 것이다. 이기의 육생량으로 사랑하고 아쉬운 육생량으로 행복을 구가할 수 있다면 얼마나 좋을까만 궁극은 하나 되는 것에 있었으니 이로운 정신량이 부재하면 벗어날 수 없는 표적이다.

한편, 홀로 움막에서 시작한 공부는 사제의 연으로, 도량으로 이어지다 다시 토굴에서 홀로 마지막을 정리하기 이르렀다. 민가가 보이는 곳이 움막이고, 보이지 않는 곳이 토굴이라 정의하자. 결승선을 눈앞에 두고 배우고, 익히고, 경험한 바를 정리하는 시간을 뜻하지 않게 가졌다. 따라하는 수련이라면, 답습하는 수도라면, 반복 숙달로 충분하겠지만 궁극은 진리에 오히려 방해될 뿐이다. 아마 스스로 깨치는 0.3%가 아니었다면 언행불일치까지 미화시켜 끝까지 계승하려 들었을지 모른다. 그리고 다시 시작한 토굴생활은 순수 내 욕심에서다.

물론, 막힌 공부 따주고, 부족한 곳을 채워주고, 행로를 바로잡아 준다기에 선택한 일이지만 갖췄다 자부하고, 정신적 지도자를 자처한다면 적어도 두남두지 말아야 한다. 보이는 육생의 안건이나 안 보이는 정신의 안건이나 지도자는 언행일치해야 하는데 어찌된 노릇인가. 시간이 흐를수록 모순이 쌓이는 듯싶더니 끝내 애제자의 항명이 일어났다. 의기투합하던 식구들은 뿔뿔이 흩어지고, 도반들의 발길마저 끊기자 산재한 문제가 한둘이 아니었다.

이기의 육생량은 이타의 정신량을 갈구하고, 아쉬운 활동주체는 이로운 운용주체를 갈망하는 바라 때가 되면 인연 짓는 게 이치 아닌가. 바른 것도, 다른 것도, 그른 것도 받아먹어야 하는 공부는 언제나 앞에서 벌어진다. 누굴 위한 것일까. 급격한 변화에 따른 어려움으로 당장은 괴롭겠지만 체화는 나 하기 나름이라 냉철하게 관찰하고 분별하면 싸우고, 충돌하고, 부딪치는 원인에 대하여 알 수 있다.

그만한 아픔이 수반되겠지만 나를 위해 벌어진 일이므로 치우치지 않고 상황을 예의주시하면 된다. 참으로 아이러니한 일은 정(正)과 사(邪)를 논하는 도량 분위기가 바르기보다 다르고 그르기에 받아야 했던 표적이라 탓이나 해대면 그야말로 도로아미타불 되기 십상이다. 누구의 잘못일까. 선택은 이로워서 맞이하는 운용주체의 몫이지 아쉬워 찾아간 활동주체에게 있지 않다는 것이다.

개벽의 말법시대를 지칭한 업그레이드 시대는 육생량에 정신량을 부가시켜 나가는 시대로서, 컴퓨터가 보편화되기 전까지 육 건사를 위해 선천의 육생량을 개척해 왔으니, 이후부터 후천의 정신량을 창출해 나가야 한다는 것이다. 아울러 육생량 개척시대는 힘의 논리 시대로서 유교적 이념에 따른 충효(忠孝)가 자리했었다.

때문에 충성 충(忠)은 육생 안으로 국가와 소속된 단체에게 무조건 정신자세를 고양시켰고, 효도 효(孝)는 키워주신 부모님 은혜에 자식의 도리를 다하게끔 인본을 앞세워 강조해왔다.

유리알처럼 투명한 업그레이드 시대의 핵심세대는 베이비부머로서 '국가가 국민에게 무엇을 해주기를 바라기보다 국민이 국가를 위해 무엇을 할 것인가를 먼저 생각하라'는 케네디 연설을 가슴 깊숙이 새긴 세대다. 에코부머 세대에 들어 국민을 위한 국가가 되지 않으면 국가를 위한 국민이 얼마나 될까.

양극화로 조국을 헬(Hell)조선(朝鮮)으로 비하하여 부르는데, 국가는 이로운 운용주체이고 국민은 아쉬운 활동주체라는 인식을 하지 못하면 양양상충의 끝은 없다. 마찬가지로 부모는 운용주체요 자식은 활동주체라 먼저 주고 후에 받는 선순환 법에 의거하여 국민을 국민답게 자식을 자식답게 살아갈 수 있도록 성장시켰을 때 부르짖을 수 있는 것이 충효라 미치지 못할 때마다 반역과 폐륜을 양성했다.

인생공학의 원리는 나 하기 나름이라 정의와 상식만 통하더라도 국가에게 무슨 말이 필요하겠으며 제 도리를 다하는 자식에게 무슨 말이 필요하겠는가. 사랑으로 다스려야 할 국가가, 사랑하며 살아가야 할 만백성에게 사랑을 가르쳐야 할 지도자들이 권위와 사대로 충효를 강요하면 어떻게 될까. 태반이 사랑을 바로 알지 못하는데 주고받는 사랑을 어찌 할 수 있겠으며 함께 누리는 행복을 어떻게 만끽할 수 있겠는가.

육 건사 시대야 육생량만으로 사랑이 가능할지도 모르나 하나되어 살아가야 하는 시대에선 어림도 없다. 정작 의리와 도리는 공의(公義)로서 정의로울 때나 지켜지는 법이므로 이기의 사랑에 정신량을 부가시키는 행위야말로 진정한 사랑 행위다. 언제나 나는 아쉬운 이기로서 너라는 아쉬운 이기와 아쉬운 육생량을 통해 만나기 마련인데 만나서 하는 행위가 노상 아쉬운 육생행위라면 이로움이 될까. 싫증은 인간관계에서 이롭지 않을 때 나듯 주고받는 행위가 이롭지 않을 때 표적질을 해댄다.

물론, 허한 곳을 채우고자 사랑하는 것이지만 고픈 곳을 채워줄 때 채워지는 법이라 그만한 자원을 가지고 있어야 한다. 민심은 천심이요, 배달은 천손이라, 주권은 국민에게 있고 모든 권력도 국민으로부터 나온다고 헌법 「제1조2항」에 명시되었다. 국가든 국민이든, 부모든 자식이든 이로움의 원천은 운용주체지만 활동주체가 부실하면 순환은 멈추게 되므로 모든 원동력은 아쉬운 활동주체를 위한 것에 있다. 즉 주고받는 선순환 행위를 다하지 못하는 운용주체는 자연스럽게 소멸된다는 것이다.

이처럼 이로운 정신량은 아쉬운 육생량을 위한 것이듯, 육생의 허한 부분을 정신량으로 채워질 때 사랑의 꽃을 피우는 법이라 허하다, 고프다는 말을 곧잘 쓴다. 가끔 옆구리가 허전하다는 표현을 쓰기도 하는데 막연하게 사랑하는 나의 임이 채워줄 것으로 믿고 하는 소리다. 있다고 채워질까. 처음이야 기대감에 환희에 차겠지만 점차 희석되는데 이유는 기대에 미치지 못하기 때문이다.

특히 기본을 이룬 뒤의 허전함, 취한 뒤의 불안함, 오른 뒤의 공허함 등등 무엇을 어찌해야 할지 모를 때의 심리라 사랑하는 법을 배웠다면 사랑하며 살아갈 것이나 이루고, 취하고, 오르는 행위가 고작인지라 사랑을 해도 자기주의적 사관으로 나를 위한 것에 있다보니 육생살이가 고달프지 않을 수 없다. 이를 조금이나마 해소코자 찾는 곳이 신앙 아니면 철학관이거나, 멘토 아니면 지인이거나 할 것인데 육생살이에 대해 모르면 답을 구해도 결국 아쉬운 육생 안일뿐이다.

게다가 자기 논리거나 자기 욕심을 대변하지나 않으면 다행이다 싶은데 너의 간절한 심정을 가슴깊이 받아들이지 못하면 이로운 자의 행위를 다하기 어렵다. 또 이로운 자더라도 아쉬운 자의 질문에 말할 자격밖에 없는데 이것은 맞고 저것은 틀린다는 식으로 가르치려 든다면 정말 곤란하다. 경우에 따라 상황에 따라 맞을 수도 있고 틀릴 수도 있는 것이 가르치는 자의 셈법이라 맞는 것이라고 윽박질러 주눅 들게 하면 어떻게 될까. 만남도 사랑이며, 인연도 사랑이고, 대화도 사랑이다.

그나마 사랑할 줄 아는 운용주체를 만난다면 나름 아쉬움은 채우겠지만 대체로 말로만 사랑이라 그들마저도 해결하지 못한 문제로 골머리를 썩는다. 육생의 모순이라고 할까. 주고받는 행위의 모순이라고 할까. 물론 정신량은 지도자의 입으로 통해 듣고 뇌로 생각하여 마음으로 정화시켜 입에서 발산하지만 대체로 상대방이 내뱉은 화의 티끌을 너를 위한 마음에서 정화시키기보다 나를 위한 생각에서 걸러 내보내기에 다툼의 소지를 남긴다.

대화중에 화를 끓이는 주된 원인은 내 말이 맞는 말이니 받아들여야 한다는 데 있다. 억지를 고집스럽게 내세운 것도 있지만 말만 하면 무조건 받아들일 것으로 생각하는 것에도 있는데 운용주체의 폐해 중의 하나다. 변론과 반박도 합의를 위한 것이어야 하지 파기하기 위한 것이면 강압과 협박이 아닐까. 만남은 입으로 먹는 육생량을 통해 이루어지고, 합의는 입으로 말하는 정신량을 통해 이루어지는 것이라 생각차원의 결론을 내서는 안 된다.

육생 너머의 인생은 생각 너머의 마음과 지식 너머의 지혜를 지향하므로 선천적 육생과 생각과 지식은 나를 위한 이기요, 인생과 마음과 지혜는 너를 위한 이타이기에 운용주체 입장에서 주도하는 토론이나 토의면 모를까, 아쉬운 활동주체를 위한 상담이라면 심중의 이야기를 끝까지 듣는 자세가 필요하다. 마음은 지혜의 보고라 상대방의 심경을 다 듣고 난 후에 쓰이므로 도중에 말을 끊으면 자신의 생각을 전하는 꼴이라 이로움에 크게 미치지 못한다.

물론, 이기와 이기가 아쉬운 육생량을 방편으로 육 건사를 위해 아등바등 살아간다. 그리고 대화는 화합과 행복을 위한 것에 있듯 의논합의 없이는 이룰 수 있는 것도 없다. 육생량을 거론하지만 선천질량은 개척의 부분이라 노력과 시기가 어울릴 때 하게 되는 것이고, 하나 되어 나가는 후천적 정신량은 창출의 부분이라 육생량을 토대로 하지 못하면 실패한다. 그러니까 진정 너를 향한 문이 열리면 피어나는 지혜가 정신량이라는 것인데 아쉬운 소리를 귀담아 듣는 품성을 키워야 한다는 것이다.

한편, 육생량에서 기인하는 사랑만으로 절대 채울 수 없고, 또 뜻한 바를 이룰 수 없다 싶으면 어르고, 뺨치고, 울리고, 달랜다. 사랑 그 본질을 알고야 그랬을까만 어려움은 몰라서 치대다 당하는 일이 아닌가 싶은데 인격도야를 위해 무슨 말이 필요하겠는가. 언제나 이롭고, 아쉽고, 해로운 짓거리는 입으로 주고받는 것이라 생각 너머의 마음까지 탁한 소리를 넘길 수 있는 내공이 필요하다. 모르면 몰라서 못한 것이라 어느 정도 용납되겠지만 알고도 안 한다면 지도자 자격이 없는 것이라 따르는 이들은 달리 생각해야 봐야 한다.

항상 아쉽고 이기적인 활동주체를 사랑하지 못하는 이롭고 이타적 운용주체가 할 수 있는 일이 무엇일까. 육생량을 사랑하지 못하는 정신량은 있을 수 없는 것처럼, 이타가 이기를 사랑하지 못하면 운용주체 지어미가 활동주체 지아비를 사랑하는 법을 모르는 바와 같아 파멸, 파산, 파국, 파행, 파괴 등의 결과를 초래한다. 달은 음기 운용주체로서 양기 활동주체 태양을 충전시키고, 양기의 만물은 음기의 물로 번식하여 생장수장 하나니 만약 이타의 음이 이기의 양에게 사랑하기를 종용하거나, 정신량 운용주체가 육생량 활동주체에게 사랑을 강요하면 상극상충으로 관계는 심각해진다.

이미 양기와 활동주체와 육생량은 아쉬운 이기의 처지라 사랑받기 위해 먼저 사랑을 방편으로 다가선다. 받아주기를 간절히 바라는 처지라는 것인데, 음기와 운용주체는 이로운 이타의 정신량이므로 선순환 행위를 오매불망 기다린다. 운용주체인 국가, 정부, 사회, 기업, 단체, 가정 등도 음기충만할 때 양기충천하므로 정녕 아쉬운 활동주체를 위하고자 한다면 먼저 이로운 운용주체를 음기충전시킬 대안을 마련해야 한다.

사랑하며 살아가지 않는 이들이 있을까. 비운도 비련처럼 다하지 못한 사랑 때문이라 젊은 날 이로움의 질량을 생성시킬 가르침과 함께하지 않으면 험악해진 노년의 삶을 방관할 수밖에 없다. 사랑하는 사람은 언제나 나 하기 나름이지만 그런데 '나 하기 나름'이 뜻하는 바를 몰라 어렵고 힘든 생활을 당연시한다. 갑을관계가 뜻하는 바를 알면 알 수 있지 않을까. 사랑하지 못하면 불통이라 아쉬워서 찾아가는 자가 활동주체 을(乙)이요, 이로워서 맞이하는 자가 운용주체 갑(甲)이라는 사실을 곡해하지 말아야 한다.

중재가 어려운 것도 내 뜻을 굽히지 않으려는 것에 있고, 네 뜻을 수용치 못하는 것도 내 잘났다는 착각 때문이라 사랑받고자 하면 네 뜻을 받아주는 이가 되어야 한다. 쌍방 간의 이로움은 아쉬워 찾아간 자에 있는 것이 아니라 이로워 맞이하는 자의 몫이므로 조율에 앞장서야 한다. 요컨대 운용주체는 갑으로서 맞이하는 입장이라 주인공은 나를 찾은 너 활동주체 을인 만큼 주연을 빛내야 할 조연이 먼저 빛을 내고자 한다면 흥행의 산통은 깨진 것이라 그 대가는 부딪침의 표적이다.

제아무리 화술이 뛰어나더라도 제 득 볼 요량이면 상술이라 문제가 산재할 터 이때 필요한 것이 대화일까, 사랑일까. 이기의 육생량을 방편으로 너라는 이기와 나라는 이기가 만나 득 된다 싶을 때 고작 육생량만을 교환하기 때문에 화합에 크게 미치지 못한다. 하나 되지 못하는 이유가 어디에 있을까. 언행이 이롭지 못한 만큼 부족한 것이고, 또 딱 그만큼의 문제가 발생한다. 덤은 이로움에 피어나는 열매다. 손해는 욕심이 앞을 가릴 때 보는 것이고 이미 보기 시작했다면 걷잡을 수 없다.

자칫 도가 지나치면 너까지 뜻대로 해보려다 사(邪)의 기운에 휘말려 더 큰 화를 자초한다. 상대방의 처지를 역이용하려는 이들도 없지 않으나 욕심으로 받게 되는 표적이자 똑똑함이 일으키는 낭패라고 할까. 중이 제 머리 깎지 못하듯 남의 일은 발 벗고 나서면서 자신의 일은 방치하여 곤경에 처하는 이들이 있는데 왜 그런 일을 당하는 것일까. 진정 너에게 이로운데 어려움에 처할까. 그럴 리는 없다. 이로움은 주고받는 것이라 내게만 맞는 방식을 네게도 맞는 것처럼 생각의 안이함이 불러일으킨 대가다.

들고남이 음양이요, 주고받음이 상생이라 이로운 행위는 도와달라 요청했을 때 효력이 크게 발생한다. 요청하지도 않았는데 도와주겠다고 나서는 것은 참견간섭으로 일관한 자기만족 행위에 불과하여 이로움이 두드러지지 않는다. 자기 앞에서 일어나는 일보다는 그 너머, 뒤에, 옆에 일에 더 관심을 가지는 오지랖 넓은 이들에게 나타나는 특징이다. 그만큼 불필요한 행위를 하고 다닌다는 방증이 아닐까 싶고, 정작 알아야 될 것은 모르고, 몰라도 될 것 너무 알고 있는 이들이 해대는 일이다.

만약 주고받는 이로움보다 자기 속편코자 거나 자기만족을 위한 행위였다는 사실을 깨우친다면 사회에 상당히 기여할 이들이다. 남의 일에 발 벗고 나선다는 자체가 타고난 심성인지라 남보다 가정을 소홀히 하는 점을 운용주체 부인이 주지하면 남편은 활동주체로서 행보가 거침없지만 애석하게 바르게 이끌어주는 이가 없다 보니 부인의 화를 끓이는 천덕꾸러기로 전락한다.

화는 대체로 내 뜻을 받아주지 않거나, 뜻대로 되지 않을 때 끓인다. 기쁨과 슬픔, 이로움과 괴로움 등의 사건은 거의가 나를 찾은 네게서 비롯되지만 그는 단지 아쉬워서 찾아오는 인연일 뿐이다. 덕이 된다면 내게도 득이 되어 기쁠 것이고, 해가 된다면 내게는 독이 되어 괴로울 것이라 네 행위에 따라 대책을 강구하듯이 내 행위에 따라 너도 대처하기 마련이라 상호상생은 주고받는 사랑이다. 그런데 태반이 주고도 받지 못하거나 받고도 주려 하지 않아 정의가 죽었다고 말한다.

똥 묻은 개가 겨 묻은 개 나무라도 뭐라 할 말이 있겠는가만 결국 주는 자가 잘못이지 받는 자의 잘못이 아니라는 것이다. 아쉬운 자야 찾아가서 아쉬움을 토로하는 것이고, 주고 안 주고는 이로워서 맞이하는 자의 몫이라 안타깝다, 안쓰럽다, 어설픈 동정을 베풀다간 원망 어린 소리로 탓이나 해대기 십상이다. 힘의 논리는 내 욕심 내 생각의 산물 지식만으로 충분하고 주고받는 차원은 마음의 지혜로 다가서야 가능하다.

탓이나 해대고 흉이나 본다면 자기 허물을 보지 못한다. 대자연은 무형·무색·무취 그 자체이므로 바르고, 다르고, 그른 차원을 심어주기 위해 작용반작용의 법칙 상대성원리를 나를 찾아온 내 앞의 인연에게 적용시켰다. 나 하기 나름이라는 소통공학을 인생방정식에 적용시키면 싸우고, 충돌하고, 부딪쳐 어렵고, 힘들고, 고통스럽게 살아가는 원인을 알게 된다는 것이다.

사자짓이나 해대며 살아가는 이들을 가리켜 본보기(교과서)라 말하는데 저리 살면 저 꼴 면치 못한다는 뜻이 담겨 있다. 일신우일신(日新又日新)이라고 날마다 새로워지고 나날이 발전하는 공부는 내 앞의 인연을 통해 이루어진다. 그런데 공부란 무엇일까. 먹고사는 것을 배우는 것일까 아니면 하나 되어 살아가는 일을 배우는 일일까. 육 건사를 위해 먹고사는 일이야 육생량이면 그만이고 분별보다 본능을 앞세운 동물처럼 힘으로 살아가도 그만이다. 자연 속에 그들만의 사랑법이 있겠지만 거의 종족번식을 위한 것이라 육건사 만족이 동물세계 삶의 방식이라 할 수 있다.

그러나 하나 되어 사는 일은 나를 위한 본능과 너를 위한 분별이 아우러질 때 가능하므로 행위가 생각차원에 머물면 힘의 논리로 사분오열된다. 지륜지간 부부의 사랑행위는 행복을 구가하는 방편으로 성행위는 덤이요, 천륜지간 자식에서 비롯되는 가치는 덕목이라 인간에 대한 대자연의 가르침은 내 생각을 일깨워 네 마음에 부가시켜 함께 살고자 하는 것에 있다. 아울러 동물세계 교육의 우선 가치는 육 건사시키는 일이고, 인간세계 교육의 우선 가치는 사랑하며 살아가는 일이라 육생살이 동물본능하고 개인주체 삶을 살아가는 인간하고의 차이는 마음과 지혜와 정신량에 있다.

특히 지혜는 쌓고 채워지는 그 무엇이 아니다. 대우주의 에너지라 근기에 따라 다소 차이 나지만 내 앞의 인연에게 어떻게 하느냐에 따라 쓰임의 용도가 달리 나타나며 고갈되지도 않는다. 쓰지 않으면 그저 무심코 그냥 있을 따름인데 다들 막 돼먹은 생각은, 마음이 나인 것처럼 마음타령을 하는데 진정 마음 한 번 써 본 적 있을까. 육생이 전부인 동물이야 생각적 본능에 의지하며 사는 것이고, 인생살이 인간은 마음적 분별로 살아가는 것이다. 생각을 아쉬움이라 한다면 마음은 이로움이라 누구나 본능에 머물면 욕심 부리고 분별로 넘어가면 이로움을 지향한다.

육생량으로 길들여지는 동물을 애완이라 해야 할까, 반려라고 해야 할까. 인간의 사랑을 일깨우기 위해 함께하는 것이므로 애완동물에 빠지면 내 뜻만 받아달라는 돌연변이 사고의 틀이 자리할 수도 있다. 이유는 힘이 가미된 육생량(먹을 것)만으로 충분히 자기 뜻대로 부릴 수 있기 때문인데 때론 의지도 하고, 한숨 덜기도 하기에 한 식구나 다름없이 지낸다. 하지만 인간으로 태어난 것은 사람으로 승화되어 사람들과 사람처럼 살아가기 위함이라 육생량을 필요로 하는 동물하고 정신량을 필요로 하는 인간하고 비교해서는 곤란하다. 물론 동물과의 교감행위가 상호상생일 수도 있겠지만 인간은 절대분별로 살아가는 만물의 영장인지라 인간과 하나 되어 살아가지 못하면 무엇도 이로울 게 없다.

작금에 반려동물로 인한 문제가 심상치 않은 것을 보아 예나 지금이나 다름없이 뜻대로 해보려는 심보로 말미암아 타박의 농도가 짙어진다. 특히 사자짓 해대는 이를 짐승만도 못한 놈이라고 하는데 당최 그 짐승만도 못한 놈은 누구한테 해코지한 것일까. 필경 고픈 곳을 채울 수 있지 않을까 싶어 이로운 자에게 찾아갔을 것이고 그때 나름 채웠다면 어떠했을까. 동물마냥 고픈 육신 채워주려 했을 뿐 허한 정신 채워주고자 했다면 해코지할 리 없다. 하지만 반려동물은 먹을 것 주는 주인만 알아본다는 것이다.

그리고 수술했다 하여 치유까지 의사 몫으로 돌리면 이로움과 아쉬움을 주고받아야 할 이유가 없지 않은가. 치료는 의사가, 치유는 환자가, 이는 선순환 행위의 진정성을 알리기 위한 것에 있다. 어려움에 처한 이들은 왕년에 잘나갔던 이들이다. 대체 왜 어려워진 것일까. 내 앞의 인연과 하나 되고자 했다면 애완동물에 의지하기보다 사람들과 사람답게 살아가고자 할 텐데 특히 인간을 애완동물처럼 뜻대로 해보려는 순간 부딪쳐 사달이 난다.

이와 같이 동물이든 인간이든 불통을 일으킨 대가로 쌍방 간에 표적을 주고받는데 안일하게 대처하면 큰코다친다. 육생 안위 도모에 필요한 것은 육생량이요, 인생 안위 도모에 필요한 것은 정신량이라 4차 AI산업혁명 시대에 들어서도 육생 안에 골몰하고 있다. 인공지능과 정보통신도 하나 된 삶으로 연결하기 위한 이기의 육생문명에 불과하므로 정신량을 빠트려서는 양극화 해소는 물론이요 어렵고, 힘들고, 고통스럽게 사는 원인에 접근하는 일조차 용이치 않다.

너와 나를 연결 짓는 매개체가 육생량이요, 서비스 산업은 상생의 방편이고, 인터넷과 스마트폰은 소통의 수단이지만 3차 서비스 산업에서 화합의 키, 선순환 법을 놓치는 바람에 4차 AI 산업에 딜(deal)까지도 의지해야 할지 모른다. 그러다 자칫 지식이 지혜를 덮어버리는 사태가 발생한다면 어떻게 될까. 힘으로 복속시키려 들지 않을까. 인류는 선천적 육생살이 싸움의 역사, 피의 역사, 전쟁의 역사로서 사랑을 통하여 행복을 영위하는 후천적 인생살이 역사를 구현하기 위한 궁극의 목적이 있다.

1안의 인프라 선천의 육생문명은 내 욕심, 내 생각, 내 지식에서 비롯되었고, 이면은 군림을 위한 것에 있다. 3차 서비스 산업시대에 급격하게 양극화가 심화된 것도 육생문화를 인생문화로 오도하여 벌인 일이 아닌가싶고, 주된 원인은 사랑을 한다 하나 그 사랑이 군림의 사랑이라는 데 있다. 즉 사랑하는 님과 결혼만 하면 행복할 것이라 믿는 것과 다르지 않다. 사랑은 일면이요 행복은 이면이라 이기와 이기가 육생량으로 만나 가정을 꾸렸다면 1안의 의식주 육생량은 기본이요, 하나 되는 2안의 의식주 정신량은 만들어나가는 부분이라 부족하면 화목한 가정을 이루지 못한다.

한결같이 유대를 부르짖고 너 따로 나 따로 놀아난 가장 큰 이유 중의 하나가 군림의 힘만 촉발시켰다는 데 있다. 초기에 결합, 단합, 화합을 이루는 것도 육생량을 위해 하는 것이고, 없다 있으면 분열의 조짐이 이는데 왜 그런 것일까. 아쉬우면 뭉치고 이로우면 흩어지는 이기의 본성 때문이라 사람으로 승화하지 못한 인간에게 화합의 정신량 마련을 위해 가해지는 대자연의 표적은 자연발생적이다. 육생 너머의 인생은 사람답게 살기 위함이요, 지식 너머의 지혜는 정신량 창출 위함이고, 생각 너머의 마음은 하나 되어 살아가기 위함이라 육생량에서 비롯되는 나밖에 모르는 이기주의 불통은 결국 나만 손해 본다.

사랑하지 못해 받는 표적의 의미를 깨우치면 나를 위해 한 일을 최소한 너를 위해 한 일이었다고 우기지는 않을 것 같다. 물론 누구를 위한 이로움인가를 분별치 못하는 이유도 있겠지만 육생행위는 대부분 너를 위한다고 하나 결국 나를 위한 행위가 될 수밖에 없다는 것에 있다. 그런데도 실추된 정의를 육생 안에서 찾고 있다. 과연 이유 없이 일어나는 일이 있을까. 그것도 바로 앞에서 말이다. 벌어지거나 닥쳐올 일이 아니면 보이거나 들리지도 않을 터, 설마라 치부하고 사실일까 의심하는 순간에도 표적을 주고받는다.

겨우 육 건사를 위해 보고, 듣고, 말하고, 답하고 살아가야 한다면 다하지 못한 사랑을 일깨우는 표적을 주고받아야 할 이유가 있을까. 설마로 치부하면 호미로 막을 것을 가래로도 막을 수 있을지 모르겠다. 설마는 순전히 내 생각이다. 고통은 안일과 방심으로 자초한 일인데 표적인줄 모르고 한낱 재수 없어 당한 일로 치부한다면 잘살고 못살고도 복불복이라 해야 할 것이다. 그렇다면 합의로 통해 화합을 이루어야 할 이유도 없고, 사랑을 통해 행복을 영위해야 할 이유도 없다.

'설마 그럴 리가'라며 생각하고 요행을 바라는 것은 어떤 연유에서 일까. 그러다가 탈이 나면 요번엔 재수에 옴 붙어 그런 것일까. 고통만 되새길 뿐이고, 원인과 이유에 대해서는 관심이 없는 것 같다. 방편은 갖추어 쓰는 자가 주인이라, 주어지지 않은 것도 없고 주어진 것도 없다. 함께 사랑하며 살아가야 하는 인연들만 달리 다가올 뿐, 물론 개중에 싫어하는 이도 있을 것이고 좋아하는 이도 있을 것이다. 그렇다고 이로워 맞이하는 자까지 좋고 싫고를 드러내놓는다면 어떻게 될까.

이를 논하는 행위보다 어리석은 일은 없다. 이로움도 30%는 나에게 있고 30%는 너에게 있으며 나머지 30%는 나에게 있을 수도 있고 너에게 있을 수도 있다. 나머지 10%는 인연에 따라 갈린다. 이처럼 방편은 쓰는 자가 주인이요, 쓰지 않으면 그대로 있는 것이라 이롭고 아쉬움은 쓰는 자 하기 나름에 달린 문제지 내 앞에 네가 문제일까. 아울러 고통은 나만의 만족에 머무를 때 찾아들므로 육생살이 역경은 하나 되어 나갈 때 풀리게 되어있다.

입장과 처지에 따라 경중은 다르지만 만족은 쾌락과 탐욕의 일환으로 사랑으로 체화시키지 못하면 고통스럽고, 행복으로 승화시키지 못하면 불행해진다. 욕심의 소산물은 채워도 채울 수 없고 만족해도 만족할 수 없는 허무의 질량이라는 것이다. 혹자는 모든 행위는 그때뿐이라고 절망에 가까운 삶을 성토하지만 육생만족 허상에 빠져 하는 소리가 아닐까 싶다.

육생을 넘어 인생의 가치를 안다면 그때뿐이라는 허무한 소리를 하지 않는다. 탐욕과 쾌락을 일삼는 육생이 전부라면 그럴 수도 있겠지만 인생 그 행복의 가치를 안다면 만족이 전부마냥 나대는 자의 궤변임을 알 수 있다. 정신세계와 사후세계에서조차 자신의 안위를 위한 행위가 전부인지라 허무주의 고독과 회의주의 외로움에서 벗어나지 못하여 우울증, 강박증, 공황장애 등을 앓다가 결국 자살을 선택한다.

불행하게도 희망의 실체가 육생의 부와 명예다보니 육생물질문명은 장족의 발전을 이루었으나 인생정신문명에는 한 뜸도 다가서지 못하고 있다. 피의 역사가 이를 증명하는 바라, 전쟁의 본질을 알면 화합과 평화의 대안을 물질보다 정신에서, 신앙보다 종교에서 찾으려 하지 않을까. 철학과 인문도 한몫 거들겠지만 신앙이 종교로 둔갑하고 물질이 정신을 대변하는 실정이라 물질문명이 발전하는 만큼 정신문명도 함께 발전하는 것으로 알고 있다.

육생만족과 인생행복의 정의를 세우지 못하여 누구에게도 구애받지 않고 사는 것을 행복으로 안다. 사실 구애받지 않고 살아갈 수 있다면 이보다 충만한 삶이 어디에 있을까만 선천의 육생량으로는 어림없다. 후천의 정신량을 부가시켰을 때 가능하므로, 천지인, 육해공, 상중하, 머리·몸통·다리 세 개의 차원으로 나뉘어 운행되는 세상의 복지는 사람들과 사람답게 살아가는 것이므로 물질경영으로 해결될 것이라는 주먹구구식의 사고를 버려야 한다. 앞으로 우리 민족은 1안의 의식주 육생량의 빈곤은 덜할 것이지만 2안의 의식주와 가치관의 부재로 몰려드는 외세의 모순에 시름 젖고, 육생의 강대국에 주눅 들어 살아갈 것이다.

2. 행복에 대하여…

선천의 육생물질문명 생각차원 지식으로 개척한 만큼 육 건사는 육생살이 육생물질에서 만족을 구가한다. 후천의 정신질량 마음차원 지혜는 인생살이 정신문명을 지향하는 바라 이기의 육생량에 이타의 정신량을 가미시킬 때 행복을 영위한다. 나를 위한 육생량이 가져다주는 것은 개인만족이요, 너를 위한 정신량이 가져다주는 것이 하나 되는 행복이라, 즉 자연과 동식물과의 교감으로 느끼는 것은 육생만족이고, 인간관계로 영위해 나가는 것이 인생행복이라는 것이다.

요컨대 선천의 만물에서 비롯되는 질량은 육생살이 육 건사를 위한 것이므로 찾거나, 올랐거나, 취했거나 등을 했을 때 느끼는 정도가 만족이라는 것이다. 생각과 지식과 이기적 욕심에서 힘으로 밀어붙이기도 하며, 취하고자 정열을 불사르고, 취하면 이내 싫증을 내기도 한다. 육생량은 아쉬운 이기로서 채워도 채울 수 없는 질량인지라 나의 욕심과 너의 욕심이 만날 때마다 많은 문제를 도출한다. 이처럼 자기만족을 위해 욕심 부리다가 바르고, 다르고, 그른 차원을 분별하지 못하여 싸우고, 충돌하고, 부딪치어 결국 어렵고, 힘들고, 고통스럽게 살다 간다.

한편, 인기(人氣)는 나의 주체(참나), 티 없이 맑은 대우주의 핵심 존자(尊者)였으나 부딪쳐 탁해졌고, 그 기운 맑히고자 탁한 인육을 쓰고 인간으로 살아가는 순간부터 육 건사 육생살이가 시작되었다. 아울러 육 건사 육생량 앞에서의 인의조절 기능 '기분', 관계조절 기능 '분수', 자기조절 기능 '감정' 등은 기복을 드러낸다.

만물은 본래 육의 질량으로 육생 안위를 위한 것이고, 기본금 사주는 육신만족을 위한 1안의 물질문명 개척과 모두의 행복 2안의 정신문명 창출을 위한 자원이다. 인기가 인육을 쓰고 인간으로 살아갈 때 필요한 질량이 아쉬운 육생량인 만큼 우정과 의리, 배신과 배반 등은 상대적 갈등으로 치달릴 수밖에 없기 때문에 신뢰와 신의를 논하게 된 것은 정도(正道)를 위한 것에 있다.

이와 같이 육 건사 육생량을 위하여 만물이 자리하였고, 육생살이는 철저하게 나를 위해 살아가야만 하는, 그리하여 나밖에 모르는 이기적 삶을 살아가게 됐던 것이다. 너를 위해 살아갈 때인데도 불구하고 나를 위해 살아가다 받게 되는 어려움의 이면은 너를 사랑하며 살아가기 위한 조건이 깔려 있다. 어린 육생시절은 성인 인생 시절을 위한 것에 있듯, 나밖에 모르는 행위에서 너와 함께하는 법도를 강구하여 개인만족을 넘어 함께하는 행복으로 체화시켜 나가야 한다. 하지만 자기 만족주의가 깊어지는 것을 보아하니, 싸우고, 충돌하고, 부딪치는 일이 자신의 행위와 무관한 일로 치부하지 않나 싶고, 때론 얼어걸려 치르는 것쯤으로 인식하지 않나 싶다.

　만족은 선천적 이기적 육생량으로, 행복은 후천적 이타적 정신량으로 만들어 나가야 한다. 기실 육생살이 육의 만족에 빠지면 부모와 형제마저 기망하려 든다. 어느 세대나 마찬가지겠지만 최고의 꼴불견이 참견간섭이라 아집으로 뭉친 나이 든 이들을 기피하고, 자기 뜻 받아주거나 뜻이 같은 이들과만 함께하려 든다. 나이 든 베이비부머와 개인만족 합리주의 에코부머와는 천륜지간 부모 자식인데 따로따로 논다면 누구의 잘못일까.

　이쯤 되면 지륜지간 부부관계에 심각한 문제가 발생한 것이 아닌가 싶고, 유리알처럼 투명해지는 업그레이드 시대를 요 모양으로 만든 세대가 베이비부머다. 가치관이 바르다는 정(正)보다 다르다는 착한 선(善)에 가까워, 자식세대 에코부머에게 물질만능 개인주의, 즉 혼자 밥 먹고, 술 먹고, 잠자고, 게임하고, 때때로 쾌락의 파트너 찾는 나홀로족과 더불어 현재를 즐기며 살아가겠다는 욜로(YOLO) 문화가 정착할 기세다. 알아야 할 것은 온라인에는 지식은 있고 지혜는 없고, 생각은 있고 마음은 없고, 육생은 있고 인생이 없어 인성이 자리하지 않는다는 점이다.

　때론 고민하고, 사색하고, 고독에도 잠기겠지만 먹고, 자고, 싸고, 일체 참견간섭 없는 상태면 삶의 가치를 쾌락과 성행위에 두는 경향이 짙어 인간관계를 만병의 근원으로 몰고 갈 여지가 짙다. 그럼에도 진정한 친구 한 명만 있어도 모자람이 없을 것 같다는 소리를 한다. 뜻 받아주는 이들 이외는 관심두지 않겠다는 것이 아닌가 싶은데 정작 그러한 너는 아쉬워 찾아온 이의 뜻을 받아준 적이 있기라도 한 것인가. 있다면 분명 그도 너를 진실한 친구로 받아들이지 않았겠느냐는 것이다.

만남은 육생량에서 비롯되고 소통은 정신량에서 기인한다고 말한 것도, 육생살이 인간은 이기적일 수밖에 없어 이로울 듯싶을 때나 찾아가기에 하는 소리다. 이롭다 싶을 때 다가서고, 허한 곳을 채울 성싶을 때 사랑이라는 미명하에 서로를 옥죄며 살아가고 있다는 것이다. 육생량에서 비롯된 사랑을 정신량으로 일구어야 하나 되는 것처럼 행복은 육생량에 있지 않다. 만약 관계를 육생량으로만 지탱하려 든다면 이기와 이기, 양과 양은 극과 극이므로 상극상충으로 반드시 고통 받게 된다. 소통은 음기 정신량으로, 어느 정도 양기 육생량이 가미되어야 하고, 특히 이로움은 정신행위가 가미되어 육생의 물질만으로는 행복에 다가설 수 없다는 것이다.

게다가 지혜는 아쉬워서 찾아온 이의 말을 다 들은 후에 발휘되므로 육생량의 도움을 주고 안 주고는 맞이하는 자의 몫이다. 도움된다면 두려울 게 무엇이겠느냐만 이로운 자가 아쉬운 자의 말을 다 듣기도 전에 미리 결론 내려 답하면 내 셈법이라 이로울 리도 없거니와 문제는 그에 따른 표적을 받는다는 것에 있다. 또 혼밥, 혼술, 혼잠을 한다 한들 행복하면 무엇이 문제이겠는가. 행위가 이롭지 않아 외로운 것인데 이롭지 않다고 자기만을 위한 행위를 해대면 결국 어떻게 될까. 이로움은 주고받고, 아쉬움은 들고나야 하는 것인데도 불구하고 내 뜻을 받아주지 않는 너를 타박이나 해댄다면 그 무엇을 하더라도 육생의 고통에서 벗어나지 못한다.

아울러 생각의 지식을 많이 쌓아둔 이들일수록 육생량을 위해 종사하고, 마음의 지혜를 쓸 줄 아는 이들일수록 정신량에 기여한다. 무슨 소리냐면 육생살이 육생물질을 담당한 지식은 활동주체 전문분야의 삶을 살아간다는 것이고, 인생살이 정신질량의 지혜는 전체를 아우르는 운용주체의 삶을 살아가게 된다는 것이다. 육생이 전부인 동물의 세계는 육 건사가 전부라 자기만족을 위해 힘의 본능 육생에 의지하지만, 인생은 너와 내가 어우러지는 것이라 행복은 주고받는 이로움에 대한 분별을 바로 세울 때 가능하다. 정신량이 피폐할수록 육생량을 우선하므로 오해하고 상처받아 태반이 충돌을 일으킨다.

특히 자기위주로 사는 법만 가르치다보니 너에게 조그마한 혜택이 돌아가도 크게 손해 본 것마냥 생각하게 만들고, 이롭게 하면 밑지는 것마냥 생각하기 십상이라 당연히 지켜야할 사회규범마저도 의인들이나 할 일로 생각한다. 이 때문에 자발적 행복을 위해 나 홀로 삶을 선택하는 이들이 늘어나는데 나를 위한 육생만족과 함께하는 인생행복을 분별하지 못해 벌이는 일들이다. 또 그리해서 그리 살아갈 수만 있다면 얼마나 좋을까. 아마 그리 산다면 이미 너는 선인(仙人)의 경지에 올라선 것이라 소통행위는 거침없을 것이고 인간관계를 본보기 삼을 터인데 말이다.

행복을 실현코자 자신을 아는 이들 이외에 멀리하겠다고 난리다. 과연 그러한 절친이 있기나 한 것일까. 행복하지 못한 것은 하나 되지 못해서고, 만족하지 못한 것은 뜻대로 안돼서인데 인맥정리는 고립을 자초하는 행위밖에 안 된다. 새로운 인생관을 정립시켰다면 모를까, 주고받음 상생이요 들고남이 음양이라 작용반작용의 법칙 상대성원리는 대자연의 가르침이라 나 홀로 삶이 뜻하는 바와 추호도 다르지 않다. 무엇이 부족했던가를 되돌아보자. 한결같이 내 뜻대로 해보려는 것에 있지 않은가.

아울러 정신량이 부가되지 않은 인간은 언제나 아쉬운 육생을 갈구할 수밖에 없고, 부가되었다면 육생물질문명을 이기라고 말하지 않는다. 윤택한 삶은 물질에 정신을 부가시켜 누리는 것으로, 삶의 질은 없는 것을 구하려들기보다 취한 것을 바르게 쓰기 위해 노력하는 데에서 차이가 난다. 차별은 언제나 아쉬운 육생량을 앞에 두고 지으며, 이로운 정신량은 차별을 두지 않는다. 어떻게 쓰느냐에서 차이가 날 뿐이다.

착하고 선하게 살기보다 바르고 이롭게 사는 이들에게 필요하면 주어지는 방편, 무엇을 위해 어떻게 쓰느냐의 차이가 곧 만족과 행복의 차이라는 것이다. 물론 받아온 육생의 기본자리에 올라섰을 때 가치관이 드러나겠지만 육생량으로 한껏 누린다고 해서 삶의 질이 나아진 것일까. 흡족하기야 하겠지만 행위가 다르고 그를 때마다 받게 되는 표적의 깊이를 해석하지 못하면 더 큰 어려움이 찾아들 터, 이때는 어디에서 답을 구할 것인가.

물론, 저승에서 받아온 기본금에 따라 이승의 육생살이 질량이 차이 나겠지만 성인 시절에 들어 어떻게 쓰느냐에 따라 차별이 나고 있다. 어린 시절 기본금의 차이야 어쩔 수 없는 일이지만 성인 시절의 차이는 바르고, 다르고, 그른 행위라 육생량으로 만족할 수는 있어도 행복할 수는 없다. 물론 풍족한 물질과 따스한 부모님의 품속에서 자라는 것만큼 행복한 일도 없지만 나를 위한 어린 육생 시절은 너를 위한 성인 인생 시절을 위한 것이므로 개개인의 삶의 질량은 가정을 이루고 사회로 진출하는 순간부터 나타난다.

왜 그런 것인가. 천륜지간 자식은 지륜지간 부모 하기 나름으로 성인으로 성장하기까지 어린 시절에 일어나는 모든 사항의 책임이 전가되기 때문이고, 다르고 그른 부모의 표적은 자식이 대신 받기 때문이다. 자급자족은 너를 위해 살아야 하는 약관의 나이 20세에 가능하므로 그때부터 부모는 자식에 대한 책임에서 벗어나고, 자식은 부모를 대신하여 표적 받지 않는다. 그러나 이때부터 벌어지는 모든 일을 스스로 책임져야 하고, 삶의 질은 내 앞의 일을 어떻게 처리하느냐에 달려 있다.

그러니까 육생의 기본금 사주를 어떻게 쓰느냐에 따라 만족의 농도가 달리 묻어난다는 것이고, 이로운 자 위치에 섰을 때 아쉬워서 찾아오는 이들에게 얼마나 이로움을 미치느냐에 따라 행복의 질이 달리 나타난다는 것이다. 차별은 얼마나 바르게 쓰느냐의 차이를 빗댄 말로, 만족은 육생량에서 구가하는 선천의 차원이라면, 행복은 스스로 만들어 나가는 후천차원이다. 만민을 위한 독자적 행보라면 모를까 자발적 행복조차 자신을 위한 것에 두었다면 고립만 자초할 따름이다.

주어진 것도 바르게 쓰지 못하는데 욕심 부린다고 더 가질 수 있을까. 기분에 따라, 욕심에 따라, 셈법에 따라 써버리고서는 너를 위하다가 손해 봤다고 아우성이다. 본능과 분별의 차원을 구별하지 못하면 언제나 손해 볼 짓만 해댈 터, 대자연은 반쪽반생 일으키는 다르고 착한 삶을 가르치지 않았다. 그렇다고 상극상충 치우치는 그른 삶도 가르치지도 않았다. 이는 오직 내 욕심으로 벌이는 일이고, 오직 상호상생 바른 길을 제시할 따름이다.

치우쳐 그르게 살기에 지탄받고, 착해서 다르게 살기에 어려워진 것이라, 바르게 산다면 이로운 것이라 우대받고 산다. 치우친 사행과 착한 선행은 득 보자고 혹은 속 편코자 하는 행위로서 쉽게 빠져든다는 것이다. 상대야 어찌되든 말든 육생의 힘 그대로 밀어붙여 내 욕심을 채울 심산이라 나의 이로움의 너의 이로움이라고 우길 수도 있고, 나의 아쉬움이 너의 아쉬움이라고 억지 부릴 수도 있다. 육생 안위를 위해서는 말이다.

하지만 바르다는 정행은 치우친 사행과 착하다는 선행의 모순을 분별할 때 가능하므로 사실 그렇게 만만한 일이 아니다. 그래서 그리도 꾸준하게 표적을 주고받아야 했던 것이고, 육생살이 갖은 풍상 겪을 때마다 죄 많은 중생 운운하며 거쳐야 하는 것쯤으로 여겼던 모양이다. 모두 육생량을 앞에 두고 벌려 왔던 일이다. 무엇을 도모하기 위해 표적을 주고받아야 했던 것일까. 회초리를 죄 많은 중생이 맞아야 하는 것으로 몰고 가면 곤란하다.

인육을 쓰고 살아가는 자체가 탁해진 기운을 맑히기 위한 것에 있으니 만물은 이를 염두에 두고 자리하였다. 그 일면은 이기적 질량이라 아쉬운 육생량으로 다가오지만 이면은 정신량의 토대라는 것이다. 너와 나는 고프고 허한 곳을 채우고자 조건을 가지고 만나지만 아쉬움은 주고받을 때 채울 수 있는 법이라 저마다의 조건은 이로움의 질량이어야 한다. 그다지 이롭지 않은 질량을 가지고 나서면 반겨줄 리 없는데 채워질 리 있을까.

이로움의 에너지를 생성치 못하면 스스로 도태할 것이라 주어진 육생량을 어떻게 할 것인가, 어떻게 쓸 것인가는 순수 자신의 몫이므로 뜻대로 안 된다고 탓하거나 원망한들 소용없다. 바르게 소통시키면 끊임없이 공급되는 것이 이로움의 조건이고, 끊긴다는 것은 그르거나 다르게 소통시킨 결과물로서 반드시 자신의 행위를 되돌아봐야 한다. 그런데 그르다고 말하는 치우친 사에 대한 문제점을 모르면 선에 대한 문제점도 모를 터, 이쯤 되면 바르다고 말하는 정에 대해 분별의 어려움을 갖기 마련이다.

나를 위한 육생을 너를 위한 인생으로 알고 살아왔는데 치우친 행위에 대한 분별력이 서기나 했을까. 욕심이 앞서면 불법을 정당화시키고, 살아가는 데 지장이 없다면 허허실실 무마하려 들 것이라 정녕 아쉬운 자들이 이를 모를까마는 채우려 든다면 아첨을 아니 할 수 없는 일이라 만백성은 쏠리지 않을 수 없다. 육 건사 육생량에 빠져 살아왔기에 아예 치우쳤다는 사실 자체를 모른다.

다시 말해 육생살이 자체가 치우친 것이라 상극상충의 두려움은 누구도 예외일 수 없는데 과연 상호상생을 불법으로 일으킬 수 있을까. 나밖에 모르는 데에서 오는 불협화음이 결국 어려움으로 되돌아온다는 사실을 모르기에 세상을 원망하고 인연을 원망한다. 협화음을 일으키면 하나 되는 것이라 이로우면 이로웠지 아쉬울 리 없다. 덕 된 삶을 모르면 덕 된 행위를 모르듯, 무조건 네 뜻을 받아준다고 해서 이롭지만은 않다는 것이다.

필시 빠져 사는 만큼 분별도 춤 출 터이니 착하게 살아야 복 받는다 종용한 육생살이 잔상을 떨쳐내지 못하면 손해보고 밑지는 것마저 배려로 미화시킨다. 과연 그럴까. 임시방편은 될지 몰라도 곪으면 터지는 법이라 고착되면 누구에게 이로울 것인가. 이러한 논리가 미덕이라면 상호상생을 일으켜 귀감이 되어야 할 텐데 반쪽반생 일으키는 것을 보아하니 몰라서 해대는 말이 아닐까 싶다.

이처럼 실상은 전혀 다른데 이로운 행위로 포장시키다가 결국 자신만 손해 본다. 이에 따른 불신임은 누가 책임질 것인가. 도끼 자루 썩듯 주어진 방편을 썩혀도 나는 웃고 너는 우는데 어찌 웃으며 산다 할 수 있겠느냐는 것이다. 주어진 육생량을 개척했다면 너를 위해 써야 하는 것이고, 개척하는 중이라면 나를 위한 것이라 좌절의 문턱을 목숨 걸고 넘어야 하겠지만 너를 위할 줄 몰라 봉착한 문제는 회피하기 마련이라 결국 고통은 스스로 자초한다.

어려워진 이들에게 나타나는 공통점이 여럿 있는데 그중에 하나가 남의 말에 곧잘 현혹되어 바른 것과 다른 것의 차이를 구별하지 못하는 것이다. 그르다는 치우친 사의 행위는 나밖에 몰라 나 살고 너 죽자는 심보라고 할까. 다르다는 선의 행위는 나 죽고 너 사는 것이고, 바르다는 정의 행위야말로 나 살고 너 사는 것이다. 이 중에서 그르다는 치우친 사의 행위가 인류사에 힘을 제공하였고 적대보완적 관계로 다르다는 착한 선의 행위가 자리하였다.

육생량에 정신량을 부가시켜 나가는 업그레이드는 정의구현 시대를 가리킨다. 치우친 사의 행위는 어떠한 경로를 통해서든 지탄받고 부정부패로 척결될 것이나 문제는 분별보다 감성에 젖어 착한 선행을 하는 이들에게 있다. 여린 심성 때문이기도 하겠지만 대부분 혈연, 지연, 학연의 등쌀에 떠밀려 마지못해 하는 듯 착한 선행으로 말미암아 바른 분별을 어렵게 만든다.

분명 너 죽이고 나 살겠다는 치우친 행위와 확연히 차이 나지만 바르다고 말하는 정과 다르다고 말하는 착한 선의 경계에서 대부분 어려움을 토로하는데, 바르다는 행위는 너 살고 나도 사는 상호상생 일으키고, 다르다는 행위는 너 살고 나 죽는 반쪽반생 일으킨다. 따라서 심성이 여리고 약한 이들은 정신량 차원의 삶을 살아가야 좋을 듯싶고, 얍삽한 이들은 육생량 차원의 삶을 살아가야 좋지 않나 싶다.

인기가 인육을 쓰고 인간으로 살아가는 동안에 먼저 주고 후에 받는 선순환 법은 덕이 되고 득이 되는 차원으로 대자연은 상대성으로 바르게 사는 법을 가르치고 있다. 음의 물은 고이면 썩고, 양의 물질은 쌓이면 썩는다. 이를 가리켜 음음상극이요 양양상충이라 일컫는데 보이건 보이지 않건 주어진 방편은 너를 위한 것이라 바르게 쓰지 못하면 오히려 자신을 치는 부메랑 되어 돌아온다. 어떻게 누굴 위해 썼느냐의 차이는 나이 먹을수록 고달픈 육생살이에서 나타나는데 이를 가리켜 행의 공적이 곧 기도의 공답이라 말한다.

그리고 기도는 대자연에게 드리는 감사의 축원이여야 하지 자신의 욕심을 구하고자 하는 행위여서는 안 된다. 만약 기복이 통한다면 작용반작용의 법칙에 의한 표적이 무슨 소용이 있을까. 이유가 어찌됐건 빌어서 모든 것을 해결하려 들 텐데 말이다. 분명 육생량 개척을 위해 살아오던 시대에는 아쉬운 대로 기도의 효험을 보기도 했으나 정신량을 부가시켜 나가는 업그레이드 시대는 말법시대로서 기복의 절멸기다. 대자연의 흐름은 합의를 일으켜 하나 되는 시대를 지향함에 따라 4차 인공지능 시대는 상호상생 이롭게 주고받는 행위만이 삶의 질을 향상시켜 나갈 수 있다.

육생신앙 기복에 의지해온 나머지, 인생종교로 거듭나지 못해 다르다는 선과 바르다는 정의 분별을 되레 어지럽히고 있다. 어려움과 고통이 잘못 살아온 것에 대한 대가, 즉 표적인지 모르고 기도로 물리칠 수 있다는 욕심을 버리지 못하면 풍요 속의 빈곤, 그 쏠림에서 벗어나지 못한다. 어려움을 풀어볼 요량으로 기도에 자기 욕심을 심었다면 기복행위요, 너를 위해 살아가겠다고 원을 세웠다면 진정한 기도다.

아울러 축원(祝願)은 주고받고 들고나는 것에 대한 감사의 예를 올리는 것이어야 하며, 서원(誓願)은 너를 위해 살아가겠다는 맹세여야 하고, 이로움 질은 육생량보다 정신량이어야 한다. 행의 공덕이 기도의 공답으로 적용되는 삶의 순위는 부모자식, 부부, 내 앞의 인연으로 이어진다. 앞서 밝힌 바처럼 부부가 하나 되지 못하면 자식이 탈 날 것이고, 부모자식이 하나 되지 못하면 이미 부부간에 탈이 난 것이라 가정화합도 이루지 못하는데 내 앞의 인연으로부터 기인하는 문제를 해결할 수 있을까.

불가분(不可分)의 부모자식관계는 천륜(天倫)이요, 순망치한(脣亡齒寒)의 부부관계는 지륜(地倫)이라, 남귤북지(南橘北枳)의 지인관계는 인륜(人倫)으로서 천지인, 육해공, 상중하, 머리·몸통·다리 등의 세 개의 차원으로 나뉘어 운행되는 세상사의 모든 이유를 0의 차원 하나에서 천지음양 둘로 나뉘고, 다시 천지음양은 인을 낳아 셋이 되었다. 이렇게 천지의 자식 인기가 인육을 쓰고 인간으로 살아가기 위해 남녀음양으로 재차 나뉘었다는 데에서 음양은 근본의 차이일 뿐, 차별은 육생량 앞에 인간의 욕심으로 두는 것이므로 화합에는 차별이 있을 수 없다.

기복으로 순간의 만족은 느낄지 모르겠으나 하나 되는 행복에 접근이 용이하지 않다. 무엇보다 사랑은 제 욕심으로 하는 것이라 차별 둘 수도 있지만 행복은 하나 되는 차원이라 차별은 있을 수 없다. 예컨대 육생살이 인간으로 살아가면 힘으로 군림하려 차별을 두려 할 것이고 정신량으로 체화시키면 차별 두지 않는다. 아쉬움엔 아쉬운 만큼의 차별 두려 할 것이고 이로움엔 이로운 만큼 차별 두려 하지 않는 것처럼 말이다.

너의 가치를 존중하는 한 차별은 있을 수 없다. 나의 가치를 부각시키고자 할 때 두게 되는 상명하복은 누구한테 이로운 것일까. 위계질서가 지켜진다면 모를까 넘치거나 모자라면 하극상은 빤하고, 상호상생 일으키지 못하면 사회를 전쟁터로, 인간관계는 투쟁으로, 거래는 힘겨루기 장터가 될 판이라 차별 두지 않는다면 분별은 어렵지 않다. 하지만 탓하는 순간이 차별의 순간이라 사는 게 고통이라 되뇌며 살 수밖에 없다.

타성에 젖어 자신도 모르게 타박하고 차별 두는 악습을 빼내지 않으면 인간관계가 순조롭지 못하다. 이는 매사 불평불만에 너무 익숙해져 있기 때문이고, 그러다가 태반이 제 속 편키 위한 행위를 해대다가 온갖 고초 겪는데 자기 식에 빠지면 백약이 무효다. 분별하더라도 대체로 기분에 따른 변별력이라 본능에 가깝다고 할까. 집착, 독선과 무관하지 않고 문제는 매너리즘에 빠져 그것밖에 못살아가는 데 있다. 즉 세상사 그 무엇도 정해진 것이 없는데 자기 욕심대로 정해 놓고 문제를 야기한다는 것이다.

나밖에 모르는 틀에 박힌 사고가 아쉬운 육생살이의 가장 큰 병폐가 아닌가 싶으며, 오직 오르고, 이루고, 벌어들이는 삶을 살아가도록 가르치는 육생교육의 폐해인 듯하다. 타성과 자아도취로 아만까지 쌓고 말았으니 말이다. 물론, 화합에 가장 큰 장애가 되지만 미리 정해 놓고 취하려는 지식에 국한되어 지혜로울 수 없다. 욕심은 별개라고 하는데 아쉬운 육생량에 고착됐다면 브레이크 파열이라 잘나갔던 왕년에 잡지 못한 브레이크에 아쉬움이 남는다.

어떤 행위든 이면은 사랑하며 살아가기 위한 것에 있다. 사랑할 줄 모르면 사랑받지 못하므로 교육의 핵심은 주고받는 사랑을 가르치는 데 있어야 한다. 무수히 많은 사랑행위도 결국 행복을 지향하므로 사랑의 미명하에 뜻 받아 달라 고집부리든 자존심 세우든 이롭지 않으면 이로움이 없어 자기만 손해다. 합의를 위해 밀고 당기는 중이라면 모르지만 아쉬움은 주고받는 사랑을 통해 채워지는 법이므로 채우고자 한다면 채워주는 사랑을 할 줄 알아야 한다. 육생량 쌓아 두고 쓰지 못하면 썩어버리듯 받으려고만 하는 사랑도 썩어버리기는 마찬가지다.

득 될 성싶지 않을까 해서 내 욕심과 네 욕심이 만나지 않는가. 득 된다 싶을 때 사랑의 감정이 싹트는 것이므로 사랑받고자 한다면 이로워야 하듯, 산통은 받으려고만 들다가 깨뜨린다. 고통은 없어서가 아니라 이롭지 않아 당하는 것처럼, 배반은 사랑받지 못해 당하는 것이 아니라 사랑할 줄 몰라 당한다. 행복은 거룩한 사랑행위를 통해 영위하듯, 위대한 것도 이로운 것이라 이로움이 묻어나지 않는 교육을 교육이라 할 수 있을까. 배워서 남 주는 일이 교육인데 말이다.

사랑받지 못하는 자 결코 이로운 자라 할 수 없다. 사랑받고자 한다면 이로워야 하므로 이롭고 이롭지 않다는 것은 바르고 바르지 않다는 차이라 하겠는데 만인의 사랑을 받고자 한다면 쓰임이

다채롭고 이로운 자여야 한다. 매사 싸우고, 충돌하고, 부딪치며 사는 이들이 얼마나 사랑받을까. 사랑받고자 고통을 이겨내려 바둥대는 것 또한 행복을 맛보기 위한 것에 있다. 누군가는 사랑과 행복을 위한 삶은 버리고, 비우고, 놓을 때 찾아 든다고 애써 말하는데 과연 그럴까. 빈털터리로 살아가면 찾아올 인연이 설령 있더라도 무엇으로 채워주겠느냐는 것이다.

풍부한 정신량 소유자라면 모르지만 버리고, 비우고, 놓는 행위가 이롭게 쓰이는 행위라면 이보다 거룩한 삶이 어디에 있겠느냐만 사랑할 줄 몰라 사랑받지 못하고, 이롭게 쓸 줄 몰라 빼앗기고, 독선으로 일관하다 외톨이가 되어버린 이들의 강변일 따름이다. 선천적 본성에 부가시킬 후천적 인성을 함양하듯, 개척의 육생량은 아쉬운 활동주체로, 창출의 정신량은 이로운 운용주체로서 하나 되어 살아가는 인생량을 위한 것에 있다.

게다가 기본금 사주는 자본금으로, 빈털터리가 되었다면 잘못 살았다는 방증 아닌가. 애당초 버리고, 비우고, 놓아야 할 것 같으면 기본금마저도 불필요한 것이 아닌가 싶다. 들고나고 주고받는 행위가 필요 없으면 염치와 예의가 필요 없듯, 수치와 모욕을 모르는 약육강식 동물의 세계는 육생이 전부다. 물론 내 뜻대로 해보겠다는 욕심은 놓아야 하겠지만 개척과 창출은 순전히 내 욕심에 기인하므로 돼먹지 않은 생각을 비운다면 모를까 마음을 버리고 비웠더니 행복이 찾아왔다는 소리에 현혹되면 정말 곤란하다.

욕심이 탐욕이어서는 안 되겠지만 육생문명을 통해 정신문명을 이루어야 하듯, 나를 위한 차원 생각의 지식으로 육생량을 구축했다면 너를 위한 차원 마음의 지혜로 정신량을 마련해야 하는 것이라 기실 욕심 부리지 않고 이룰 수 있는 것은 없다. 과욕이 화(禍)를 부르는지라 넘쳐나거나 모자랄 때마다 가해지는 표적을 우연으로 치부하거나 별것 아닌 것쯤으로 간주하면 푸른 신호로 바뀌기도 전에 좌초된다.

서운하고, 섭섭하고, 억울하다는 생각이 드는 것도 이롭게 쓰지 못한 것에 대한 표적이라 내 잣대를 새롭게 재야 하지 않을까. 평상심 운운하는 것도 욕심 때문이고 보면, 어디에서 시작되어 어디로 흘러가는지 알아야 한다. 인기가 탁해지자 삼라만상도 탁해졌으니 탁한 인육을 쓰고 살아가는 인기는 이기적 인간일 수밖에 없다. 삶의 질은 육 건사 후에 논하게 되는 것이므로 먼저 육생량을 위해 살아가야 하는데 탁한 인기와 인육도 아쉬움이라 육생량과 조우하면 욕심이 춤추기 마련이다. 욕심의 변질이 욕화다. 자칫 탐욕과 방탕으로 나락에 빠져들기 쉬워 극히 두려워하지만 또 하나 쾌락에 빠져도 평상심을 잃는다는 것이다.

어려워졌거나 어려워지는 중이라면 변질 때문이고 본성에 인성을 부가하지 못하면 이성을 잃은 것이라 헤어나지 못한다. 물론 바르지 않은 행위에 대한 표적의 일환이지만 절대분별력은 이성을 잃지 않은 평상심에서 비롯되므로 줏대 없이 나대는 이기심이라면 모르지만 놓고, 비우고, 버리는 행위는 유익할 수 없다. 육생량은 욕심의 발로라 평상시 너를 위한 마음가짐이 필요하다.

특히 내 뜻대로 안 될 때 쉽게 잃는 게 평상시 마음가짐이라 웰빙과 힐링과 명상을 통해 가져보려 무던히 애쓴다. 이도 잠시 잠깐도 닦는 이들에게 유효할지 몰라도 육생량을 생산하고 수급하는 사회에서는 꿈같은 소리다. 또 그리해서 나밖에 몰라 상처받은 가슴을 치유할 수만 있다면 더할 나위 없지만 뿌리보다는 몸통의 방편이라 인격과 함께 도야하지 못하면 무익하다. 배려는 에티켓이요, 인(人)은 품이고, 격(格)은 포옹력이라 나를 우선할 때와 너를 우선할 때를 관찰해보자. 너를 감싸 안는 인품과 하나로 아우르는 인격은 내 앞의 인연을 사랑하며 살아가기 위한 것에 있다.

아울러 나를 위한 생각과 너를 향한 마음은 불가분의 관계로서 생각 너머의 마음에 다다를 때까지 표적은 가해진다. 그 누구도 피해 갈 수 없고, 나 하기 나름에 따른 인생방정식을 받아들이면 마음으로 다가서려 할 것이고 인품은 자연히 향상될 것이라 이쯤 되면 평상심 유지하려 바둥대지 않아도 될 것이다. 한결같은 평상심을 방해하는 가장 큰 장애요인은 마음을 나(에고)로 알고 있다는 것인데 지혜의 보고라 버리거나 비울 수 있는 그 무엇이 아니다. 비워야 할 대상은 내 뜻대로 해보려는 생각이다.

특히 저지레 떨어 손해 보거나 할 때일수록 순수 그 자체인 에너지 차원의 마음을 에고의 생각으로 오인하여 버리고 비우고자 애쓰는데 기실 마음 쓰는 법을 배운다면 인품도 함께 향상되므로 어느 곳에 간들 사랑받는 이로 살아가지 않을까. 뜻대로 해보려는 생각에 여념 없으니 염치도 모르는 인간이라는 소리를 듣는다. 욕은 화의 때라 먹으면 쌓이고 쌓이면 폭발하기 마련이라 그래서 노상 다툰다는 사실을 모르는 모양이다.

그렇다면 생각을 어떻게 비워야 하는 것일까. 생각과 마음, 즉 너와 나의 차원이 내 안에 함께하는 것은 치우침 방지를 위한 것에 있다. 다시 말해 내 생각을 통해 너를 향한 마음으로 다가서기 위한 것, 육생 너머의 인생을 살아가기 위한 것, 사랑을 통해 행복을 영위하기 위한 것이라고 할까. 지식에 쏠리면 지혜가 주눅 들 것이고, 지혜로 쏠리면 지식이 위축될 것이다. 이는 곧 내게 치중하면 네게 질타 받을 것이고, 네게 쏠리면 내 무능을 자책할 것이니 평상심 유지는 너를 통해 내 균형을 잡아 나가는 일을 말한다.

따라서 만만하다 싶으면 내 뜻대로 해볼 요량으로 '내가 누군데'라던가 '네가 감히' 하는 식으로 윽박질러 군림하려 든다면 비우겠다는 생각 자체를 아예 포기해야 한다. 내게 맞춰진 주파수를 네게 돌리는 행위가 쉽지만은 않아 은근히 나 잘났다는 식의 행위를 해대곤 한다. 그러다 자칫 따가운 눈총뿐만 아니라 거부감을 주는 날에는 오히려 생각은 보호막을 칠 것이라 그러다가 다들 자기 식에 고착되었다. 정녕 생각을 비우고자 한다면 고립을 자초하는 방패막이 자존심에 놀아나지 말아야 한다.

이처럼 한결같은 심정은 낭패 보았을 때 잃곤 하는데 낭패는 당최 무엇 때문에 보게 되는 것일까. 너를 위할 때인데도 불구하고 나를 위하다 보게 되는 것으로 대부분 자기 뜻대로 해보려다 안 될 때라고 할까. 또 그때마다 아집인지 독선인지 자존심인지를 내세워 자신을 위한 일을 가지고 너를 위한 일이었다고 우겨대기 일쑤라 표적을 받는다는 사실을 알 리 없다. 자존감은 너를 위할 때 발산하는 것이요, 자존심은 나를 위할 때 빚어내는 것이다.

사실, 자존심을 버팀목 삼는다 하겠지만 막무가내식 자기보호는 망상이자 절망의 지름길이다. 가슴의 상처는 대부분 자존심에서 비롯되기에 평상심 유지하려면 감정수련이라고 할까 단련이라고 해야 할까. 물론, 너를 위한다면 받을 리 없지만 나를 위하다 받는 것이므로 자존심 세우다 소화시키지 못한 화를 달래기 위해서라도 감정조절은 필요한 행위다. 폭발하면 더 큰 화를 자초할 터, 크건 작건 하나 되지 못한 이유를 관찰하면 감정기복은 줄어든다. 그리고 상극상충은 내가 일으킬 수도 있고 네가 일으킬 수도 있지만 먼저 너의 가치를 존중하고 아쉬움을 채워주고자 한다면 걱정할 일이 아니다. 손해 보는 것 같고, 밑지는 것 같고, '내가 누군데 감히'라는 생각을 갖는 한 이로울 수 없기에 부딪친다. 저승의 주인이 영혼이라면 이승의 주인은 인간이다. 하지만 천지가 인의 기운을 낳았고, 인의 기운은 개인주체의 존엄성을 가지고 태어나기 때문에 화합은 존중에 있다.

신도 이래라저래라 관여하지 않는데 하물며 인간이 인간에게 미주알고주알 참견이나 해댄다면 어떻게 될까. 저마다 자유의지와 고유의 존엄성을 가지고 태어나므로 형평성과 공정성으로 내 앞의 인연과 하나 되기 위한 작용반작용의 법칙을 인간생활 깊숙이 묻어두었다. 특히 내 앞의 인연을 내 뜻대로 해보려는 것만큼 큰 욕심은 없는데, 갈등은 바로 이때 빚는다. 자기 잣대로 세상을 평가하지 말라는 것도 떡잎만 보고 나무를 그리다가 하나같이 모순을 벗어나지 못해 하는 소리인 것 같다.

받아온 기본금의 차이는 있지만 사랑을 통해 행복의 차별은 두지 않았다. 근기와 소임의 차이로 인해 앞에서 벌어지는 일을 바르게 처리하지 못할 때 표적으로 주어지는 차별이라면 모르지만 육생량 앞에선 후안무치라 알 턱이 있나. 달콤한 육생의 안위에 빠져 썩는 줄 모르고 좀 더 얻어 볼 심산으로 형상에 무릎 꿇고 머리까지 조아린다. 자기 잘못은 되돌아보지 않고 형상 앞에 구걸을 위한 복종을 마다하지 않으면서 왜! 내 앞의 인연에게 용서를 구하지 못하는 것일까.

3. 가정에 대하여…

　나를 위한 어린 시절은 부모의 품에서 나를 위해 자란다. 즉 너를 위해 살고 싶어도 살 수 없는, 그래서 나를 위해 살아가야 하는 어린 시절 육생시절은 무엇을 위해 어떻게 살아가야 하는 것일까. 나를 위한 육생은 본능이요 너를 위한 인생은 분별이라 어린 시절에서 비롯된 성인 시절의 행보는 가정을 이루고 행의 현장에서 너를 위해 살아가기 위한 것에 있다.

　말 그대로 성인 시절은 가정을 이루는 인생 시절이라는 소리가 아닌가. 육생 너머의 인생은 어린 시절 너머의 성인 시절이라 선천의 수입은 후천의 지출을 위한 것에 있다는 소리와 다르지 않다. 결국 사랑과 합의는 수입으로 이루고, 행복과 화합은 지출로 이룬다는 것이다.

　들고남이 음양이요 주고받음이 상생이라 나를 위한 시기는 너를 위해 에너지를 비축해두는 육생의 시기다. 화합을 이루어 행복한 삶을 영위해 나가는 성인 시절을 위해서라도 어린 시절의 교육이 육생에 국한되어서는 안 된다. 튼튼한 몸을 위해 탁한 물질을 정제하여 입으로 먹이듯 건강한 정신을 위해 이롭고, 해롭고, 탁한 것 등을 눈과 귀로 보고 듣고 정제시켜야 하는데 문제는 바르고, 다르고, 그른 차원을 분별할 수 있느냐는 것이다. 육신은 튼튼하나 정신이 미치지 못하면 양양상충 일으키며 살 것이고, 건강한 정신에 육신이 미치지 못하면 음음상극 일으키며 살 것이다.

아울러 선천적 육생량은 힘이 가미된 생각의 지식만으로 개척하는 데에는 별지장 없으나 정신량은 후천적 창출부분이라 생각의 지식이 받쳐주지 않으면 마음의 지혜만으로는 일으키기 힘들다. 그래서 육생살이 시절에 인생살이 대안을 마련해야 한다는 것인데 육생의 안위를 인생의 안위로 둔갑시킨 것들을 구별하면 바르다고 말하는 바른 정과 다르다고 말하는 착할 선과 그르다고 말하는 치우친 사에 대해 알 수 있다.

요컨대 본능에 의지하여 살아가야 하는 시기가 어린 시절로서 주체의 분별마저도 부모에 의지해야 하는 터라 성인으로 성장하기까지 모든 책임은 부모에게 있다. 생각은 참나(주체)가 하는 것이고, 생각이 지식을 쌓아 육생물질문명을 이루었다. 마음은 선천의 질량이자 후천을 위해 쓰이는 에너지 차원의 지혜로서 쌓거나, 닦거나, 비우거나, 버리거나 할 그 무엇이 아니다. 오직 너를 위할 때 쓰이는 이로움의 질량이라 나를 위할 때 쓰이는 아쉬움의 질량과의 차이를 바르게 알고 있어야 한다.

특히 부모 슬하에 자라나는 어린 시절 동안 육생의 지식을 쌓고,

성인 시절에 들어 육생량을 바탕으로 인생의 지혜를 써야 하는 데 있어 반드시 해야 할 일은 인성함양이다. 생각은 지식을 토대로 보이는 육생량을 추구하고, 마음은 지혜를 기반으로 보이지 않는 정신량을 지향하는 것은 육생분별이 가능한 성인 시절을 위한 것에 있다. 이로운 행위도 인성여부에 따라 달리 나타나는 바라 지혜를 쓰고자 한다면 품성배양에 힘써야 한다.

특히 바르다고 말하는 정은 다르다고 말하는 착한 선과 그르다고 말하는 치우친 사를 변별할 때 가능하다. 나를 위한 어린 시절에 이로운 행위라고 해봐야 다르다는 착한 짓밖에 할 수 없어 하는 소리다. 학교에선 선생님을 통해, 가정에서는 부모님을 통해 가르침을 받는데, 과연 가르치는 이들이 정(正)과 선(善)과 사(邪)의 대한 변별능력이 있느냐는 것이다. 지금도 힘이 가미된 육생살이 교육에 빠진 나머지 희망을 잃은 자식세대 에코부머의 초점은 공무원에 맞추어져 있다. 이는 바르다는 정의 차원을 일깨우지 못한 부모세대 베이비부머의 책임이라는 것이다.

교육열만큼 남다른 민족이라 뭐라 할 말은 없지만 먹고살기 위한 육생교육에 몰두한 결과, 벌고 쓰는 행위에 대한 분별을 하지 못하는 지경에까지 이르렀다. 생각해보자. 태어나자마자 너를 위해 살 수 있는지 없는지에 대해서 말이다. 가정은 안식처로, 학교는 배움의 장으로, 행의 현장 사회와 연계되었다. 왜일까. 천지인 세 개의 차원으로 나누어진 세상이라 머리(뿌리)·몸통·다리(가지), 육해공, 상중하, 부모자식 등으로 나뉜 것을 볼 때 3·3·3의 리듬원리가 적용됐었음을 알 수 있다. 따라서 가정에는 부모님이, 학교에는 선생님이, 사회는 운용주체가 바르게 이끌어야 하나 육생 안위에 사회 전산망이 전복되다시피 하자, 인생교육 시스템은 토대조차 마련하지 못한 지경이라 하나 되지 못한 가정은 파괴되고 있다.

국가는 사회를 위해, 사회는 가정을 위해, 교육은 만백성을 위한 일깨움이어야 하는데도 불구하고 육생살이를 위해 육생기업에 초점을 맞추었으니 쏠림이 심화될 수밖에 없다. 물론, 기업이 활성화되어야 사회의 전산망은 육생량과 더불어 구축되는 것이겠지만 기업도 육생이요, 교육도 육생이라 노사의 양양상충은 불 보듯 빤하다. 찾아오면 도와주겠다는 간판이 곧 법당인 시대를 맞이하여 기업이념이 올바르면 모를까 글로벌코리아를 부르짖어 봤자 육생의 법안이 전부라 피 끓는 강성노조가 대세일 수밖에 없다. 어린 시절에 쌓은 지식은 인생 시절을 맞이하여 지혜를 부가시켜 나가야 하는데 지식이 지혜의 탈을 쓰자 만족을 행복으로 받아들이는 오류를 범하고 있다.

국가가 못하면 사회가, 사회가 못하면 기업이 마련해야 하는 것이 화합의 정신량으로 이기의 육생량이 모든 것을 해결해 줄 것으로 믿고 있는지 여념 없다. 최고의 엘리트가 몰리는 곳이 대기업과 공기업뿐인 것을 보면 CEO의 책임이 만만치 않다. 그래서 노조가 분규를 일으키는 것이고, 정치인은 만백성의 지탄을 받는 것이며, 정경유착 도마 위에 회자되는 경제인은 사회 환원의 실마리를 풀지 못해서다. 동족상잔 6.25 이후 이 땅을 농성장으로 만든 책임은 교육에 있지만 종교로 승화하지 못한 신앙과 정신적 지도자를 자처하는 이들의 책임은 어찌할까.

어렵고, 힘들고, 고통스러울 때 가장 먼저 찾아가는 곳이 어딘가. 산이나, 들이나, 물가나, 번화가나, 주택가나 가장 좋은 곳에 위치하여 찾아오면 도와주겠다는 간판을 걸어놓은 곳이다. 그나마 기업의 간판과 상가의 간판은 주고받을 육생량이라도 있지 신앙 간판은 무엇을 주고받자는 것일까. 물질문명의 발전으로 육생의 질이 나아진 것일 뿐, 신앙으로 말미암아 삶의 질이 오른 것마냥 책동한다. 왜 종교로까지 승화하지 못하는 것일까. 욕심의 발로 이기의 육생 안위에 안주하여 벌어지는 일이 아닐까 싶은데 그 대가로 이타의 정신량은 퇴행을 면치 못하고 있다.

그리고 사랑을 통해 행복을 일구어 나가는 가정이 파괴되면 이는 누구의 책임인가. 교육 시스템이 붕괴되어서 그런 것이면 분명 교육자들의 책임이겠지만 과연 이들을 운영하는 운용주체가 누구냐는 것이다. 이로운 행의 현장이어야 할 사회복지 전산망까지 이기의 육생살이에 전이(轉移)되었으니 평안의 안식처로 인도해야 할 신앙이 나설 차례인데 어찌된 노릇인가. 이단이니 사단이니 이권싸움에 정신을 더 못 차리는 것 같다. 이로워서 맞이하는 입장이 누구인가, 아쉬워서 찾아가는 이들이 누구냐는 것이다.

국가는 운용주체로서 만백성의 안위를 책임져야 하는 것이고, 사회는 행의 현장으로서 살맛 날 때 생기가 돌기 마련이다. 기업은 이로워서 맞이하는 입장이고, 사원은 도와 달라 찾아간 아쉬운 입장이고, 고객은 그저 도와주겠다는 간판보고 찾아간 소비자 입장일 따름이다. 학교는 이로움을 가르치는 운용주체요, 학생은 아쉬움을 채우러 간 활동주체다. 신앙은 고달픈 육생살이에 고통 받는 만중생을 구제해야 하는데 기복판이고, 이에 따라 에너지 충전소 가정은 정신량 부재로 기능을 잃어가고 있다.

한편, 천지음양 인의 자식을 낳아 저승과 이승을 오가듯이, 인은 남녀음양으로 분리되어 인간 육(肉)의 자식을 낳아 가정과 사회를 오간다. 천기는 무형의 음기 운용주체요 지기는 유형의 양기 활동주체로서, 천지음양 운용주체는 인기의 부모이고 활동주체 인기는 천지음양의 자식이다. 다시 활동주체 인기 앞에 유형의 삼라만상 지기는 운용주체이고, 하나의 인기가 두 개의 음양으로 나뉘어 음기 여성은 운용주체요, 양기 남성 활동주체로 자리하였다.

아울러 부모는 남녀음양 운용주체이고 자식은 양기 활동주체다. 인기가 인육을 쓰고 활동주체 인간으로서 운용주체 지기의 만물을 방편으로 살아가듯 무형의 저승에서 받아온 육생의 기본금을 바탕으로 유형의 이승에서 삶을 영위한다. 활동주체 지기의 삼라만상을 운용주체 천기가 운영하듯이 양기 활동주체 남성을 음기 운용주체 여성이 이끌어 가야 한다.

나비가 꽃을 찾는 것처럼, 아쉬운 활동주체 남성이 이로운 운용주체 여성을 찾아다니는 것은 에너지 충전을 하기 위한 것에 있다. 육의 생명체는 활동주체로서 운용주체 물을 찾아다녀야 하겠지만 기초식물이 서식할 때 기초생물도 공존하는 법이라 생명체가 살아 숨 쉬는 곳이면 구석구석 흘러들어 가는데 여자가 시집가는 원리라고 할까. 천기의 운송수단 물로 육의 생명체는 번식하므로 흘러들지 않는 곳은 육의 생명체가 없듯이 생각의 지식은 마음의 지혜와 하나 되지 못하면 상극상충을 일으킨다.

따라서 운용주체 가정은 활동주체의 안식처이자 에너지 충전소여야 한다. 남편은 아내에게 에너지 충전을 하지만 방전된 아내의 에너지는 어디에서 충전해야 하는 것일까. 그곳은 바로 정신량을 부가한 종교여야 하지 않을까 싶은데 육생량에 발 묶여 좌표를 잃어버린 지 오래되었다. 행복의 소산 가정은 어떠하고, 사랑의 현장 사회는 또 어떠하며, 화합을 이끌어 낼 정치인의 작태는 또 어떠한가. 국가는 국가대로, 정치인은 정치인대로, 사업가는 사업가대로 에너지를 충전하지 못하면 기세가 숙지는데 되레 그 짐을 만백성이 짊어져야 하는 참으로 우스꽝스러운 현실이다.

종교는 만민의 정신량 충전소여야 하는데도 기복에 목매는 실정이라 이에 발맞춰 양기와 화합치 못한 음기는 음음상극 일으키고, 음기를 채우지 못한 양기는 양양상충 일으키니 가정은 컨트롤 타워(control tower)의 기능을 잃어버린 지 오래다. 사회야말로 활동주체 행의 현장 아닌가. 에너지 충전하지 못한 이들이 늘어날수록 돌연변이 사고가 속출하기 마련이라 정의구현은 가당치도 않다. 하기야 정치가 정의롭지 못한데 정의로운 교권이 있을 수 있나. 시민의식 육생량에 춤추면 가정이 무너지고 사회는 부패한 것이라 실낱같은 희망을 걸어야 할 곳을 찾는데 영 신통치 않다.

춥고 배고픈 쌍팔년도면 모를까. 육생량이 넘쳐나는 에코부머 세대에 들어 목구멍이 포도청이라는 말이 도는가 싶더니 책마저 귀동냥에 의존하는 듯 스토리텔링(storytelling)이 대세이지만 그나마 다행이다 싶은 것은 인문학 열풍이 불고 있다는 것이다. 그런데 육생 안위나 쫓으며 우리 것은 소중한 것이라고 부르짖는 형국이라 1안의 육생문화를 제외하면 2안의 정신문화에 대해 얼마나 알고 있을까. 2천 년 이상 주변국가의 유불선에 의지해왔던 관계로 천손민족, 배달민족, 백의민족, 신선의 후예 등의 각종 수식어가 따라 붙는 이유에 대해서 관심 밖인 것 같다.

그러고 보면 찬란한 문화유산이라고 해봐야 보이는 육생량 한옥과 한복에 유교와 불교 유산이 전부인 듯싶고, 천여 번이 넘는 외세의 침입으로 5천 년 이상 된 홍익인간 이념을 잊고 살아온 것은 아닌지 모르겠다. 길이는 3천 리, 둘레는 7천 리밖에 안 되는 작은 반도국가에 불과하기 때문에 외세의 침입이 잦을 수밖에 없었던 것이라고 쪼잔한 변명만 해댈 것인가. 참 아이러니한 것은 흰 옷을 입고 육생살이 활동주체 민족처럼 막일도 마다하지 않고 살아왔다는 점이다. 검은 옷이면 한층 수월할 텐데도 굳이 흰 옷을 입었던 이유가 무엇일까. 흰 의복은 운용주체 표상이요, 검은 의복은 활동주체의 표본이라 우리 민족의 고유문화유산을 재건하고자 한다면 심히 고려해야 한다.

너를 위해 살아갈 자격이 부여되는 성인 시절에서부터 부합되는 홍익인간 이념은 천손민족 숙원이 아닐까 싶고, 빈번하게 외세의 침입을 받았던 원인에 접근하지 못하면 거국적 도모가 어렵다. 해양과 대륙 사이에 위치한 반도국가 이념의 가치는 육생량이 아니라 정신량을 지향하고 있다는 점이다. 인간세상을 널리 이롭게 하자는 것은 하나 되어 살아가기 위한 것으로 구현은 조정에서부터 각 지방 행정기관을 통해 각기 가정으로 전해져야 하는 것이겠지만 환난의 연속이라 그럴 겨를이 있기나 했었겠나. 타박이나 해대지 않으면 다행이다 싶고 싸우고, 부딪치고, 충돌하기에 어렵고, 힘들고, 고통스러워지는 것이라 환난을 무엇 때문에 당해야 했는지 반드시 되돌아봐야 한다. 주변에 강대국이 자리하고 있었기 때문이라는 변명 같지도 않은 변명은 정말 곤란하다.

만백성의 운용주체 조정에서 이로운 행위를 다하지 못하면 대신들은 아쉬운 활동주체로 좌천될 것이라 그 고통 어찌 말로 다 표현할까. 행의 현장 사회의 직분과 직위도 다르지 않다. 내실을 담당하는 운용주체이건 외실을 담당하는 활동주체이건 본분을 잊지 않으면 신분상승할 것이고 그 원천은 이로운 정신량에 있다. 육생량 활동을 위해 반드시 필요한 에너지원이라는 사실을 모를 리 없겠지만 어떻게 해야 충전을 바르게 시키는지 아는 이도 없는 것 같다. 좌천과 강등은 에너지 충전을 하지 못할 때 일어나듯, 승진과 진급도 에너지 충전시킬 때마다 일어난다.

가정에서는 부인에게, 직장에서는 상사에게, 사회에서는 운용주체에게, 만백성은 국가에게 이로움의 충전을 시킬 때 상식이 통하고 정의가 바로 서지 않을까. 그에 따른 자원은 이념이 받쳐줘야 하겠지만 만약 앞에서 벌어지는 일을 처리하지 못하는 데도 상식과 정의가 통한다면 그야말로 선지자다. 이쯤 되면 거침없이 처리하지 못할 일도 없거니와 부딪쳐 머무를 일도 없다. 그리고 바르다는 정과 다르다는 착한 선과 그르다는 치우친 사의 변별이 선 상태라 애써 정의를 부르짖을 이유도 없거니와 이러한 지인을 알고 있다면 에너지 충전은 어렵지 않다.

주어진 공부는 활동주체 남편은 사회라는 행의 현장으로 출근해야 한다는 것에 있으니 운용주체 부인이 충전 받고 충전시켜야 한다는 것이다. 낮에 일하고 밤에 쉬고, 월화수목금은 출근하고 토일과 국경일은 에너지 충전을 위한 공휴일이다. 지친 육신 육생량만으로 얼마든지 회복가능 하지만 스트레스 쌓인 감정은 정신량이 없으면 어림없다. 야외나 유원지를 찾고 취미생활 하는 것도 다를 바 없지만 입으로 먹고 눈으로 보는 것은 육생의 힐링일 뿐이고, 귀로 듣고 정화시키는 정신량과 함께했을 때 인생의 힐링인 바, 나름 에너지 충전을 했다고 할 수 있다.

스트레스 받는 이유가 어디에 있을까. 거의 업무상의 일로 사달이 나는데 내 안에서 삭히어 별 문제가 없다면 모르지만 부당하고 불합리한 일은 나만 삭혀서 해결될 일이 아니므로 주된 원인을 밝혀내는 데 있지 속 편코자 자연 속에 하루를 보내는 데 있지 않다. 당연히 육생만족이야 하겠지만 내 앞에서의 일은 내 발전을 위해 벌어지므로 머물면 퇴보요, 넘으면 진보다. 이처럼 정신량 없는 취미생활에 매달려봤자 출근하면 재차 유사한 문제에 봉착할 텐데 컨트롤 타워 가정에서라도 활동주체를 위한 운용주체 행위가 무엇인지 바로 알고 있어야 한다.

물론 기업이나, 사회나, 정부나 다를 바 없지만 사랑하는 곳은 너를 위한 행의 현장이요, 가정은 나를 위한 휴식소라 운용주체 주도하에 화합하지 못하면 의논조차 애로가 많다. 이는 누구도 피해 갈 수 없는 표적이라 운용주체 본분을 저버리면 할 일 잃은 활동주체로 인해 국가는 붕괴요, 사회는 괴멸이고, 기업은 파산이며, 가정은 파괴된다. 흰 옷은 정신적 지도자의 표상인데 좌천되어 육생량을 위해 활동주체로 살아간다는 사실을 부정하겠지만 천여 번이 넘는 외세의 침략은 운용주체 민족적 사명을 저버린 대가이다.

어렵고, 힘들고, 고통스러워진 것도 소임을 배임한 결과물이다. 가정에서부터 부부가 의논하여 합의를 이룬다면 행의 현장 사회에서도 합의를 통한 화합을 능히 일구어낸다. 만약 가정이 있다 하나 운용주체 부인은 없고 활동주체 남편만 있다면 어떻게 될까. 충전소의 구실을 다하지 못할 터이니 지탱하기 어렵고, 활동주체 남편이 없고 운용주체 부인만 있다면 에너지 충전소는 유요한 것이라 나름 지탱해 나간다. 돌이켜보면 우리 민족의 역사와 우리 민족 여인의 일생이 다르지 않음을 알 수 있는데 우연일까.

어린 시절의 행보는 받아온 육생의 기본자리에 오르기 위한 것으로, 올라섰을 때 성공했다고 말하며 운용주체로 신분상승한 것이라 행의 질량, 즉 사랑의 농도가 달리 묻어나는 시기다. 남녀가 만나 가정을 꾸려야 하는 이유가 어디에 있을까. 아내는 운용주체로서 내면의 정신량을, 남편은 활동주체로서 외면의 육생량을 위해 노력하며 살아가기 위한 것이 아닌가.

주고받고 들고나는 음양이 하나 될 때 힘은 배가 되므로 결혼은 인륜지대사요, 가정은 컨트롤 타워 에너지 충전소라 소문만복래(笑門萬福來) 가화만사성(家和萬事成)의 일면은 웃음꽃이 피어나는 집안은 화목하고 모든 일이 순조롭게 잘 이루어진다는 뜻이지만 이면은 남편의 미래는 아내의 손에 달려있다는 것이다.

부모자식관계는 불가분으로서 부부화합을 이루지 못하거나 소임을 저버리면 크고 작은 불상사가 자식에게 일어난다. 활동주체 자식은 운용주체 부모 하기 나름이듯, 남편도 아내 하기 나름이라 만약 몹쓸 짓을 해대는 자식을 나무라는 것으로 해결할 수 있다면, 사자짓이나 해대는 남편을 잔소리 하는 것으로 해결할 수 있다면 얼마나 좋을까.

이처럼 쳐다보고 가슴 아파하는 자가 환자라 수술의 대상은 운용주체이지 활동주체가 아니다. 다시 말해 자식이 잘못되면 대상은 부부이지 자식이 아니며, 남편이 잘못되면 대상은 아내이지 남편이 아니다. 아내가 잘못되면 대상은 남편이겠지만 가정은 풍비박산이다. 아울러 천륜지간 자식이 잘못되면 맑은 하늘에 날벼락이요, 지륜지간 남편이 잘못되면 아내의 가슴에 천근의 못을 박는 것이고, 아내가 잘못되면 남편의 미래는 그 무엇도 보장할 수 없다. 그런데 자식이 잘못되었을 때 부모의 가슴에 한이 남는데 부부 중에 누구의 가슴이 더 아플까. 표적은 운용주체에게 들어가므로 충격은 남편보다 아내가 더 크다 할 것이다.

물론 한집안의 가장은 활동주체 남편이고 아내는 운용주체로서 남편을 주도하는 위치인데 관계를 잘못 이해하고 있어 폐단이 끊이지 않는다. 활동주체 육의 생명체가 있어 운용주체 물이 있는 것일까 물이 있어 생명체가 있는 것일까. 닭알 논쟁과 유사하지만 육의 생명체는 물 번식하므로, 물이 있어 육의 생명체가 존재한다는 것이다. 화합을 이루는 때도 이로운 음이 아쉬운 양을 덕 되게 할 때이듯, 행복도 운용주체가 활동주체를 품어 안을 때 영위한다. 성인이 되기까지 어머니 품속에서 성장하는 것은 거룩한 음의 기운 궁(宮)에서 위대한 품(品)을 느끼고 경(經)을 배우기 위해서다.

아울러 육생기 어린 시절 10세 전까지는 천기(어머니) 음의 기운의 보살핌으로 성장하고, 청소년기 20세 전까지는 지기(아버지) 양의 기운의 보살핌으로 성장한다. 인생기 21세 이후부터 성인 인생 시절이라 받아온 육생량을 바탕으로 가정을 꾸려 개척과 창출 활동을 하는데 활동주체 육생살이 어린 시절동안 운용주체 부모의 품에서 성장했듯, 인생살이 성인 시절은 운용주체 아내의 궁에서 품을 느끼고 경을 배워 활동주체 남편의 나래를 펼치는 시기다.

사주는 근기에 따라 달리 주어지므로 30세 전에 받는 경우도 있고, 30세 후에 받는 경우도 있어 결혼 적령기는 대체로 21세 이후, 30세 이전이 적합하다. 결혼하기 전까지 육생살이 춘하추동(春夏秋冬)은 결혼 후 인생살이 생장수장(生長收藏)을 위한 것으로 가정은 충전소이자 컨트롤 타워로 자리할 때 파종은 생(生)의 30세에 하게 될 것이고, 성장활동 활발한 장(長)의 시기 40세는 어느 시기보다 안팎으로 운용주체 내조가 필요할 때이며, 결실을 맺는 50세 수(收)는 40세 때 결과물이 나타나는 시기다.

컨트롤 타워 가정에서 의논합의(사랑)가 얼마나 이루어졌느냐가 화합(행복)의 결실로 나타나는데 하늘의 뜻을 안다는 지천명 50세에 결과물이 없다면 미혹되지 않는다는 불혹의 나이 40세에 잘못 살아온 것에 대한 결과물이다. 장(藏)은 61세 저장의 시기로 새로운 출발선상이다. 즉 50세의 수확량에 따라 존경받느냐 외면당하느냐로 삶의 질이 나타나는 만큼 뜻을 세운다는 입지의 나이 30세부터의 행로가 중요하다.

결혼할 즈음에 남성은 운용주체가 되어 있을 수도 있고, 웅비의 활동주체일 수도 있겠지만 기본의 사항이라 생장수장에 큰 영향을 미치지 않는다. 육생의 안건은 결혼 후에 일기 시작하고 또 인생의 중대 사안이라 부부합의를 이루어 대처하면 얼마든지 헤쳐나 갈 수 있는 문제들이다. 만약 합의는커녕 따로따로 노는 결과를 초래하면, 기본의 자리에 올라섰다면 실패할 것이고, 올라서려 노력 중이면 거듭된 좌절로 주저앉을 것이라 모든 원인은 컨트롤 타워 부실운영에 있다.

갑을 관계도 그렇고, 가부장제도 그렇고 운용주체와 활동주체 본연의 행위를 잊지 않으면 합의를 통한 화합은 어렵지 않으나 그릇된 인식으로 말미암아 상극상충을 부추기고 있다. 음양행위의 차원이 뒤바뀌면서 변별력까지 뒤바뀌었는지, 자신을 위한 일을 가지고 너를 위해 한 일로 인식하고, 더 큰 문제는 무엇이 잘못되어 표적을 받았는지조차 모른다는 것이다. 앞앞이 갑갑하고 구석구석 눈물 날 일만 일어나는데도 나를 위한 일과 너를 위해 한 일을 분별하지 못해 왕년에 내가 누군데라는 소리만 해댄다.

때론 노련한 이해자마냥 어려움은 한순간이니 참아야 한다면서 송사에 휘말리지 않으려면 약간의 손해를 감수해야 하지 않겠느냐는 식으로 간섭한다. 육생량을 위해 육생을 살아오는 동안 다르다는 착한 선행을 바른 것이라고 받아들인 결과가 그르고 치우쳐 살아가는 이들의 손아귀에 놀아나는 일이다. 이도 물론 어리석은 내 욕심에서 기인한 일이겠지만 한편으론 욕심은 고프고 허한 곳을 채우려는 욕구이자 욕망인지라 풍요 속의 빈곤의 시대에 채워야 하는 것은 내면의 정신량으로서 대체적으로 외면의 육생량을 채우려다 치우쳐 사는 이들에게 당한다.

어려움은 착한 행위에서 비롯되는데도 눈치 보며 거절하지 못해 상처를 넘어 곤궁까지 이르는데 태반이 정 때문에 저지레를 떤다.

이처럼 다르다는 착한 행위가 여전히 바르다는 정행을 대신하더라도 문제는 맞지 않는 것도 없고 맞는 것 또한 없는 데 있다. 풍요 속에 빈곤으로 인해 바른 행위를 갈망하여 정의가 무엇인지도 모르고 정의(正義)를 정의(定義)하기에 이르렀는데 지금 이 순간도 다르다는 착한 행위가 정을 대신하고 있어 일면과 이면의 변별력에 큰 어려움을 겪고 있다.

사나운 맹수를 먹을 것(육생량)으로 길들이는 것을 보더라도 생각차원의 미숙한 육생살이 동물을 키우는 일은 그리 어렵지 않다. 우는 아기 달래는 것도 배설과 먹을 것이면 충분하지만 생각차원이 성숙해질수록 육 건사를 방편삼아 득 보기 위한 셈법이 복잡 다양해지므로 육생량으론 어림없다. 논리와 논리, 생각과 생각, 욕심과 욕심이 뒤엉킬 때마다 치우친 사의 행위가 춤추기 마련이라 힘으로 군림하고 우위에 서려 하는 자일수록 지식을 앞세운 정의를 명분삼아 착한 선행을 부추겨 영리를 취해왔다.

정부나, 기업이나, 가정이나 힘으로 군림하려 들수록 지혜를 저버린 처사라 여야, 노사, 부부지간 할 것 없이 자기 셈법이 불꽃 튈것이라 대내외적으로 내부결속이 어렵다. 육생살이 동물이라면 모르지만 힘이 가미된 육생활동은 결국 상극상충 일으킬 따름이라 육생량으로 도모할 것이 있을까. 자연의 섭리나 이치나 순리나 도리나 주고받는 행위에 있다. 다르다는 선의 행위나 치우쳤다는 사의 행위나 육생량을 두고 일으킨 셈법이라 정부나, 기업이나, 가정이나 운용주체가 치우치면 착한 선을 앞세운 치우친 사가 판을 쳐걷잡을 수 없는 혼란에 빠진다.

세상사 이해하지 못할 일이 있을까. 이유 없이 일어나는 일이 있느냐는 것이다. 정신량의 운용주체를 통해 육생량의 활동주체가 움직이는 것이므로 이유 없는 무덤 없듯 이유 없이 일어나는 일 또한 없다. 만약 있다고 한다면 어느 쪽의 입장인지 살펴보면 알 수 있다. 맞이하는 이로운 자가 찾아가는 아쉬운 자의 입장에서 되짚어보면 상극상충의 원인을 충분히 알 수 있는데 나 아니면 안 된다는 이상으로 버티다 대부분이 일을 그르친다. 아는 만큼 이해하고 이로운 만큼 받아들이는 것이 상황이라 기실 내가 알고 있는 것은 내게 이로운 것들뿐이다.

쉼 없이 터지는 사건과 사고의 이면은 합의를 통한 화합을 이루지 못해서이고, 파동은 사회와 기업과 가정으로 전해지지만 발단은 대다수가 가정에서 기인한다. 사회라는 행의 현장으로 출근하는 활동주체에게 가정에서 정신량을 심어준다면, 사회에서 육생량을 생산하는 활동주체에게 정신량을 심어줄 것이고, 그만큼 하나 되지 못해 받는 표적의 횟수는 줄어들 것이라, 사람답게 사는 세상은 사람 사는 사회에서 비롯되듯, 기업경영은 CEO가 하지만 본바탕은 음양화합 이룬 가정에서 비롯된다.

지식이면 모를까 인성함양은 명문대에 있지 않다. 명품에 인격이 배어 있지 않다는 것이다. 정신량이 첨가되지 않는 이상 지식을 추구하는 육생의 명문일 뿐, 장인의 손을 거친 것일 뿐, 지혜를 지향하는 인생의 명문대나 인생의 장인이 아니라는 것이다. 서양의 육생물질문명이 밀려오기 시작하는 1897년 대한제국에서부터 홍익인간 인성함양을 위한 명문대가 있었다면 동서는 지역갈등으로, 남북은 이념대립으로 사분오열되지 않았다. 이 땅에 서양의 육생물질문명이 짙어질수록 심화된 가정파괴의 이유를 어디에서 찾아봐야 할까. 불신과 맹신이 뒤섞여 보수(몸통)와 진보(가지)에 놀아나는 판이라 뿌리민족 고유이념을 하찮게 여겼는지 모르겠다.

채울 수 없는 아쉬운 육생량과 절연한 듯 자기논리 합리화시키고자 다르다는 착한 선의 정당성을 권선징악(勸善懲惡)과 인과응보

(因果應報), 사필귀정(事必歸正)으로 무마시키려 들지 않았는지 유불선(儒佛禪)은 심히 되돌아볼 일이다. 물론 이에 걸맞은 정신량이 부가되면 바르다는 정의 행위가 될 수도 있겠지만 육생살이 벗어나고자 해도 방도를 몰라 부질없이 해대는 것이라 괴로움의 눈물짓고도 제 잣대를 놓지 못하여 꺼둘려 살아간다. 이런 유의 이들일수록 누 끼치며 살지 않았다고 하지만 자기 책임이다.

이로운 정신량 자체를 아예 모르는데 누에 대한 분별이 가능하다면 이도 아이러니한 일이고, 가능하다 해도 아마 착하다는 선행에 국한된 일이 아닐까 싶다. 그런데 누구한테 이롭자고 하는 행위일까. 속 편차고 한 행위라면 자기 셈법과 다른 이들을 얼마나 이해하고 받아들일지 모르겠다. 결국 자기만의 왕국에서 살아가겠다는 것이 아닌가 싶고, 고립과 단절을 자초하는 일인데도 외골수 보호막을 친다. 물론 몰라서 하는 짓이겠지만 그렇다고 참견할 수도 없는 노릇이라, 교과서(본보기) 삶을 살아가는 일밖에 없다.

내 앞의 인연이 내 모습이라, 도와 달라 요청했을 때 도울 자격이 주어지는 것이므로 이유와 원인을 모른 체 섣불리 다가가 동정을 베풀다간 그에 상응하는 표적을 받는다. 그 지경으로까지 몰린 것은 다르다는 선행과 그르다는 사행의 결과라 육생량만으로 해결을 도모하다간 십중팔구 낭패를 본다. 물론 어려움은 육생량에서 비롯됐지만 원인은 정신량 부재로 야기된 문제라는 것이다.

그리고 어려움을 언제 느낄까. 대부분 있다가 없을 때 느끼는 것이고, 있을 땐 직위가 운용주체로 상승한 것이라 아쉬워 찾아올 활동주체를 알기 위해 노력해야 한다. 어려움은 하나같이 아쉬운 육생량에 이기의 육생량을 부가하다 맞이한 것으로, 만약 자신의 일

250

을 처리하지 못한 상태에서 나섰다간 허정개비 신세 면치 못한다. 물론, 응급처지 정도야 큰일이 나겠느냐만 깊어지면 착한 것이고, 빠지면 헤어나지 못할 것이라 지속적인 관계를 유지하려면 냉철해야 한다.

이로움에 따라 질량이 다르고 아쉬움에 따라 질이 다르다. 너한테 필요한 것은 내게 있고, 나한테 필요한 것은 네게 있어 하나 되어 살아가는 것이다. 너에게 보인 관심은 내 욕심을 채울 수 없나 싶어서이고, 관심은 통해 보기 위한 것에 있으며, 의식은 아쉬움을 채우기 위한 것에 있다. 또한 정신량이 부족할수록 힘으로 채우려 들 것이고, 정신량이 채워질수록 주고받기 위해 노력할 것이다.

이나저나 인연은 허물을 쓰고 온다는 사실을 알고 있을까. 천륜의 자식이야 두 손 불끈 쥐고 울다가 웃으며 다가오지만 인류지간은 다르다. 이기와 아쉬움의 조건이 맞을 때 미소 짓는데 득 보자는 억지미소, 그래서 부자연스러운 모양이다. 깨우침은 자기모순을 찾는 데에서부터 비롯됨이라 육생살이 중에서 지난날의 모순을 찾아 쓰는 것은 인간뿐이라는 데 있어 그 육생이 빚어낸 모순을 먹고 정신량을 찾아 나서는 것도 인간뿐이다. 특히 나의 육생은 나의 인생을 위한 것이라 남이 알 수 없다.

혹자는 더 잘 안다고도 하는데 무엇을 보고, 듣고, 생각하는지를 안다면 모르지만 어려운 일이다. 특히 살아가는 데 있어 필요한 것은 육생량이라, 이 앞에만 서면 이기와 욕심은 욕화로 탈바꿈한다. 인육을 쓰고 살아가지 않으면 삼라만상 육생물질은 필요하지 않다. 하지만 필요한 만큼 무형의 저승 사차원에서 받아온 육생의 기본금은 유형의 이승 삼차원을 위한 인생의 자본금이다. 어떻게 쓰느냐에 따라 삶의 달리 나타나는 것을 볼 때 인육은 손오공의 머리띠 금고아와 다르지 않다.

물질적, 육체적, 정신적 고통은 인육 쓰고 인간으로 살면서 시작되는 것으로 모든 질량은 선천적 육생량에 묻어두어 후천적 정신량이 부족할수록 육생량을 앞에 두고 싸우고, 충돌하고, 부딪쳐 어렵고, 힘들고, 고통스럽게 살게 되는 것도 인생방정식을 인간생활 깊숙이 녹여놓아서다. 그것도 내 앞의 인연으로부터 비롯되는데 만약 육을 벗고 육생량을 쓰지 않는다면 물질적, 육체적, 정신적 고통이 가해질까. 이처럼 표적은 자기모순을 찾아보도록 하기 위해 가해진다는 것이다.

삶의 무게만큼 쌓인 집착을 가지고 저승으로 돌아가면 생전의 고통에서 한 뜸도 벗어날 수 없다. 죽어서도 본연의 자리를 찾지 못해 구천을 떠돌다가 때론 다하지 못한 한(恨) 풀고자 이승을 오가곤 한다. 집착이 낳은 냉혹하고 혹독한 저승의 전모를 알 수 있는데, 특히 육신을 벗는 순간 육생에서 해방된 듯싶지만 지혜의 에너지 마음이 산산이 분해되는 관계로 지극히 단순한 상태로 머물러 집착에서 벗어날 때까지 천년만년 귀신으로 머물러야 하는 곳도 저승이다. 이승이라고 다를까. 삼천대천 세계와 삼라만상 세계는 결코 다르지 않다.

행의 공적이 쌓일수록 미련과 아쉬움이 덜한 만큼 집착도 덜하므로 본 줄(조상줄) 찾아들어 갈 터, 미약할수록 강하게 드러내어 떠돌이 귀신을 면치 못한다. 특히 보이지 않는 저승의 구도가 보이는 이승에 그대로 투영된 바라, 받아온 육생의 기본금 사주는 조상과 유대감을 형성하는 매개체로서 정신량이 부가될 때 소임을 다하게 된다. 그만큼 나의 삶을 그 누구도 대신하지 못하고, 또 인육과 육생량은 불가분의 관계인지라 생로병사(生老病死) 희로애락(喜怒哀樂)의 고통은 육생살이 욕화의 표적으로서 근기에 따라 물질과 육체와 정신으로 나뉘어 가해진다.

실패는 소통단절이 가져온 참상이라고 할까. 득 될 성싶어 득 보자고 교류하다 득 되지 않으면 뒤돌아서기 마련이라 처음부터 막힌 것은 없다. 내 셈법과 네 셈법이 다른 것도 있고, 주로 내 방식대로 해보려다 봉착한 난관으로 입으로 주고받는 대화가 주로 문제를 일으킨다. 네 뜻 중심에 두고 시작한다면 막힐 리 없지만 역시 너의 아쉬움을 아는 자만이 도울 수 있는 자격을 가진 자다. 또 채워줄 때 채워지는 법이라 이롭다는 것과 채워준다는 것은 하나되어 살아가기 위한 방편이라는 것이다.

특히 소통단절은 관계단절이라 이로 인해 찾아드는 어려움은 주고받을 게 없음을 뜻하는 것으로 누굴 원망해야 할까. 보이는 육생량은 욕심나고, 보이지 않는 정신량은 부족하고, 가정이 요 모양이면 어떻게 될까. 아마 운용주체 아내는 활동주체 노릇을 하지 않을까 싶고, 활동주체 남편은 제 짓거리 못하는 사자로 돌변할 것이고 그에 따른 경제적 압박은 남편이 심할까, 아내가 심할까. 정신량을 위해 살아가야 할 운용주체 아내가 육생량을 위해 살아가는데 그 고통 어찌 말로 다 수 있겠으며 컨트롤 타워 가정이 온전할 리 없는데 행복이 가당할까.

4. 좌절에 대하여…

무형의 사차원에서 받아온 육생의 기본금 사주는 유형의 삼차원 인생의 자본금으로서 합의동참 가능한 21세 이후부터가 기본자리에 오르는 시기다. 타고난 역량에 따라 더 빨리 오를 수도 있고, 늦게 오를 수도 있고, 보기 드문 대기만성(大器晚成)도 있다. 오른 후 겪는 차원을 실패라고 한다면, 오르는 과정에서 겪는 차원은 좌절로서 실의와 낙담으로 표현하기도 한다. 아쉬운 육생량을 추구하는 활동주체에서 이로운 정신량을 지향하는 운용주체로의 직위상승을 위한 표적의 일환으로 누구나 노력하면 어느 경로를 통해서든 기본의 자리에는 오르게 되어 있다.

이와 같이 활동의 기본금은 운용의 자본금이라 유념해야 할 부분은 기본의 자리에 오르고자 육생량에만 집중하면 오른 후 무엇을 해야 할지 몰라 우울증으로 고통 받거나 자만과 방탕에 빠져 스스로 망치는 결과를 초래한다는 점이다. 물론 주어진 기본의 자리에 오르기 위한 육생의 노력도 필요하지만 오른 후 펼쳐질 인생에 필요한 정신량 마련을 게을리 하지 말아야 한다는 것이다. 결혼 전과 후의 차이는 컨트롤 타워 가정이 있고 없음이라 의논합의를 이룰 때 활동주체 힘은 배가 된다.

나 홀로 살 때 영역은 주어진 기본금에 국한되며 나이를 먹을수록 활동반경은 육생의 안에 갇혀 더 나아가지 못한다. 더군다나 양기 활동주체의 에너지가 음기 운용주체인지라 사랑의 시발점 가정에서 주고받지 못하면 행의 현장 사회에서도 다하지 못한다. 운용주체와 활동주체의 소임이 정신량과 육생량으로 나뉘었듯, 선천적 개척의 부분은 육생량이요 후천적 창출의 부문은 정신량이라 이로운 정신량 없이 아쉬운 육생량만으로는 화합은 어림도 없다.

특히 좌절할 때 위로 한마디에 희망을 찾듯, 미로에 갇힌 항로도 에너지 충전소 가정을 이루면 쉽게 **빠져나올** 것이라 그 무엇보다 성인 시절을 맞이하여 먼저 해야 할 일은 가정을 이루는 일이다. 개중에 기본의 자리에 오르기 위해 노력하는 이도 있을 것이고, 오른 이도 있을 것이라 이후 양기 활동주체 향방은 음기 운용주체 하기 나름에 달려있다. 물론 진로는 숱하지만 천문학적인 부모의 재산 물려받는 이들은 실패할 수 있어도 좌절은 할 수 없는 특수한 경우는 제외하자.

하지만 경영권 승계 세대가 해야 할 일이 있는데 그것은 바로 정신량에 대한 부분이다. 받아온 육생량 개척은 할아버지 1대로서 천기의 도움으로 선천의 육생기업을 일으킨 것이므로, 물려받은 아버지 2대는 지기의 도움으로 후천의 정신량 창출하여 인생기업으로 계승 발전시켜야 한다. 자칫 물려받은 육생기업에 육생량만 부가시켜 먹고 자고 싸는 게 전부인 꿀꿀이 돼지기업으로 키우다간 양양상충은 불 보듯 뻔한 일, 갈 길 잃은 자식 3대에 이르러 도산의 위기를 맞이한다. 특히 우리민족은 1대 36년, 3대 108년 동안 육생량에 정신량이 가미된 인생기업으로 우뚝 서야 한다. 왜 그런 것인가. 개천에서 용 나는 기계식 1세대 36년간의 육생량 개척보다, 낭만을 유일하게 아는 베이비부머 아날로그 2세대 36년간의 정신량 창출보다, 업그레이드 시대에 에코부머 디지털 3세대는 메신저 세대로서 36년 동안 안정적 삶을 갈구하기 때문이다.

그러니까 2대 계승자에게 기업의 미래가 달려있다는 소린데 아쉬운 이기의 육생량 개발에 힘쓰기보다 이로운 정신량 창출에 박차를 가할 때 지기의 도움을 받게 되는 세대이기 때문이다. 아울러 3대는 개척이나 창출을 위한 세대가 아니다. 재주가 뛰어난 영재(英才)와 천재(天才)와 신동(神童) 등은 육생의 기본금 이외에 특별히 부여받은 능력, 즉 신(神)이 들어와 영(靈)의 기운을 보유하게 된 것이라고 할까. 따라서 천부적 재능은 대체로 3세부터 발현하여 10세까지는 천기로부터, 11세부터 20세까지는 지기로부터, 20세 이후부터는 후천적 인의 합의로 이루어 나가야 하는 질량이므로 육생량에 머무르면 점차 재능은 소멸된다.

즉, 인의 합의는 음양화합을 지향하는 바라 육생 과학(물질)에 인생 과학(비물질)을 첨가시키는 소임을 위해 태어난 이들이라 해도 무방하다. 선천의 질량은 이기와 욕심이 뒤섞인 재능이라 너를 위한 후천의 질량을 첨가하지 않으면 물질욕구만 부추긴다. 지금까지 영재교육 시스템이라고 해봐야 고작 보이는 육생량, 아쉬운 육생량, 이기의 육생량, 내 욕심의 육생량 등에 국한되어 중년의 꽃을 피우기도 전에 청년의 몽우리로 지고 마는 이유다.

기실 부여받은 재능은 육생량을 토대로 정신량을 창출하여 인생량에 다가서기 위한 것이므로 좌절은 있을 수 없다. 물론 뜻한 바를 이루어야 하겠지만 하나같이 내 욕심의 육생량에 있다 보니 좌절보다 실패를 맛본다. 작금에 부모의 기업계승 세대나 하늘의 재능부여 세대나 무엇이 다를까. 이들이 해야 할 일은 육생살이 질량보다 인생살이 질을 높이기 위한 것에 있으니 외면의 육생물질문명 일으키는 서양이라면 모르지만 동북아에 가까울수록 내면의 인생정신문명을 지향하는 터라 영재, 천재, 신동 등의 사명도 너를위한 것이지 나를 위한 것에 있지 않다.

뛰기 위해 움츠리듯, 좌절을 도약의 발판으로 삼아 일어서지 못하면 대자연은 재차 그에 준한 채찍을 가하기도 한다. 상대성으로받는 표적은 대체로 가슴 아픈 일들로서 깨우쳐 일어설 때까지 열등심과 자존심을 부추기는 일들을 속출하게 만든다. 이때 부모마저도 자신을 외면한다고 의심하는 이도 있고, 깊은 뜻을 두어 은둔하는 자도 있으며, 육생살이 벗어나고자 하는 이도 있다.

누구의 가슴이 아플까. 당연히 부모일 터, 이쯤 되면 엉망이 된가정은 물론 어머니는 육생량을 위한 활동주체로, 아버지는 무능한 활동주체에서 대부분 주저앉는다. 선순환 법으로 이로움을 주고받는다면 가정은 컨트롤 타워로서 제구실을 다한다고 하겠지만만약 자식은 부모에게, 부모는 자식에게 욕을 들어 먹는 지경에까지 몰렸다면 문제는 심각하다. 그야말로 인간 구실조차 못하는 이들이 들어 먹는 소리가 욕이다. 더군다나 언어구사 능력이 뛰어난 민족인 만큼 상처가 더할 수밖에 없다.

　우수한 기운과 뛰어난 언어구사 능력은 비례하므로 제구실 못하면 욕도 그만큼 다양하게 먹고 살아간다. 동물처럼 모든 행위가 육생 안위를 위한 것에 있다면 등 따시고 배부르면 그만이라 육생살이 의식주(衣食住)가 해결되면 만족할 듯싶은데 욕이나 해대며 살아갈까. 흡족하지 못할 때 하기야 하겠지만 그리 심하지는 않을 것 같고, 해대는 만큼 확실하게 부정을 주고받는 행위도 없다. 나름 인격 갖춘 이들이야 이로움을 주고받기 위해 노력하겠지만 도야하지 못한 이들일수록 자기 뜻대로 안 될 때마다 내뱉는다.

　그 이롭지 않은 행위는 탁한 육생량에서 비롯되어 화의 때 그 욕의 이면은 화풀이일 수도 있고 아쉬움일 수도 있다. 제구실 못하는 육생살이 똥 묻은 개가 겨 묻은 개 나무라듯 욕심쟁이 인간이 이기적인 인간을 나무라기 위해 빚어낸 말이 욕이다. 그렇게 욕먹으면서도 행위가 겨우 육생 의식주를 취하고자 하는 것에 있어 인생의 정신 의식주를 인식하지 못하고 있다. 인간의 삶 자체가 입고, 먹고, 잠잘 곳 마련 위해 모든 시간 소비해야 한다면 무의미한 것이라 가치추구는 있을 수 없다. 그저 동물처럼 배고프면 먹고 피곤하면 잠자면 그만일 터이니 말이다.

　이렇게 욕은 나밖에 모르는 이기적 육생의 의식주에 빠져 살아가는 인간이 먹는다. 너를 위한 정신량이 부가되면 욕보다는 부족함을 채우려 들지 않을까 싶고, 육생살이 의(衣)는 육신에 걸치는 옷이고, 인생살이 의(衣)는 인성 도야에 힘써 정신량을 배양하는 일에 있다. 또 육생의 식(食)은 육 건사를 위해 입으로 먹는 음식이고, 인생의 식(食)은 눈과 귀로 보고 듣는 정신량을 뜻한다. 육생의 주(住)는 육신의 안식처 집이고, 인생의 주(住)는 컨트롤 타워이자 에너지 충전소로서 법(정신량)의 안식처를 뜻하므로 가치구현을 위한 이념이 뒤따라야 한다.

아울러 상가의 각종 간판은 육생의 일면으로 아쉬운 육생량 교환을 위한 것이고, 인생의 이면은 찾아오면 도와주겠다는 이로운 정신량의 이정표다. 그런데 하나같이 불러들인 인연의 호주머니만 노리는 형국이라 뒤돌아서 욕하기 바쁘다. 인성의 옷으로 갈아입은 이들은 먹을 리 없지만, 육성(肉性)에 머물러 행위가 동물보다 못할 때 들어 먹는 치욕의 소리라 들을수록 불쾌할 수밖에 없는데 어찌됐든 사람처럼 살아가려거든 인간 구실부터 해야 하지 않겠느냐는 일갈이라는 점에는 의심에 여지가 없다.

자기 자신을 욕되게 하든, 함께하는 이들을 욕보이든, 존경하는 분을 욕보이든 모두 내 뜻대로 해보려는 욕심에서 기인하는 행위다. 특히 도움 받고자 아쉬워서 찾아간 인연을 자기 뜻대로 해보려는 욕심만큼 더 큰 욕심은 없다. 좌절도 상처받지만, 내 욕심대로 해보려다 안 될 때 받는 상처와는 다르다. 육생의 종착지요 인생의 시발은 기본의 자리에 올라섰을 때인데 성공했다고 말한다. 노력해도 언제나 아쉬워서 찾아가는 입장에서 벗어나지 못하면 육생의 의식주라도 보장받아야 하나 육생살이 체제로는 힘든 일이라 좌절은 이를 알기에 한다.

물론, 꿈을 이루지 못할 것 같은 실망감 때문이기도 하고, 격려하고 도닥거려도 오르지 못하면 이 또한 낭패가 아닐까. 게다가 운용주체라고 해서 활동주체를 뜻대로 부릴 수도 없는 일, 화는 욕화가 불러일으킨 때로서 좌절과는 근본부터 다르다. 있다가 없을 때 느끼는 고통은 고문과도 같아 이리 되면 누구를 탓하고 원망할까. 분을 삭이지 못해 내뱉는 육두문자는 욕심에서 끓어 올린 화풀이라 결코 유쾌할 수 없는 통용어로서 인간 구실하지 못할 때 들어 먹어야 하는 상소리다.

인간으로 태어나 동물의 육생살이에 머물면 죽기 전까지도, 아니 죽어가면서까지도 욕 먹어야 하는 이유는 사람들과 사람답게 살아가지 못해서이다. 약육강식 적자생존, 듣기만 해도 무시무시한 힘의 논리지만 배고프면 먹고 피곤하면 잠자는 단순한 일상에 불과하여 언어도 딱히 필요치 않아 욕이 필요 없다. 마음이 있고 없음으로 인해, 쾌락을 위해 하는 성행위(섹스)와 종족번식을 위해 하는 성행위(교미)에서 잘 나타나듯이 육생의 만족은 선천적, 정신의 행복은 후천적이라는 것이다.

그러고 보면 인간은 후천의 사람도 아니고 선천의 동물도 아닌 그 중간(中間)에 삶을 사는 중생(衆生)이라 하지만 중심잡이 중생(中生)에 더 가깝지 않을까. 만물의 영장이라, 하물며 사람처럼은 고사하고 인간보다 못한 동물처럼 살아간다면 말도 안 된다. 돼먹지 못한 이들일수록 동물보다 못한 상소리를 먹고 사는 이유라고 할까. 그것도 사육되는 짐승의 새끼거나 성(性)에 관한 것들이어서 육체적 폭력보다 데미지가 더 오래간다.

욕(辱)을 육두문자(肉頭文字)라는 하는 것도 인간에게 있어 가장 수치스러운 부분을 들추어내는 것보다 더한 모욕은 없어서라고 할까. 욕지거리 해대는 것이나, 욕먹을 짓거리 해대는 것이나 다르지 않다. 성에 차지 않아 기분이 상했다고 해서 그것도 정신량을 주관한 운용주체가 육생량을 담당한 활동주체에게 화풀이나 해댄다면 그에 상응하는 표적 받는 건 자명한 사실, 심하면 그가 걸어놓은 간판을 내려야 할지도 모른다. 한 식구가 되고자 채용한 직원에게 조차 이롭지 못하면서 간판 보고 찾아온 고객에게는 이로울 수 있다는 CEO의 계산법이 문제다.

인격무시는 분풀이하듯 실컷 욕이나 퍼붓고 다시는 그런 실수하지 말라고 했다는 뉘앙스 풍기는 일이다. 악의에 찬 말 한마디가 상호간에 얼마나 큰 악영향을 끼치는지 알고 하는지 모르겠다. 유상이든 무상이든, 물질이든 정신이든 소통의 매개체라 머물러 집착하면 그만큼 나만 손해다. 육신도 쓰일 때 필요하듯 육생량도 쓰일 때 필요한 것이며 다 쓰고 나면 본래의 자리로 돌아가는 것이 순환의 이치다. 나를 위해 쓴다면 본능에 의존해도 그만이라 무슨 분별이 필요하겠는가만 하나 되고자 한다면 너를 위해 써야 하는 것이고 상호상생은 절대적이라 분별은 필요하다.

사주가 나를 위해 주어진 것이 아니듯 운용주체는 나를 위한 자리가 아니라는 것이다. 물론 오르기까지의 행위는 나를 위한 것에 있었겠지만 오른 후에는 이로운 운용주체라 아쉬운 활동주체를 위한 자리라는 것이다. 반면 좌절하여 고통스러워할 때가 기본의 자리에 올라선 이들의 행위를 살펴볼 수 있는 좋은 기회다. 각자 뜻한 바대로 양질의 삶을 살아가고 있느냐 관찰해보자는 것으로 오른 후에도 나를 위해 살아가려 아우성이니 사달은 부딪쳐 일어남을 알 수 있을 터이니 말이다.

특히 욕먹고 살아가는 태반이 운용주체자리에 올라서고 나서인데, 힘이 가미된 지식의 차원은 더 알지 몰라도 욕심에 지적성장이 멈춰 행위는 지혜로울 수 없다는 것이다. 아쉬운 지식을 이로운 지혜로 알고 있으니 분별이라고 해봐야 육생량에 국한된 사항이라 늘 이로움을 빙자한 아쉬움뿐일 수밖에 없다. 이리도 똑똑한 이들이 육생에서 인생, 인간에서 사람으로 거듭나기 위한 논리 하나 바르게 정립하지 못하는 이유가 어디에 있을까. 섭리를 안다 하나 육생의 안위일 따름이고, 이치를 안다 하나 힘이 가미되어 있으며, 순리를 안다 하나 저마다 자기 논리라 정작 도리를 다하기에는 무리일 수밖에 없다.

말이 만들어지는 것도 사람으로 승화를 위한 것에 있으니 내게 들리는 소리만 소화시켜도 의식의 각성은 그다지 어렵지 않다. 인공지능 AI가 지식인의 자리를 차지하는 만큼 언어의 정신질량을 한 뜸이라도 높여 놓아야 하는 시대이지 않을까 싶다. 지식인의 참견에서 벗어나고자 나 홀로 주의가 두드러지는데 결국 아쉬운 육생량에 내 욕심의 이기주의로 숱한 가정이 파탄에 이르면서 AI가 양성되었다. 양양상충은 불 보듯 빤한데 어떻게 될까.

나를 위해 너를 인정해주겠다는 개인주의 간섭받는 결혼은 싫고, 성행위는 하고 싶고, 결국 동거하다 독신으로 전향하는 경향이 짙은데 문제는 개인 만족을 위해서지 함께하는 행복을 위해서가 아니라는 점이다.

결혼은 육생의 정점이자 인생의 시발점이다. 활동주체를 위한 컨트롤 타워 가정을 이루지 못하고 늙으면 행복을 모르는 자기만족주의와 이기주의 육생량에 갇혀 사는 형국이라 그 고독 어찌 말로 다할까. 큰 깨달음을 얻어 만백성 위해 살아가는 선지자면 몰라도 치우쳐 살아온 세월만큼 생각도 치우치기 마련, 사실 주어진 모든 방편 중에 필요하지 않은 것은 없다. 기생충은 청결 위해, 병은 건강 위해, 좌절은 성공을 위해, 슬픔은 기쁨을 위한 것에 있듯 이로운 음(陰)의 달(月)은 아쉬운 양(陽)의 태양(日)을 밀어 올려 만물을 소생시킨다.

네가 있어 내가 있듯 상대성은 나 하기 나름이라 그런 너를 보고 나는 발전하는 것이므로 내 앞의 인연의 소중함도 모르고 제 편키 위한 행위만 해대면 애환만 쌓일 뿐 개인주의에서 벗어나지 못한다. 혹자는 이리 사나 저리 사나, 이리 죽으나 저리 죽으나 마찬가지 아니겠냐고 떠벌이지만 아마 고난에 찬 삶의 비애 때문이리라. 하지만 만족을 통해 행복에 다가서면 사정은 달라진다. 그리고 내 것은 나에게 맞는 것일 뿐 정신량이 부가되지 않으면 옳다고 할 게 없는데도 모두에게 맞는 것처럼 떠벌인다는 것이다.

아쉬움 채우려면 채워줘야 하는 법이고, 내게 아무리 좋아봤자 네게 좋지 않으면 되레 방해하는 꼴 아닌가. 자기 일도 바르게 처리하지 못하는 주제에 타박이나 해대고 핀잔이나 주면 욕먹을 수밖에 없다. 일종의 자기 모자람을 감추려는 행태이기도 하겠지만 고착되면 가치관의 붕괴로, 부모의 도리 다하지 못하면 자식이 대들듯 선생의 도리 다하지 못하여 제자들이 대드는 것이라 오히려 자식을 탓하고 제자를 탓하니 나 홀로 주의가 늘어날 수밖에….

알고도 처리하지 못하는 이들이 있을까. 몰라서 못하는 것인데 알고 안 하는 것쯤으로 몰아붙이면 곤란하다. 아둔의 유식, 똑똑의 소치, 무식의 용감, 그 결과는 곱지 않은 눈초리다. 행위는 내가 하고 받아들이는 것은 상대의 몫이고, 좋은 일 하고도 욕을 먹어야 하는 건 결국 행위가 이롭지 않아서다. 어려워진 자나, 어려워질 자도 다르지 않다. 분명한 것은, 정작 알아야 될 것은 모르고, 몰라도 될 것을 많이 알고 있으면 행위가 어설퍼진다는 것이다. 동정이면 모를까 지난날의 잘못을 모르면 이로운 행위를 다할 수 없는 것처럼 말이다.

이도 사실 호사스런 행위가 아닐까 싶은데 좌절하든 실패하든 그만한 이유가 있을 터이고 지난날의 탁해진 기운을 맑히지 않으면 종내에는 상극상충을 일으켜 고충을 면치 못한다. 어려운 자의 실상을 바로 알지 못하고 어설프게 다가섰다가 고통만 더 가중시켰다면 그 책임도 응당 져야하는 것인데도 불씨만 지펴 놓고 나 몰라라 한다면 가십거리 정도밖에 안 됐다는 것으로 누구의 방식대로 도와야 하는지 생각해 볼 일이다. 어려워진 이면을 모르고 도우려고만 한다면 내 방식대로 돕기 마련이라 언제든지 도와주고 **뺨** 맞을 수도 있다.

기본에 오르기 위한 행위든, 오르고 살아가는 행위든 기대가 서려 있기 마련이고 어쭙잖은 행위도 자신을 알리기 위한 방식이라 뭐라 할 자격은 누구에게도 없다. 대자연은 단지 이로우면 이로움을 주고, 해로우면 해로움을 주는 표적을 상대성으로 가할 따름이다. 그러나 아픔은 어설픈 동정을 베푼 이가 더한데 동물처럼 이로움은 **빵** 한 조각, 옷 한 벌에 있는 게 아니기 때문이다. 육생량에서 비롯된 어려움 정신량 부재가 원인이라 가벼운 기분으로 다가설 일이 결코 아니다. 내 공부는 내 앞 너를 통해 벌어지므로 너를 보고 바뀌지 않으면 나도 너처럼 될 수 있다는 것이다.

그런데 어설프지 않은 이들이 있을까. 어설프게 대들어 좌절하는 것이고 어쭙잖게 올라섰기에 실패하는 것이라 이처럼 어설픈 행위를 깨쳐주기 위해 반드시 표적은 뒤따른다. 또한 그르다는 치우친 사, 다르다는 착한 선을 추구하기 위한 것에 있고, 다르다는 착한 선, 바르다는 정을 지향하기 위한 것에 있다. 즉 치우친 사가 없다면 착한 선의 분별을 할 수 없고, 착한 선이 없다면 바르다는 정의 분별을 할 수 없다는 것이다.

이를테면 좌절은 성공의 촉진제인 것처럼 적대보완적 관계가 상호발전을 위한 대립구도라는 것이다. 육생의 상극상충을 흡수하면 인생의 상호상생에 안착하게 되듯, 좌절을 딛고 일어서면 성공에 다다르고 정신량을 마련하면 하나 되어 출세가도를 달린다. 끼리끼리 사는 법이라 기운 맑으면 맑은 기운끼리 사는 법인데도 어느 날 갑자기라는 식으로 요행이나 바라면 육생의 고통 그 표적에서 한 뜸도 벗어나지 못한다. 변하는 것은 인간의 논리요, 변하지 않는 것은 대자연의 진리다.

다시 말해 육생 너머의 인생은 섭리이자 근본으로, 진리표방한 무수한 논리는 전체가 아닌 일부분을 지향하는 터라 누구한테는 맞고 누구한테는 맞지 않는다. 지금 이 순간도 한 시대를 대변하고 있고, 끊임없이 생성되는 모순 속에서 육생물질문명을 이루어왔다. 그래서 어쩔 수 없는 것인가. 육생의 모순을 인생의 진리로 표방하는 것처럼 환경이나 조건에 따라 사고와 가치를 달리할 수밖에. 작금 76억 명의 세계 인구만큼이나 다양한 논리가 자리한 것도 개인주체 삶을 추구해왔기 때문으로 각기 내면은 자신이 건설한 이상의 왕국에서 산다.

내 앞에서 벌어지는 일 하나 바르게 처리하지 못하는 현실에 있어 반신반의 억압적 자율로 바라보는 세상은 어떠할까. 이도 모순 저도 모순이라 마련한들 돌연변이 이념일 터, 그나마 다행스러운 것은 차곡차곡 인터넷에 저장된다는 것이고, 남겨진 일은 돌연변이 행태를 바로 볼 수 있느냐는 것이다. 물론 모순을 알고 저장시키기보다 득 볼 요량으로 저장시키는 것이겠지만, 육생량에서 비롯된 네 욕심과 내 이기가 빚어낸 모순의 상황이 연출되더라도 정신량만 부가시키면 바른 정의 밑거름이 된다는 것이다.

예를 들어 의복은 자신의 신체 일부를 감추기 위한 것도 있지만 나타내기 위한 것도 있듯이 육생의 옷을 입는 것만큼 정신량이 첨가된 인생의 옷도 갖춰 입어야 한다는 것이다. 짜 맞춰진 건 틀이고 이루었다면 깨버려야 하는 것은 인연에 따라 갈아입어야 하는 것이 일면의 옷이자 이면의 품이다. 아울러 틀은 과정으로 나를 위해 짜여진 것이라 집착하고 벗어나지 못하면 머문 것이라 함께 하고자 하는 이들에게도 전혀 이로울 게 전혀 없다.

동정도 내 잘난 멋이라 주제를 모르면 후회할 일만 생긴다. 자기 뜻대로 해보려다 다 된 밥에 코 빠뜨려 놓고선 타박이나 해댄다면 그 순간의 모순을 보지 못한다. 이처럼 순전히 내 욕심으로 다가서 놓고 잘못되면 내가 문제지 네가 문제일까. 나무랄 자격은 누구에게도 주어지지 않았는데 손해라는 생각을 떨쳐버리지 못하면 쉽없이 되뇌다 화가 폭발할 수도 있다. 이로움을 입으로 주고받듯, 독기도 입으로 주고받는 것이라 타박이 습관화되면 곤란하다. 악취의 소리를 들어도 정화시켜 향기를 발산하면 상충칠 일은 없는데 손해라는 셈법 때문에 더한 악취를 발산케 한다.

그리고 일사천리(一瀉千里)라는 말은 자신을 갖추어 뜻을 펼치고자 하는 이들에게 통용되는 말이 아닐까. 단박에 육생의 기본자리에 올라서는 게 득이 된다면 모를까 예체능계 종사자면 실전 그 자체가 공부인지라 지대한 영향을 미치겠지만 범인에게는 운용주체로의 신분상승이라 아쉬워서 찾아온 이들에게 이롭지 못하면 더 큰 곤욕을 치른다. 때문에 육생성공 이후 인생항로를 위해서라도 한두 번 맛보는 좌절을 인생살이 대안공부로 잡고 나가면 두려울 게 없을 것 같다.

특히 이것은 반드시 있어야 하는 것이고, 이것도 내가 해야 하는 것이라고 생각하는 것마저도 득보기 위한 구실일 따름이다. 즉 쓰기 위해 주어지는 것이 육생량이고 필요하기에 맺어지는 것도 인연이라 이에 필요한 것은 오직 정신량일 뿐, 없어서 안 될 것도 없고 반드시 내가 해야만 하는 일도 없다. 의논은 쌍방의 조건을 조율하기 위함이고 합의는 쌍방 간에 이로워야 하므로 하나 되는 일은 육생량만으로 어렵다는 것이다. 받아온 기본의 자리는 선천의 틀이라 그에 걸맞은 인품을 갖춰야 나래를 펼치게 되는 것이므로 후천의 옷, 즉 자기도야가 뒷받침되어야 한다는 것이다.

그렇다면 자신을 갖추어 바르게 쓸 줄 아는 자가 주인이라는 소리가 아닌가 싶은데 쓸 줄 몰라 가지고 있는 자는 그냥 가지고 있는 자에 불과하다는 것이다. 오르고자 하는 것도 쓰기 위함이고, 앞으로 나가고자 하는 것도 쓰기 위함이라 바르게 쓰는 법을 모르면 하나 되어 나가기 어렵다. 그리고 보면 좌절은 바르게 쓰는 법을 배워가는 일련의 과정이라 한다면, 실패는 바르게 쓸 줄 몰라 보게 되는 낭패의 과정이라 하겠으니 좌절과 실패의 상관관계는 성공이겠지만 이면은 그 너머 출세 행복을 위한 것에 있다.

받아온 기본금이 본래 너를 위한 것이라 말해온 것도 주고받는 사랑, 들고나는 기쁨을 선사하는 선순환 법 때문이라고 할까. 한 번 뿐인 삶, 후회 없이 즐기고 사랑하며 살아가겠다는 욜로(yolo)족 이 대세라 하는데 후회 없는 삶에 대해 알고 있다면 모르지만 결국 내 속 편키 위한 행위를 가지고 후회 없는 삶이라 말하는 것 같다. 사랑은 이기와 이기가 만나 하는 것으로 네 아쉬움 채워주지 못하 면 미련은 남기 마련이라 사랑의 실체를 모르면 무엇을 하든 후회 하게 되어 있다.

더군다나 물질의 안위와 정신의 안위를 분별하지 못하여 내 뜻 대로, 내 생각대로, 내 욕심대로 해보려는 것을 권리라고 주장하니 만족하지 못할 땐 이단아 성향을 드러낸다. 사랑은 행복을 위한 것 이고, 후회 없는 삶은 하나 되어 살아갈 때 가능하므로 욜로는 내 뜻대로 하기보다 내 할 바를 아는 일이고, 먼저 가고 싶은 곳을 가 기보다 함께 갈 곳을 권유해야 하는 데 있지 않을까. 어떻게 살아 야 하는지 모르는데 권리를 찾고, 즐기면서, 사랑하며 살아갈 수 있다면 얼마나 좋을까.

육생의 의식주 위정자들이 보장한다면 욜로를 운운하지 않을 터 지만 위선자뿐이라 알게 모르게 체득한 모양이다. 나를 위해 살아 왔다면 너를 위해 살아가야 하는 것인데도 나를 위한 행위뿐이라 끝내 주어진 육생량 자신을 해하는 흉기로 만들어 가고 있다. 정신이 허해 찾아온 것이나, 육신이 고파 찾아온 것이나, 모양은 달라도 빚을 받으러 온 것과 다르지 않다. 그것도 모르고 그저 움켜쥐고 나 몰라라 살아가다 상극상충으로 곤욕을 치른다. 버는 법만 가르쳐온 육생교육의 폐해로, 더 큰 문제는 쓰는 법 가르치는 인생교육을 모르는 것이다.

통하면 상생이요, 막히면 상극이고, 부딪치면 상충이라 육생량에서 기인하여 통하면 진보요, 막히면 머무름이고, 부딪침은 퇴보라 정신량을 부가시켜 내 앞에서 벌어지는 일은 내가 처리해 나가야 한다. 이때 누가 운용주체인가에 따른 문제가 대두되겠지만 아쉬운 자는 이로운 자 하기 나름이므로 이기와 이기에서 사랑이 피어나듯 채워줄 때 채워지므로 아쉬운 너를 사랑함이 이로운 나를 사랑함이라고 말해왔다.

상극과 상충도 상생을 위한 것이고, 머무름과 부딪침도 상생을 위한 것이라 자신의 부족함을 모르면 화합을 도모할 수 없다. 그럴 수밖에 없었던, 그러한 일로 그래야만 했던 일련의 상황을 이해하려 든다면 어렵지 않은 일이다. 때론 보란 듯이 자책하는데 순간을 모면하려는 것뿐이고, 만약 해한다거나 해하려 드는 이가 있다면 되돌아 봐야 한다. 제 잘못으로 궁지에 몰려도 변명과 구실을 찾기 마련이라 치우칠수록 제 구실 못할 터인데 그대로 놔두면 인간 구실이나 할지 모르겠다.

그건 그렇다 치고, 구차하게 변명이나 늘어놓으면 떨어지는 분별력으로 사회 불만세력이 되기 십상이라 받아온 기본의 자리에 도전은커녕 낙인 찍혀 주저앉는다. 너를 탓하면 이웃을 탓하고, 사회를 탓하면 국가를 탓하고 심지어 세상의 모든 것까지 탓하게 되므로 내 생각과 다르다고 해서, 내 뜻대로 안 된다고 해서 타박이나 일삼을 터인데 함께하고자 하는 이들이 있을까. 있다면 얼마나 될까. 지금 당장 내게 이롭지 않다고 네게도 이롭지 않을 것마냥 떠들어대선 좋을 게 없다.

갖춘 만큼 쓸 수 있는 것이 받아온 육생량이요, 아는 만큼밖에 쓸 수 없는 것도 주어진 방편이라 내 뜻대로 안 되는 육생량에 화풀이할까 아니면 내 뜻대로 할 수 없는 너를 타박해야 할까. 물질을 개척하는 것도, 정신을 쌓는 것도, 방편을 찾아 써야 하는 것도 너와 함께하기 위한 것이라 내게는 이롭게 쓸 자격만 주어졌다. 성과가 미약한 것도 너 때문이 아니라 내 부족함 때문이며, 유명인이기에 좋은 결과를 초래하는 것이 아니라 이로움의 질량이 다르기에 유명인이 된 것이다.

어느 날 갑자기 예고 없이 찾아드는 사고는 없다. 그에 따른 전조가 보이더라도 내 아는 만큼의 육생량과 내 아는 만큼의 정신량으로 내 아는 인연들과 주고받는 것이라 결국 이로움의 질량이 다르면 소원해진다. 좌절과 실패와 사고는 하나로 연계되어 예고 없이 표적을 가하지 않는다. 네가 살아야 내가 사는 법인데 욕심이 갈등이라 나 살고 너 죽는 결과를 초래하는 날에는 나 죽고 너 죽는 일이 발생한다. 인간에게 가장 큰 문제는 선택이라 지식의 생각이 앞서면 마음의 지혜를 쓰지 못하듯 욕심이 앞서면 분별을 흩뜨려 한 치 앞도 보지 못한다.

누구나 할 것 없이 결국 손해는 이기의 육생량 앞에 욕심 부려보게 된다. 누구한테 보는 것일까. 이로운 운용주체일 수도 있고,

아쉬운 활동주체일 수도 있지만 거의가 찾아가서 보게 되므로 맞이하여 보게 되는 경우는 드물다. 특히 도모하고자 불러들인 이들의 행위가 과하면 불의 불상사가 일어나게 되는데 핑계 없는 무덤 없듯, 핑계 없는 사고 없다. 인육은 손오공의 머리띠 금고아와 다르지 않아 병으로 고통 받기도 하고 불구자가 되기도 한다.

또한 이기와 이기가 조건과 조건을 가지고 만나 손해 볼 일을 하지 않을 것 같지만 그렇지 않다. 또 약삭빠르다고 손해 볼 짓을 하지 않을 것 같지만 잘 나갈 때 무엇이 문제이겠는가. 양양상충의 전조가 나타나기 시작하면 매사 부딪쳐 문제가 발생하기 마련이라 이를 해결하지 못하면 피해 갈 수 없다.

도둑맞으려면 개도 안 짖는다는 말이 있다. 징조가 보이는 데도 욕심에 눈멀어 우연과 설마로 치부하기 일쑤라 어려워지는 때가 눈 뜨고 손해 보는 때이고, 고통스러운 때는 사고나 병고로 죽지 못해 사는 때다. 쫄딱 망해 거리로 내몰리면 왕년에 잘나가 본들 투명인간 취급받으며 동물보다 못한 삶을 살아갈 터인데 이도 마찬가지 죽지 못해 사는 삶이다. 성공을 위한 좌절이라면 몰라도 성공 후 실패는 웬만해서 재기가 어렵고, 아내한테 의지하는 처지로까지 몰리면 가정은 파괴라 노숙자 면하기 힘들다.

각설하고, 얼굴을 붉히고 사는 이유 중에 하나가 내가 손해 본다는 생각을 하는 것이다. 득 보자고 욕심과 욕심이 만나 벌이는 일이기 때문이라 뛰는 놈 위에 나는 놈 때문인가 왜 사는지 모르겠다고, 사는 게 전쟁이라 투덜대봤자 나아질 것은 없는데 투덜거린다. 그 꼬락서니 면치 못하는 이유가 어찌 이뿐이랴. '네가 안 하는데 내가 왜 해'라는 식의 푸념이나 해대다가 '네가 하면 나도 할께'라는 식으로 앙탈부리는 이들은 매사 뭐든지 자신이 밑진다는 식으로 말꼬리를 잡아 돌리니 찍힐 수밖에 없다.

먼저 주고 후에 받는 선순환 법을 무시하고 남 탓으로 일관하면 좌절도 조상 탓으로 돌릴 것이고, 잘못될 때마다 타박이나 해댈 터인데 부모 탓이나 하지 않으면 그나마 다행이다. 매사 푸념 일색이면 사자짓거리나 해대며 살아가지 않을까. 내 뜻만 받아달라는 이들일수록, 내 뜻대로 해보려는 이들일수록 자기 셈법에서 조금만 벗어나도 불평불만 일색이라 화(禍)를 달고 산다. 되는 일이 있을까. 받아온 기본의 자리에 올라서본들 바람 잘 날 없을 것이라 만족할 때 아니면 상종하기 매우 어렵다.

결코 남의 소리가 아니다. 나의 일일 수도 있고, 너의 일일 수도 있으며, 너와 나를 쳐다보는 삼자의 일일 수도 있다. 내 뜻만 받아주면 탓하지 않으리라는 심보로 말미암아 남 잘되는 꼴을 보기나 하겠는가. 네 뜻을 받아줄 때 내 뜻도 관철되는 법이라 뜻대로 안 된다고 구시렁대거나 면박과 핀잔으로 대신한다면 함께할 이가 없다는 것이다. 좌절할 때 따뜻한 위로 한마디가 보약인지라 말 한마디 건네줄 지인이 있다면 절반의 성공으로 나머지 반은 따스한 말을 건넬 위인으로 살아가는 일이다.

5. 성공에 대하여…

　유치원에서부터 초등학교 6년, 중학교 3년, 고등학교 3년, 총 십수 년 간 받아왔던 교육을 대학입시를 명분으로 우열을 가른다. 대학 4년, 뜻을 더 둔 이들은 석사 2년 혹은 박사 4년의 대학원 과정을 마치면 어언 20여 년의 세월을 교육에 소모한다. 물론 전문 2년 대학도 있고 지방대도 있지만 안타깝게 서울권 대학에서는 지잡대라고 비하하는데 정녕 교육을 요 꼴로 만든 장본들이 누구인지 한번 정도 생각해봤는지 모르겠다. 똑똑한 이들을 위한 세상이라 지혜로운 이들은 사장되었다.

　어린 시절부터 성인 시절에 이르기까지 습득한 지식으로 행의 현상 사회에서 나 잘났다는 기 싸움 벌이는 데 쓰인다면 도대체 무엇을 배워 익힌 것일까. 분명 잘못되어도 단단히 잘못된 것이 아닌가 싶고 하나같이 잘나고 똑똑한 이들이 국내 명문대는 물론 해외 유수대학까지 두루 섭렵하여 정관계는 물론 경제계의 선봉장이 되었다. 그 결과 육생물질문명을 발전시키는 데 크게 기여했지만 힘이 가미된 아쉬운 이기의 육생량이라 반드시 정화시켜야 한다. 오르고 흡수하는 데까지가 전부라 도와 덕으로 살아온 뿌리민족정신과 혼선을 빚고 말았다.

내외음양의 차이가 동서양의 가치 차이다. 마음, 지혜, 정신, 인생 등과 생각, 지식, 물질, 육생 등으로 나눌 수 있느니 말이다. 인류 최초의 삶은, 동물처럼 육 건사 육생살이에서부터 시작하여 의식(意識)은 본능적 생각차원에서 나만의 논리를 양산하여 육 건사 셈법으로 육생물질문명을 한 땀씩 이루었으리라. 문명발전은 육생 안위를 넘어 인생 안위를 위한 것에 있으니 선천의 사랑 너머 후천의 행복, 즉 삶의 질은 육 건사한 후에 논하게 되는 법이다. 물질량을 가지고 이루어낸 업그레이드 시대는 1안의 육생의 인프라가 구축된 시점이자 2안의 인생의 시발점으로서 육생량에 정신량을 부가시켜 나가는 때를 가리킨다. 즉 아동을 성인으로 성장시킨 때와 다르지 않아 가정을 이루고 행의 현장 사회로 진출하여 하나 되어 살아가는 시대가 도래했다는 것이다.

이에 필요한 질량이 무엇일까. 외적성장을 이룬 만큼 내적성장도 이루어야 하는 법, 내실을 다져 나갈 질량이 바로 정신량이다. 이를테면 컴퓨터 시대이자 디지털 시대는 양의 기운 넘쳐나는 육생물질문명의 정점이자 인생문명의 시발점으로, 해 지는 서양의 양물에 해 뜨는 동양의 음물을 부가시켜 나가는 때를 맞이했다는 것이다. 오직 육 건사를 위한 어린 시절이나, 육생물질문명을 위한 육생시대나 다를 바 없고, 뒤이은 인공지능 시대까지 모든 학문과 기술은 육생 안위에 초점이 맞추어졌고, 업그레이드 시대의 주역들이 환갑을 넘어서자 사회는 고령화로 접어들었으며 젊은이들은 꿈을 잃고 취업난에 허덕이고 있다.

이 지경이다보니 서양은 외적 양의 기운 육생물질문명을 건설한 만큼 정신문명마저도 외적 이기의 육생 안에서 마련할 가능성이 농후하다. 동양은 내적 음의 기운을 지향해왔던 만큼 꾸준히 정신량을 탐구해 나가야 하는데 사정은 전혀 다르다. 본디 한(韓)민족은 천손이라 신앙숭배보다 종교진리를 지향해야 했으나 유불선에 발목 잡히었고, 업그레이드 시대에서나마 정신량 창출에 매진해야 했으나 육생량에 놀아나고 있으니 그 무엇도 안정적이지 못하다. 국내 명문대학이나 해외 유수대학이나 할 것 없이 육생 안위 차원이라 방안을 강구하더라도 정신량을 포장한 육생량이 전부라 헬조선의 불명예를 안고 말았다.

분명한 것은 육생문명의 정점이자 인생문명의 시발점이나, 육생시절의 정점이자 인생시절의 시발점이나 다르지 않다는 것이다. 이 시대에 오직 필요한 것은 정신량으로, 내적 음의 기운 고이 간직해온 민족의 몫이듯, 기본의 자리에 오른 운용주체가 해야 할 일이라는 것이다. 주도권도 힘의 논리로 육생량을 추구해온 활동주체 서양에서 정신량을 지향해온 동양에서도 동북아 운용주체 민족에게 넘어갈 것이라는 소린데 육생량에 매달리는 통에 시대 흐름을 파악하지 못하고 있다.

누구의 책임일까. 일제강점기와 동족상잔 6.25를 거쳐 태어난 세대이자 육생명품과 육생명문대에서 해외유학의 붐을 일으킨 세대 베이비부머다. 낭만을 아는 세대가 육생물질문명의 정점을 몰라 육생량 앞에 눈물 흘리다가 하나둘 물러나고 있다. 성공이란 아쉬운 활동주체에서 이로운 운용주체로의 직위상승이라 그에 걸맞은 품성함양과 더불어 하나 되는 방안을 마련해야 하는데 사실 그 너머의 출세가도 여부는 여기에 달려 있다. 육생물질문명 시대나 기본의 자리에 올라선 시기나 선천질량이자 후천의 자본금으로 노력하면 누구나 오르는 자리다.

이타의 정신량은 이기의 육생량을 바탕으로 만들어 나가는 차원이라 내면의 세계를 지향해온 운용주체 민족이 아니면 창출이 어렵다. 아쉬운 활동주체의 소임은 육생량 개척이요, 이로운 운용주체의 소명은 정신량 창출이라, 이렇듯 육생질량은 내외음양을 세세하게 구분할 수도 없거니와 하더라고 전체가 아닌 부분에 국한된다. 기본금을 육생량으로 받아왔느냐 정신량으로 받아왔느냐의 차이로, 삶의 질이 다른 이유도 여기에 있다.

아울러 상호상생의 차원은 육생성공을 넘어 인생출세 가도를 달리기 위한 것이라 자리에 오르던, 부를 쌓던, 명예를 얻던, 간판을 걸던 기본을 구하면 성공했다 말하는데 그 다음 행보에 대해 알고 나 말하는지 모르겠다. 간판 걸면 돈 벌 궁리부터 하고 부와 명예를 생각할 것이라, 그에 따른 부는 명예를, 명예는 부를 쌓고자 할 것인데 문제는 어떻게 해야 얻고 쌓는지 모른다는 것이다.

나를 위한 육생량과 너를 위한 정신량의 차원을 알면 인생량을 준비하지 않을까. 오른 후 어떻게 할지 모르니 방편에 불과한 육생량을 위해 치달리다 사달 난다. 상생, 융합, 협력, 소통, 음양 등등 화합을 꾸준히 강조해 왔지만 그저 내 욕심에서 벌인 행위였을 따름이다. 다르다고 말하는 착한 선의 행위는 자기희생이 따라야 가능한 것으로 인식하여 그나마 다행이다. 네가 하면 나도 하겠다는 이기심 때문인가, 배려는 기본인데도 선심 쓴 것마냥 유세가 만만치 않다. 어려움은 있다 없을 때 맛보듯, 고통도 있다 없을 때 맛보는 것으로 먼저 앞서나간 이들이 일으킨 성공과 실패의 전말 그 모순을 알기 위해 노력해야 한다.

나 하기 나름이나, 먼저 주고 후에 받는 선순환 법이나 상호상생을 위한 것이므로 아쉬운 육생량은 만남의 방편이라는 점을 인지하고 이로운 정신량을 첨가하면 하나 되는 것은 어렵지 않다. 그런데 기본의 자리에 올라서기만 하면 정신량을 외면하고 내 욕심의 육생량에 이기의 육생량만을 부가시키다 양양상충을 일으켜 사달난다. 간혹 이로운 정신량에 너를 위한 정신량을 부가시키려다가 음음상극을 일으키기는 이들도 있는데 마음을 비우고 생각을 버리고자 주야장천 쪼그리고 앉아 있다 주화입마(走火入魔)에 걸린 육생수행자들이다.

대체적으로 양양상충과 음음상극은 나밖에 모를 때 일으키는 실패의 공식이다. 육생 기본의 자리는 인연을 부르는 방편이자 인생출세의 발판으로 이로운 자는 아쉬워 찾아온 이를 품어 안을 때 가도를 달린다. 교역은 이기와 이기가 쌍방의 이익을 취하기 위한 행위고, 소통은 이로운 자와 아쉬운 자 간의 득 되는 일이라 화합은 이로워 맞이하는 입장이 노력해야 한다. 만약 사장이 육생량을 생산하고자 작업복 입고 하루 종일 공장에서 살다시피 하면 운용주체라고 할 수 있을까.

사원복지를 위해 힘쓸 때 사원은 생산 활동에 전력하여 상부상조는 저절로 이루어진다. 만약 육생량에 몰두하는 사장과 일한다면 희망이 없다 하겠으니 다시 생각해 볼 일이다.

자식은 부모를 닮고 부부는 살아가면서 닮듯이 사원은 사장의 이념과 행실을 배우고 따르기 마련이다. 자신의 처지가 궁색하다 하여 선뜻 운용주체를 선택한다면 그 책임은 자신의 몫이다. 육생량은 어떻게 할 것인가를 보기 위해 주어졌고, 어떻게 쓸 것인가는 인생살이 몫으로 남겨졌다.

주어진 방편이 흉기가 되었다고 아무렇게나 버릴 수 있는 것이라면, 뜻대로 안 된다고 손쉽게 버릴 수 있는 것이라면 애당초 주지도 않았다. 그렇다고 영원히 가질 수 있는 것도 아니다. 분별을 잊어 겪는 고충, 분명 성공의 거름일 수도 있지만 고이면 썩고 곪으면 환부가 드러나기 마련이라 아쉬울수록 신중해야 한다. 기회를 잃어버리면 어떻게 하냐고 반문하겠지만 기본의 자리는 노력하면 반드시 오른다. 욕심은 넘쳐나도 앞을 가리고, 진전 없을 때도 앞을 가리며, 모자랄 때도 앞을 가린다.

물론, 욕심으로 뜻한 바를 이루는 것이지만 오르는 과정에서의 좌절이나 오른 후의 실패나 분별 혹은 분수를 몰라 받아야만 했던 표적으로, 농도는 좌절보다 실패에 더 진하게 나타난다. 분수도 모르는 짓거리로 태반이 어려워졌고 그런 이들에게 소일거리라도 주어지면 자조 섞인 목소리로 "이게 어디 사람이 할 짓이야", "이리 사는 삶은 삶이 아니다"는 말을 타성에 젖어 내뱉곤 하는데 자신의 꼬락서니를 모르고 하는 소리다. 사람이 되었다면 분수를 알 터이지만 인간에 머문 나머지 자기모순을 모른다.

육생살이 그 자체가 힘든 것이 아니라 내 욕심의 내 셈법에서 오는 상극상충의 원인을 파악하지 못하는 데 있다. 때론 즐겁게 살아야 한다고 사랑과 봉사를 논하고, 충효를 바탕으로 착한 선행을 논하지만 태반이 보여주기식 행위와 자기 명(名) 내고자 하는 행위뿐이면 주위에 따가운 시선을 모른다. 인생방정식에 의거하여 내 앞의 인연이 들려주고, 보여주고, 가르치는데도 불구하고 구석구석 눈물 날 일뿐이라면 덩달은 욕심으로 자신의 모순된 모습을 보지 못했을 따름이다.

덩달아 사는 이들이 많을수록 덩달은 논리도 덩달아 난무하고, 이보다 그 시대의 법이 덩달아 오늘에도 맞겠거니 생각하는 지도자나 운용주체가 있다면 문제가 크다. 덩달은 것도 삶의 가치와 이념부재가 가져온 사회적 병리현상으로서 불안해할수록 너 죽고 나 죽자는 물귀신이 되기도 한다. 특히 허한 곳을 채우지 못할 때 덩달아 병이 발생하기도 하는데 허무주의와 사뭇 다른 우울증을 동반하고 대다수가 기본의 자리에 올라 겪는다.

왜 그런 것일까. 뜻한 바를 이루어 인기와 재물과 명예를 누리는 듯싶어 부러울 게 없어 보이지만 자못 삶의 무게는 전(前)과 후(後)가 다르다. 방황과는 다소 거리가 있으며, 그러다 자살까지 이르기도 하는데 고픈 곳을 채우면 해소될 것이라, 백방으로 노력해본들 육생을 넘어 인생의 차원을 모르면 백약이 무효다. 간혹 신앙에 귀의하는 이들도 있지만 종교로 승화하지 못했는데 채울 리 만무이나 불안함과 우울은 나름 해소하는 모양이다.

대체로 어렵고, 힘들고, 고통스러울 때 찾는 곳이 신앙이자 선지식이 있는 곳으로 신도들의 피와 땀으로 살아가는 곳이다. 육생 너머의 인생 차원을 안다면 자연스럽게 정신량의 처방을 내려주게 되어 있다. 만약 형상에 무릎 꿇리기가 다라면 이보다 편한 직업이 또 어디에 있으랴. 표적은 자신의 행위를 다하지 못할 때 받게 되는 것이므로 이유와 원인에 대해 한 치도 접근하지 못하면 문제는 심각하다. 그리고 표적은 절대분별의 삶을 사는 인간에게 주어지지 본능으로 살아가는 동물에게 일어나지 않는다.

수천수백 년 전의 법이 오늘날에도 맞겠거니 생각하여 받아들이면 이는 또 누구를 위한 욕심일까. 예언서라 그 뜻에 따라야 한다는 종파도 있겠지만 대안은 예언을 통해 마련해 나가는 것으로 무조건 복종해야 한다면 신을 종용하는 행위밖에 더 되겠는가. 보다 나은 내일을 위해 가르치는 대로 살아왔는데 나아짐이 없다면 이는 분명 국가의 책임이겠지만 만백성의 아픔을 어루만져주겠노라 자처한 신앙의 책임을 간과해서는 안 된다. 어려움에 봉착된 문제를 가지고 제일 먼저 관아로 달려가는 이가 있을까. 태반이 신앙으로 달려가지 않는가. 만약 기복 이외엔 방도가 없다면 이보다 더 큰 문제가 없겠지만 얼마나 손발을 더 비벼대라 말할까.

봉착된 문제는 욕화의 때이자 진화발전을 위한 표적이다. 만약 빌어서 된다면야 손발이 다 닳도록 비벼대야 하겠지만, 또 그렇게 비벼서 해결될 일었다면 바르고, 다르고, 그른 것에 대한 고찰이 필요할까. 좌절은 본연의 자리를 찾기 위한 표적이요, 실패는 본연의 자리에서 다하지 못한 소임을 일깨우기 위한 표적이다. 불안감은 어떻게 해야 할지 모를 때 엄습해오듯 운용주체로서 이로운 행위를 다하지 못할 것 같다는 예감이 들 때도 엄습해온다.

또 누가 먼저라고 할 것도 없이 성공하면 불우한 이웃을 돕겠다고 약속이나 한 듯 말한다. 이로운 운용주체로서 함께하는 활동주체의 아쉬움을 채워주지 못하고 불우한 이웃부터 돕겠다 말한 자체가 과연 진정성이 있을까. 직장이건, 업장이건, 공장이건 리더의 행위가 이로울 때 하 나 되는 법이라 내실을 기하지 못하고 불우한 이웃부터 돕겠다는 기이한 생각은 운용자의 직위를 포기하겠다는 것과 다르지 않다. 아쉬워서 찾아온 이들에게조차 이롭지 못한데 진정 불우한 이웃에게 도움이 될 수 있을까. 정신량이 배제된 감질나는 육생량인데다가 보여주기 위한 행위라 결국 표적으로 상응하는 대가를 치른다.

사랑도 자기 자신을 바로 알고 행할 때 행복으로 거듭나는 것이지 분수도 모르고 나대다가는 상처만 주고받는다.

일도 하겠다고 나설 때 일이 주어지듯이 해결하지 못하면 그만한 대가를 치른다. 싸우고, 부딪치고, 충돌할 때의 패턴이나 어렵고, 힘들고, 고통스러울 때의 패턴이 다르지 않다. 나에게서 비롯되어 결국 나에게 되돌아오는 부메랑 공부가 너를 위한 것이라 덕 되게 쓰이면 득이 되어 돌아온다.

그렇다고 나를 위해 딱히 할 일도 없지만 도와 달라 말이 없는 너를 위해 굳이 할 일도 없다. 창고에 쌓아둔 육생량은 필요한 이들을 위해 보관해 둔 것이므로 도와 달라 찾아온 이들을 위해 아낌없이 비울 때 배로 채워지는 법이다. 비축된 방편이 있다는 것은 사랑을 통해 행복을 영위할 수 있다는 특혜라 하겠으니 걸맞게 쓰는 법을 배우는 일만 남았다. 예컨대 성공할 때까지는 손수 채워야 쌓아지는 법이고, 성공 후에는 이롭게 쓸 때 채워지는 법이라 정신량은 이로운 행위가 무엇인지 아는 일이다.

물론 아쉬운 활동주체 시절은 몸으로 뛰어야 하겠지만 운용주체로 직위가 상승했을 때에는 몸으로 뛴다고 해서 육생량 더 불어나지 않는다. 아쉬워서 찾아온 인연을 통해 쌓이는 때라 만약 어려워지기 시작했다면 찾는 인연도 줄어들기 시작하므로 재물도 따라서 줄어든다. 도움주기 위해 찾는 인연이 있을까. 득 될 성싶을 때 찾듯, 이롭다 싶지 않으면 찾지 않는다. 나 홀로 살아가는 것만큼 외롭고, 쓸쓸하고, 고독하지 않을 수 없는데 그만큼 이롭지 못한 삶을 살았다는 것이다.

사랑은 이기와 이기가 만나서 하는 것이자 통하자고 하는 것이므로 멀리 있는 인연과 할 수 있는 그 무엇이 아니다. 아쉬워서 찾아온 인연과 주고받기 위해 벌이는 사랑, 받지 못하면 그만한 이유가 있을 터이고 동정이면 모를까 받으려고만 하기 때문이 아닌가. 내 뜻대로 하기보다 네 뜻을 받아준다면 떠나는 이 없다. 주고도 받지 못하면, 주고받을 수 있는 곳을 찾아 떠나는 게 인지상정이라 엉킬 듯 엉키지 않는 대자연의 질서는 나의 이타와 너의 자율이 맞물려 돌아가기에 가능한 것처럼 말이다.

사소한 정에 얽매이면 반쪽반생을 일으켜 이로울 게 없듯, 도리를 저버리면 이타와 자율이라도 엉키고 만다. 잘해봐야 속 편키 위한 행위고, 잘해봐야 내 욕심대로 해대는 것뿐, 때론 관심 보이기 위한 것도 있지만 쌓이는 것은 스트레스라 사람답게 살고자 한다면 정신량을 부가시켜 나가야 한다. 그렇다고 이타가 정신량이라는 소리가 아니다. 아쉬운 육생량과 상호상생을 일으킬 때 이로운 정신량이라, 자칫하다 이타는 다르다는 착한 행위로 치우칠 수도 있기 때문에 정신량이 될 수 없다. 분별이 가미되면 이로움의 발로라 너와 나의 질서이자 우리의 질서이며 대자연의 질서다.

진보하지 못한 고루한 논리는 일찌감치 사장되듯, 막힘이 지속되면 국가든, 사회든, 기업이든, 가정이든, 인간이든 죽음에서 벗어나지 못한다. 멈췄다는 것은 선순환을 위배한 것이고, 단초는 사소한 자존심으로 이후 행보는 순탄하지 못하다. 자연이 아름다운 것은 모두 있어야 할 자리에 있어서인 것처럼 아름다운 삶은 본분을 잃지 않을 때 가능하다. 때론 함께하는 그 자체만으로도 아름다움이 발산하는데 이땐 필요한 것도 필요치 않은 것도 없다. 단지 나 먹고 살고자 하는 각자도생 행보가 아름답지 않다 하겠으니 하나 되지 못하면 사랑할 수도 없고 행복할 수도 없다.

존중 속에 피어나는 한 송이 꽃이 사랑이라고 할까. 이기와 이기가 득 볼 심산으로 피워내는 욕심의 꽃이기는 하겠지만, 본래 꽃 자체는 이기적이지 않다. 누가 어떻게 쓰느냐에 따라 이로움의 질량은 달리 나타나는 것처럼 본디 아름다움은 자체발광이라 만인의 사랑을 받은 만큼 스스로 이로움을 채워 나간다. 저마다의 이로움을 자체 발산하면 아쉬워서 사랑하는 이가 되기보다 이로워서 사랑받는 이로 거듭난다. 바르다고 말하는 정의 실체를 몰라 다르다고 말하는 착한 선의 행위가 대신하는 탓에 하나 되는 일에 있어 난항을 겪고 있다.

육신의 병은 고치기 위해 발병한다. 수술로 완쾌되었다고 해서 치유된 것일까. 막히면 머물고, 곪으면 터지는 법이라 막히어 곪은 원인을 밝히기 위해 환부를 드러내는 것이므로 고통스러운 육신만큼 정신도 괴로웠을 터 그로 인해 초래됐을 법한 불통의 모순을 찾발병한다. 수만 개의 부품으로 조립된 자동차는 서로 맞물리치의 오차 없이 공조를 이루어 운송수단 역할을 한다. 이 중 작은 나사못 하나 잘못되면 어떻게 될까.

고장도 그만한 이유와 원인이 있기 마련이라 병도 다르지 않아 낫고자 한다면 인체수술과 정신수술을 병행해야 한다. 즉 상극상충의 주범인 탁한 생각을 씻어내기 위한 것으로, 오르기 전에 있는 좌절은 크게 두렵지 않지만 오른 후의 실패는 고통 속에서 재기해야 하므로 운용주체의 모순을 반드시 찾아야 한다. 이로운 입장에서 이로운 행위를 다하면 순탄대로라 파장은 크게 일지 않는다. 고통은 다하지 못할 때 받게 되는 것이고, 재기를 하고자 한다면 알아야 할 것이 있는데 그것은 바로 나를 위해 살아왔다면 너를 위해 살아가야 한다는 것이다.

잘못 살아온 지난날의 고통은 더 나은 삶을 위해 가하는 표적으로, 좌절은 극복을 위해 가한다는 사실이다. 특히 실패 후 재기는 두 번째 자리에 오르기 위한 몸부림으로서 노력여하에 달렸다. 발돋움을 위한 고통이라고 할까, 극복을 위한 시련이라고 할까. 이미 극한에 다다랐다면 사업과 삶도 죽음의 경계를 뛰어넘지 못할 것이고, 바라보는 이들에게는 이리 하면 이리 된다는 교과서로 자리한다. 내 방편에 내가 구속된다면 나만 손해라 인연이 찾아왔다면 조건보다 인연을 대해야 한다.

일거리가 들어오고 인연이 올까 아니면 인연이 오고 일거리가 들어올까. 안팎으로 들고나는 차원도 운용주체가 처리할 수 있는 한도 내에서 주어진다. 사소한 일도 처리 정도에 따라 들어오는 게 이치라 문제는 바빠지면서부터 초발심을 잊는다는 것이다. 썩 바쁘지도 않은데 바쁘다는 핑계로 조건만 훑어보면 그때부터 균열의 조짐이 보인다는 사실을 아는 이가 그리 많지 않다.

아무리 아쉬운 육생량이더라도 스스로 손해를 입히지 않는다. 너보다 나를 위할수록 변별력은 춤추므로 바르지 않은 데에서부터 상극상충은 소리 없이 벌어진다. 육생량은 소통의 방편이라는 사실을 인지하면 손해라는 소리는 쉽게 하지 않을 것 같다. 지금 당장 물건을 팔기 위한 장사치의 얍삽한 상술이라면 모르지만 적어도 아쉬운 활동주체를 이끌고 소기업이라도 운영하고자 한다면 조건보다 인연맞이의 깊은 뜻을 새겨야 한다.

잘나간다 싶을 때 육생량에 몰두하느냐, 정신량 마련을 위해 노력하느냐를 보기 위한 시험지가 들어간다. 선의의 경쟁은 상호 발전을 위한 것으로, 먼저 브랜드(brand) 가치는 육생량이었다가 점차 기업이념으로 바뀌어 얼마큼 이로움의 정신량을 함축시켰느냐가 기업의 미래를 좌우한다. 즉 기업이념은 곧 운용주체의 가치관으로서 후생복지 및 고객들에게 얼마나 이로운지, 사회의 기여도가 얼마나 되는지 보기 위한 것에 있다.

처음부터 경쟁으로 힘들어지는 법은 없다. 있다면 복불복 막무가내 경영자의 수법이라 할까. 나 먹고살기 위해 나밖에 모르는 기업에 대체로 찾아든다. 상생(相生)은 나를 위해 너를 이롭게 하는 것이고, 공조(共助)는 내민 너의 손을 잡고 나가는 것이라 선의의 경쟁은 담합이 아니라 상부상조하자는 것이다. 아울러 본사의 브랜드 가치를 높인답시고 육생 안에 몰두하면 결국 경쟁의 본질을 상실하고 타사와 앙숙이 되므로 너 죽고 나 죽는 꼴 면치 못한다.

내걸은 간판의 이면은 기업이념과 가치와 상생이 살아 숨 쉬어야 하는 만큼 행위에 부합하지 못하면 못한 만큼의 무게에 눌려 주저앉는다. 보이는 육생량의 명품 브랜드만큼이나 보이지 않는 정신량의 명품 브랜드를 쌓아간다면 육생기업에서 인생기업으로 날갯짓할 터, 하지만 선천적 명품에 머물면 길어야 3대 108년 안팎에 파산의 그늘이 드리운다.

기업이념은 사원과의 약속이자 소비자와의 약속이며, 국가와의 약속이자 대자연과의 언약이다. 부응하지 못하면 크고 작은 갈등에 대립은 자동발생이라 얼렁뚱땅 넘어갈 사안이 아니다. 기업의 성패가 달린 문제로서 아쉬운 육생량 명품 브랜드에 안주하면 장사치요, 이로운 정신량 명품 브랜드에 힘을 쏟으면 진정한 사업가다. 1대는 육생량을 개척하고 2대는 정신량을 창출하여 3대 소비세대 이르러 육생명품 브랜드에 정신량을 첨가시켜 나간다면 기업의 가치는 얼마나 될까. 해외 유수 기업들이 정신량을 수입하거나 모방하려 들 텐데 이쯤 되면 정녕 기업이념 그 자체가 명품의 정신량으로 자리한다.

또한 그 자체가 존경의 대상이므로 남부러울 게 없으니 국가의 브랜드로 자리하지 않을까 싶고, 너 나 할 것 없이 정신량이 부가된 인생명품기업으로 발돋움하기 위해 손발을 걷어붙일 것이라 도산은 있을 수도 없다. 지식의 소산물 육생명품은 전문기술자들에 의해 생산되어 자기과시욕으로 쓰이지만 인생명품은 지혜의 발로인지라 누구나가 합의를 통해 화합을 일으켜 삶의 질을 높여 나갈 수 있다. 그리고 이로운데 천리타향 마다하겠는가. 이롭지 않아 지척에 누가 사는지, 무엇이 있는지 관심을 두지 않는 것이다.

미운 자식 떡 하나 더 준다는 소리가 있다. 정말 미워서 떡을 더 준다는 것일까. 경우에 따라 그럴 수도 있고, 아닐 수도 있지만 떡 하나 더 줘야 한다는 심성 때문에 막장드라마를 펼치는 것인데도 마냥 주려 한다면 누가 말리겠느냐만 반쪽반생을 일으키는 주범이 므로 그에 따른 고통은 자신이 감내해야 한다. 호구책이나 되면 얼마나 좋을까만 자신의 어려움조차 해결하지 못하면서 어설픈 행위 해대는 것은 생각이 모자라거나 분별이 어리석거나 중에 하나다.

무엇을 하든, 누구를 만나든, 어떤 일에 종사하든 매 순간 앞에서 벌어지는 일은 나의 발전을 위해 주어지는 내 공부다. 이때 상극상충은 물론 반쪽반생만 일으켜도 발목 잡힌 형세라 상호상생을 일으킬 때까지 유사한 상황은 지속적으로 연출된다. 고착되면 멈춘 것이라 실의낙담 차원을 넘어 절망의 나락에서 헤어나기 어려운데 시련이 비단 물질에서만 비롯되는 것일까. 과연 실패를 육생량 때문에 하게 되느냐는 것이다. 하고 싶어도 몰라서 못하는 심정을 달래고자 한번쯤 일탈의 꿈을 꿔보지만 이도 결코 쉬운 일 만은 아니다.

또 그리해서 해결할 수 있다면 이도 하나의 방책이 아닐까 싶고 방탕과 연결 짓는 날에 몰락은 걷잡을 수가 없다. 실패는 성공했기에 하는 것이라고 뼈아픈 우스갯소리를 해대는데 허무주의 양상에 딱 알맞은 소리다. 육생의 기본금을 무시하고 한 말이라 누군가는 백수의 삶을 로망으로 받아들일지도 모른다. 그렇다고 백수가 정녕 하는 일도 없이 놀고먹기만 하는 자일까. 실업자는 에너지 충전 중이고, 미취업자는 좌절을 극복하는 중이며, 실패의 나락에서 헤어나지 못하는 자가 놀고먹는 노숙자다.

삶의 의미를 잃어버리고 죽지 못해 사는 이들도 허다하지만 의미를 알기 위해 살아가는 백수와는 차원이 전혀 다르다. 그리고 사회활동을 하지 않고 속 편하게 살아갈 수 있는지를 생각해보자. 있다면 그만한 정신량이 받쳐주는 자라 하겠고, 또 그만한 내공이 있어야 가능하므로 백수는 아무런 비전(vision) 없이 놀고먹는 이들을 가리키는 말이 아니다. 아예 무능한 이들도 있기야 있겠지만 주고받음 없이 가능하지 않고, 또 인간은 받아온 육생의 기본질량을 벗어나 살 수 없기 때문에 어떻게 보면 진정한 정신량은 이들의 손에 달려있다 해도 과언은 아니다.

정체성을 빙자한 모험과 취미생활이 전부마냥 그렇게 살다가 죽으려는 이들의 태세도 만만치 않다. 아쉬움의 돌파구를 이런 식으로 채우려드는 치우친 이들의 열정이 간혹 삶의 쟁점이 되기도 한다. 다양한 얼굴만큼이나 삶의 모양새가 다른 것을 보면 인연에 따라 이로움의 질량이 다를 수밖에 없는데 정의를 하나의 틀에 가둬서는 이로울 게 없다. 사회가 혼란하고 혼탁해질수록 자기주장 일색이라 재테크도 만백성의 시름 달랠 곳이 흔치 않아 관심을 보이지만 1안의 육생량이라 이도 사실 불안할 따름이다.

노후의 삶을 걱정하는 것이나, 성공 후의 삶을 걱정하는 것이나 다를 바 없다. 물론 육생의 기본금으로 인연을 불러들이는 것이겠지만 불러들인 이후의 이로움은 정신량이어야 하지 육생량에 머물면 분열은 떼놓은 당상이다. 재테크가 아쉬운 육생량에 국한된 만큼 노후생활이더라도 별다르지 않다. 여유로움에 정신량을 부가시킨다면 무엇이 문제이겠는가. 고작 해봐야 만족과 흡족을 대변하는 쾌락의 취미생활 정도가 전부이지 아닐까 싶은데, 유유자적한다면 금상첨화겠지만 육생 안위가 전부인지라 고통스러운 삶만큼 죽음도 고통스럽게 맞이한다.

물론 삶의 활력을 불어넣는 여가선용이 필요하다. 하지만 자신만의 특권이라는 생각을 가진다면 문제는 달라진다. 여유로움을 위해 내는 시간은 꿀이고 보약인데 위세 떨고자 요란행위 피운다면 아쉬움만 쌓일 뿐이라 오히려 쌓이는 스트레스를 감당키 어렵다. 그러다 고착되어 한순간에 모든 것을 잃는 이들이 숱한 걸 보면 위험천만한 줄타기가 아닐 수 없다. 나를 위해 살다 결혼하여 너를 위해 1백 년 안팎을 사는 동안 여가는 취미로 즐겨야 하는 시간이기보다 에너지 충전을 위한 시간이여야 한다.

고달픈 육생살이 에너지 충전법을 잊고 살아온 것은 아닐까. 아니면 욕심 때문에 망각한 것일까. 길을 걷다 돌부리에 부딪쳤는데 차인 것마냥 투덜거린다. 걷어차도 내가 차는 것이요, 부딪치는 것도 내가 부딪친 것이라 순간의 기분이 질량을 가른다. 분명 표적으로 재수에 옴 붙어 그럴 수도 있다. 바르지 못하고, 이롭지 못하면 징조는 나타나기 마련이고, 세상사 입장과 처지에 따라 긍정과 부정을 달리하는 게 인지상정이라 상대방을 충분히 고려하지 못한 상태로 나서면 논쟁에 휘말리기 십상이다.

변별력의 차이가 이로움의 차이라 무덤에는 평계가 있을 수 없다. 다시 말해서 내 뜻대로 해보려는 만큼 분별이 바를 수 없고, 네 뜻을 존중하고 함께하기 위해 노력한다면 화의 때가 쌓이지 않아 표적이 들어올 리 없다는 것이다. 절대분별은 지혜이지 추측이 아니기 때문이다. 그런데 다들 너를 위한다고 하지만 자기 생각에 묶이어 마음차원으로 넘기지 못해 사달을 낸다. 예방주사는 건강할 때 맞아야 하는 것처럼 발병한 환자는 치료를 해야 하는 것이고, 이미 방도를 강구하라 전조를 보였는데 이를 무시한 이가 잘못이지 공부로 가해지는 표적이 잘못일까.

먼저 일러두지 않고 가하는 어려움은 없다. 근기에 따라 징조는 다르게 나타나고 대부분 내 앞의 인연에게 비롯되어 각자 믿음과 신념은 행위가 바를수록 곧추선다. 육생성공 이후 인생출세가도 달리기 위해 바르다는 정의 행위를 찾아 실천하면 그만인데 다르다는 착한 선의 행위에 촉이 꽂혀 멈추어 선다. 불우한 이웃을 돕는 차원과 사회에 환원하는 차원과 기업과 기업의 딜(deal) 차원과 그리고 기업이 고객을 맞이하는 입장과는 무엇이 다를까.

불우한 이웃을 돕는 것도 거래요, 환원도 거래이고, 기업끼리의 딜(deal)도 거래이며, 고객을 맞이하는 것도 거래다. 조건이 어찌되든 모두 주고받아야 하는 소통의 관계라는 것이고, 문제는 상호상생을 이룰 수 있느냐는 것인데 기업과 고객과는 육생량일망정 어느 정도 주고받는 관계지만, 문제는 불우한 이웃과 사회 환원이다. 덕이 되어야 득이 되는 것처럼 춥고 배고픔을 면한 후에 필요한 정신량이 가미되지 않으면 불우한 이웃은 언제나 불우한 이웃이요, 돕는 자는 언제나 돕는 자의 위치에 선다.

너의 아쉬움과 나의 부족함을 채우기 위해 이루어지는 만남, 활동주체가 육생량을 생산하면 정신량은 운용주체를 주도해야 하는 것인데도 어찌된 노릇인지 육생량의 산토는 있어도 정신량의 산지가 없다. 물론 학교 교육으로 일정 부분 일깨워야 하겠지만 부분의 육생교육에 발목 잡힌 것이 인생살이 이로운 정신량을 마련하지 못하는 가장 큰 이유가 아닌가 싶고, 특히 육생살이가 무엇인지 모르는 이상 상극상충과 반쪽반생의 원인을 밝힐 수가 없다.

희망의 모태는 행복이다. 육생량으로 아쉬움을 채우고 정신량으로 이로움을 채우는 사랑, 그 행위를 통해 한 뜸씩 다가서는 행복, 운용주체가 운용주체다울 때 활동주체는 소임을 잃지 않는다. 그런데 회장이 이사의 일을 한다면 이사는 부장의 일을 해야 할 터 행복을 갈망하는 노조의 원성은 커질 수밖에 없다. 춥고 배고파 부르짖는 소릴까. 후생복지가 향상되어 사람답게 살아가는 날이면 노사는 하나 될 터인데 육생 안위가 전부다 보니 상극상충은 월례행사일 수밖에 없다.

행복을 아는 이가 얼마나 될까. 뜻대로 될 때의 만족감을 행복으로 오인하는 통에 뜻대로 되지 않을 때의 불만족을 불행이라 여겨 행복을 가장한 만족을 위해 고달픈 육생살이 힘을 앞세워야 했다. 행복과 불행, 선과 악은 종이 한 장 차이라고 하는데 과연 그럴까. 내 뜻보다 네 뜻을 존중할 때 뜻이 관철되는 법이라 그만한 통찰력과 이해력이 뒤따를 때 내공도 깊어지는 법이다. 1안의 유형의 물질 육생량은 개인 만족을 가져다주고, 2안의 무형의 정신량은 함께 하는 행복을 일으킨다.

아울러 물질만족은 신나고, 즐겁고, 기쁜 일이요, 사랑은 이기와 이기가 만나 서로 아쉬움 채우는 일이고, 이로움을 주고받을 때 행복을 영위한다. 분명 육생성공은 개인만족지수로 가득차지만 함께 하는 행복지수는 정신량을 첨가해 인생출세 가도를 달릴 때 충만하다. 그만큼 직위 상승에 따른 만족지수는 따르는 인연들을 위할 때 행복지수로 차원이 바뀌는 것이라 실패하지 않으려면 하나 되는 대안 마련에 몰두해야 한다.

6. 실패에 대하여…

극한강도를 넘으면 유형의 물질이건 무형의 정신이건 할 것 없이 파괴된다. 육신수련으로 내구력을 쌓던, 정신수행으로 내공을 쌓던 한계점이 극한강도로서 타고난 근기에 따라 다소 차이가 나겠지만 바닥치지 않으려면 극한강도에까지 도달하지 않기 위해 노력해야 한다. 선천적 내구력은 인내력과 일맥상통하고, 내공은 후천적 수행으로 얼마간은 쌓을 수 있지만 육생행위로만은 한계가 있다. 정신량의 내공은 이로운 행위로 쌓아가는 것으로 싸우고, 부딪치고, 충돌하는 극한상황으로까지 몰리지 않기 위해 선천의 인내력에 후천의 지혜를 덧붙여야 한다.

마라톤 중계하는 아나운서의 빤한 레퍼토리가 자기와의 싸움이라는 소린데 너무 식상하고 획일적이다. 그리고 자기와 싸우는 또다른 자기가 누구인지 밝힌다면 신뢰충천하지 않을까 싶고, 당최 자기와 싸우는 자기가 누군지 모르겠다. 물론 내 안에는 나를 위한 생각차원과 너를 위한 마음차원이 적대보완적으로 공존하지만 이기와 이타, 지식과 지혜 등등을 변별하기 위한 절대기관인 자기(참나)라는 개인주체 성향과는 차원이 다르다. 자기와 싸워서 이길 수 있는 또 다른 차원의 자기가 있다면 얼마나 좋을까. 그만한 근기가 되니 너는 그것을 할 수 있는 것이고, 나는 근기가 이만하니 이것을 할 수 있는 것이다.

아울러 근기와 인내는 타고난 질량이요, 내공은 쌓아나가는 질량이고, 지혜는 찾아 써야 하는 질량이라 음양합일은 보이는 것과 보이지 않는 질량화합을 말한다. 유상의 선천질량에 무상의 후천질량을 부가시킬 때 쌓아지는 내공, 받아온 육생의 기본금에 따라 내공의 분야도 달리 형성된다. 선천육생의 근기와 인내에 첨가하는 내구력은 저마다 다르며, 찾아 쓰는 지혜의 질량도 나 하기 나름이라 저마다 다르다.

육신수련을 통해 쌓은 내구력과 정신수행을 통해 쌓은 내공도 결국 받아온 선천질량에 따라 달리 나타난다는 것이므로 모두 이기의 생각을 넘어 이타의 마음을 쓰기 위한 것에 있다. 부딪침의 발단은 아쉬워서 찾아온 인연을 자기 뜻대로 해보려는 욕심에서 기인한다. 하지만 지혜로운 이들일수록 극한으로 몰고 가지 않는다. 너를 존중하고 네 뜻을 받아주려 노력하는데 싸우고, 부딪치고, 충돌할 이유가 있을까. 육생의 근기 육생량은 인과관계를 위한 것이고, 인생의 근기 정신량은 인간관계를 위한 것이다.

따라서 뛰어난 운용주체가 되려거든 생각의 지식을 넘어 마음의 지혜를 쓸 줄 알아야 하고, 이를 위해 아쉬워서 찾아온 활동주체의 말을 끝까지 경청하는 자세가 필요하다. 이때 필요한 것은 근기도 아니고 인내도 아닌 오직 아쉬운 너의 이면을 채워주고자 하는 신념이다. 그런데 너를 위해 산다는 자체를 손해 보는 것으로 인식하여 마찰음을 내고 있고, 더 큰 문제는 다르다는 착한 선행인지라 고통 받는 이들이 줄지 않고 있다는 것이다.

한때, 때는 때대로 간다는 사필귀정을 인과응보 착한 선행에 비유하고 권선징악에까지 꿰맞추기에 이르렀었다. 인생방정식은 자업자득을 일깨우기 위한 공식으로 그르다는 치우친 사행은 물론 다르다는 착한 선행은 고달픔만 배가시켜 왔을 뿐이다. 결국 육생량 앞에서는 이도 내 욕심, 저도 내 욕심이라 매 순간의 상황을 마음차원으로 넘기기도 전에 생각의 틀에 묶이어 스스로 벌인 줄 모르고 타박이나 해대니 바르게 해결될 일이 있었겠나. 마음은 입장 바꾸어 생각할 때부터 쓰이는데 지혜로운 자는 너를 위해 사는 자라 나를 위해 사는 자와 내공을 비교하는 자체가 우습다.

특히 이로운 정신량이 바닥을 드러내면 아쉬운 육생량도 바닥을 드러낸다. 활동주체 시절은 지식을 통해 지혜를 깨우치는 과정이라 때론 바닥을 치는 경우도 있겠지만 운용주체는 이로운 자라 바닥을 치면 곤란하다. 그 고난을 자신만 겪는다면 모르지만 따르는 이들까지도 함께 겪어야 한다는 것이다. 기업의 간판이나, 자신의 명의로 내건 간판이나, 인기스타의 간판이나 다르지 않다. 고객과 팬들의 성원으로 스타의 반열에 올라서면 보답으로 정신량을 가미시켜 아쉬운 부분을 채워줘야 하건만 보여주는 육생행위가 전부이다 보니 압박감에 우울증으로 극단의 선택을 하기도 한다.

특히, 인기(人氣)는 인(人)의 기운(氣運)이 쌓여 누리는 것으로, 팬들의 열렬한 성원에는 간절한 염원이 담겨 있음을 알아야 한다. 스타는 이로운 자리에 오른 것으로, 염원 그 뜻을 헤아리면 영원한 스타로 팬들의 기억 속에 오래 남을 것이다. 그런데 허한 곳을 채우고자 열화와 같은 성원을 보내는 팬들의 심정을 알고 있는 인기인이 얼마나 될까. 화려한 생활만큼이나 뒤안길이 쓸쓸한 건 채워도 채울 수 없는 육생의 기본자리에 전전하다 받은 소외의 표적이다. 하나같이 인기를 누리고자 한 어릿광대 재롱 행위가 전부라 대부분의 말로가 이리 하면 이리 된다는 본보기로 마감한다.

타고난 재주로 인연을 불러들였다면 무엇을 어떻게 해야 할까. 인기를 위해 재주 부리는 일이 전부는 아닐 터인데 저마다 기본행위조차 못하고 있다. 아쉬운 육생량이 곤궁할 때 의기투합하다가 육생량이 불어나는 시점부터 분열의 조짐이 인다고 했듯이 있다가 없을 때 느끼는 어려움도 다르지 않다. 모두 이로운 정신량을 가미하지 못해서라 분열되거나 어려워지는 상황을 보면 대개 이로움을 찾아 떠난다거나 이롭지 않아 떠난다거나 둘 중 하나로, 이쯤 되면 신뢰와 믿음마저도 육생량에 농락당한다.

정의도 육생량에 농락당할까. 정신량이 첨가되었다면 그럴 리야 없겠지만 육생살이 질량뿐이면 시간문제다. 아쉬운 게 인간이고 아쉬운 게 육생량이라 인간과 육생량은 극과 극으로 쓰임이 다채롭지 않으면 스파크가 언제 일어날지 모른다. 동족상잔 6.25 이후 어느 세대보다 기본금이 풍부한 베이비부머 중에서도 최고의 인재들은 정부를 택하기보다 육생산업을 선택하여 문어발 대기업(재벌)을 탄생시켰다. 그 다음 차례가 4차 산업이 아닐까 싶고 우려하는 바는 극과 극, 즉 아쉬운 육생량에 이기의 육생량만을 부가시키는 일에 있다 하겠으니 자칫 양양상충 육생살이 혼돈시대의 막이 오르지 않을까 두렵다.

화합의 정신량을 국가가 마련하지 못하면 사회의 몫이지 않나 싶은데 요지부동이라 후생복지를 담당한 대기업에 일말의 희망을 걸어야 하는 모양새다. 노조 구성의 이면은 육생량에 머문 사측을 대신하여 인생방정식에 의한 정신량 촉구를 위한 자린데도 불구하고 육생량에만 포커스를 맞추어, 노조의 몸부림을 겨우 육생 안위 일면에 맞춘 연봉협상이 전부인 듯싶다. 알고도 안 하는 것일까. 몰라서 못하는 것이라 깨우칠 때까지 노사분규는 채우지 못한 표적으로 가진다. 수혜자가 누구일까. 자칫 노조가 고착되면 암 덩어리라 구르는 돌이 박힌 돌을 뽑으려 들지도 모른다.

문화콘텐츠도 아쉬운 육생살이에 불과하여 치유의 이면이라고 해봐야 스트레스 구실로 놀고, 먹고, 떠드는 행위가 전부인 것 같다. 육생의 본질이라 할까. 자유와 평화를 명분 삼아 최상위 특권층에서 권력과 자본을 앞세워 군림하고 있는 이상 수평정책은 언감생심 더 이상 쏠리지나 않으면 좋겠다. 이나저나 실패의 공식과 재기의 방식을 얼마나 바르게 알고 있을까. 그리고 1대에서 실패하지 않는 이들이 얼마나 될까. 대를 잇는 이들도 있겠지만 전문분야와는 차원이 사뭇 다르다.

때문에 운용주체는 인성은 갖추어 품성을 넓히고, 활동주체는 육생의 기술을 익히고 습득하니 이쯤 되면 찰떡궁합이라 만나기만 하면 서로의 뜻을 이루기는 어렵지 않다. 굳게 믿고 약속한들 진화발전의 시험지는 끊임없이 주어지므로 어느 한순간 평균치 이하의 성적이면 구축된 신뢰에 흠집이 나기 시작한다. 물론 운용주체의 리더십에 따라 다르기야 하겠지만 시험은 하나 되어 나가는 것을 보자는 것에 있으니 정신량을 소원하면 걸려들게 되어 있다.

노력이 함께할 때 무너지지 않는다지만 네게 이로운데 떠나려 하는 이가 있을까. 노력을 게을리 하지 않는다는 것이다. 모든 문제는 육생 안위에 머무를 때 발생하는 것으로 정신량에 매진하면 육생의 문제는 크게 대두되지 않는다. 화합의 본질은 이로운 것이므로 노사 모두 주고받는 행위의 본질을 알면 분규보다 화합을 위한 합의가 절대적일 것이다. 육생량의 분배가 쟁점이겠지만 하나 되고자 하는 사안이라 경영진의 인품과 사고도 그만큼 중요하다. 시대의 변화에 순응한다고 4차 산업에 열을 올리는 만큼 업그레이드 시대는 인연맞이 시대라는 사실을 잊지 말아야 한다.

발전은 인간의 사고를 최고치로 끌어올리기 위한 것에 있듯, 진화는 육생의 인간에서 인생의 사람으로 승화되어 사람답게 살아가기 위한 것에 있다. 따라서 나의 소임은 너를 만나기 위한 조건이라 바빠진다는 것은 그만큼 만나야 할 인연도 배가 됨을 뜻한다. 결국 안 하면 나만 손해라 안 해도 될 일이 있을까. 손해 보면 되지 않겠느냐는 이도 있기야 있겠지만 사랑하며 살아가야 하는 분명한 이유가 있다. 그렇다고 굳이 억지 사랑 놀음 하라는 소리가 아니다. 이로울 듯싶을 때 치솟는 감정이 사랑이라 솟지도 않는 감정 부추기며 살아갈 수만은 없지 않은가.

오랜 시간 서로 의지하며 사는 이들도, 너 없으면 죽고 못 산다는 이들도 이롭지 않다 싶으면 언제 그랬냐는 식으로 헤어짐의 수순을 밟는다. 이혼했다, 실연당했다, 배신당했다 등의 말하지만 과연 사업 실패와 사랑 실패가 다를까. 육생의 기본자리에 올라 함께 하자는 이들과 하나 되지 못하면 사업은 실패할 것이고, 아쉬워서 만난 연인끼리 하나 되지 못해도 사랑도 실패할 것이다. 만남은 조건이요, 사랑은 아쉬움이라 모든 원인은 주고받지 못하는 데 있다. 사업은 이로운 운용주체가 자가 아쉬워서 찾아온 활동주체의 고픈 곳을 채워주면서부터 시작되는 것이고, 연인끼리 사랑은 아쉬워 고백한 이가 먼저 채워주는 데서부터 시작된다.

실패는 먼저 받던 후에 받던 채움 행위를 다하지 못할 때 하게 되는 것으로 성공하여 출세가도를 달리려 하거든 육생량에 정신량을 공급해야 하고, 사랑으로 행복을 영위하려거든 고픈 곳을 채워줄 때 허한 곳이 채워진다는 사실을 망각하지 말아야 한다. 사업 실패와 사랑 실패는 채워줄 때 채워진다는 사실을 곡해하면 누구도 피해 갈 수 없는 절대적 표적이다. 사업도 너를 위할 때 번창하듯이 사랑도 너를 위할 때 아름답게 승화되는 법이라 쓰기 위해 받아온 육생량 나를 위해서라도 바르게 쓰는 법을 배워야 한다.

바르다는 것은 이롭다는 것이요, 이롭다는 것은 선순환으로 상호 상생을 뜻함이라 언제나 정서빈곤은 상극상충을 유발하는 생활에서 기인한다. 증오와 분노가 쌓이는 이유와 폭발하는 이유가 어디에 있을까. 뜻대로 되지 않을 때이지 않은가. 너를 위한다고 한 일인데 배신당하고 사기당했을 때의 분노는 이루 말할 수 없겠지만 진정하고 냉철해지면 알 수 있다. 분별이 어리석었다는 사실에 대해서 말이다. 때론 신뢰를 바탕에 두었을 때도 있겠으나 이기의 육생량은 아쉬움이라 늘 공부의 대상이자 시험의 대상이다.

특히 우리나라 스포츠 스타의 절정기가 30세 안팎임을 감안하면 은퇴 이후의 삶을 고려해야 한다. 대중의 인기로 살아가는 연예인의 실패는 팬들의 염원을 채워주지 못할 때 일어나고, 준비 없이 갑작스럽게 스타의 대열에 선 이들의 비보를 간혹 듣곤 하는데 자신을 갖추기도 전에 대중 앞에 나선 변고라고 할까. 오르기 위한 선천의 노력도 중요하지만 오른 후엔 운용주체라 너를 이롭게 하는 후천의 질량만이라도 알고 데뷔해야 한다.

무형의 4차원에서 받아온 육생의 기본금은 유형의 3차원에서 자리에 오르면 인생의 자본금이라 기(氣), 예(藝), 술(術) 등등으로 나뉘었다. 또 신의 제자로 살아가는 이들도 적지 않고, 기본금을 제 것마냥 함부로 쓰다가 절망으로 빠지는 이들도 적지 않다. 이 같은 사항은 나를 위해 쓸 것이 아니라는 사실을 교과서로 보여주는데도 육생량 앞에만 서면 잊는 모양이다. 보이는 육생량만큼 보이지 않는 기운이라고 해서 소진되지 않을까. 신이 들어와 부여받은 기운은 일정한 시기가 되면 소진된다.

간혹 누구에게는 화(禍)가 되어 돌아오기도 하는데 톱니바퀴 엇갈리면 고장 나는 법이라 엇물린 곳을 찾아야 한다. 네 톱니가 나의 바퀴에 물리어 돌아가기보다 네 톱니에 나의 바퀴가 맞물려 돌아가야 하는 것이 순환의 이치다. 지금까지 운용주체 하기 나름이라는 데 있어 다소 의아해 할지 모르겠으나 선천의 육생량은 후천의 정신량을 위한 것이다. 즉 내걸은 간판을 보고 찾아갔는데 육생행위가 전부면 이로울 리 없는데 누가 다시 찾을까.

예컨대 미장원 간판을 걸었다고 치자, 무엇을 어떻게 하든 원장이 받아온 기본질량만큼 어느 시기까지 1차 인연은 찾아오게 되어 있다. 이후부터 원장의 몫으로, 미용기술로 불러들였다면 생활에 유용한 정보를 함께 공유해 나가야 한다. 육생의 기술은 선천질량으로 아쉬운 만큼 한계를 드러내기 마련이고, 후천의 이로움이 묻어나면 덤으로 부가된 2차 인연은 찾아든다. 간판을 걸어놓고 성공을 자축하기도 전에 실패의 그늘이 드리우는 것은 함께 공유할 이로움을 마련하지 못해서다.

특히 걸어 놓은 간판이 절하는 곳이면 절간이고, 예배드리는 곳이면 예배당이며, 법을 논할 때 법당이 된다. 절하는 곳에 술을 팔면 술집이요, 예배하는 곳에 밥을 팔면 밥집이고, 법을 논하면 법당이 아닌가. 누가, 어디서, 무엇을, 어떻게 하느냐에 따라 이로움이 차이나는 법이라 남은 일은 얼마만큼 주고받느냐에 있다. 법을 논하더라도 이롭지 못하면 이로운 곳을 찾아 떠나는 것이 인연이다. 도량의 주인이나, 업장의 주인이나, 기업의 주인이나 다를 바 없다. 단지 보이고 보이지 않는 질량의 차이일 따름이다.

어디에서 무엇을 하든 인연이 찾지 않으면 망하는 것은 매한가지라 성공의 방식이 있다면, 실패의 공식도 있기 마련이다. 성공하기 전후의 질량은 아쉽고 이로운 자의 차이라 받아온 재주가 천년만년 갈 것마냥 유세떨면 그 순간부터 나락이다. 또 재주 부리면 돈은 덤인데 오직 돈을 위해 혈안이라 찾아오면 도와주겠다는 간판의 의미를 알 리 없듯이 단골의 이유도 알 리가 없다. 이롭지 않아 인연이 떠나는 것인데도 일면의 육생재주에 흥미를 잃어 떠나는 것으로 아는 게 문제다.

떠나는 이들을 붙잡아 볼 심산으로 리모델링하고 성형이나 해댄다고 다시 찾을까. 고픈 곳을 채울까 싶어 찾아와 채우지 못해 떠난 것인데 설령 다시 찾을지라도 채워주지 못하면 다시 찾지 않는다. 인기스타에 열광하는 이유도 허하고 고픈 곳을 채우기 위함이라 인기가 떨어지는 것이나, 인연이 찾지 않는 것이나, 매출이 급락하는 것이나 이유는 결코 다르지 않다.

아쉬운 인의 기운 그 염원으로 살아가지 않는 이들은 없다. 그 성원에 힘입어 자기 존재의 가치와 인기에 상응하여 살아가는 것인데 어떻게 된 일인지 방관, 방종, 방탕으로 옥죄고 있다. 인기스타에 팬들은 열화와 같은 성원을 조건으로 내걸었다는 사실을 알까. 조건에 보답하기 위해서는 어떻게 해야 할까. 좌절은 곧 희망이라 뜻이라도 재차 크게 품어볼 수 있지만 실패는 절망이라 재기가 녹록치 않다는 점이다. 이를 인지한다면 방관과 방종에 빠지더라도 적어도 허영과 방탕은 금하지 않을까. 주어지는 덤으로도 충분히 느끼고 만끽할 수 있을 터이니 말이다.

이처럼 실패는 육생의 기본에 머물러도 하지만 상호조건에 매달려도 하게 된다. 차이는 자기 셈법의 욕심 때문이고, 충돌은 육생량 앞에 드러내는 치우친 사(邪)의 기운이 가중될수록 하게 된다. 지나치면 모자람만 못하다는 과유불급을 모르지 않을 터, 사달 나는 것을 보면 주체할 수 없는 이기심 육생량 앞에 서면 발동하는 모양이다. 물론 채워도 채울 수 없는 이기의 육생량이라는 점도 있지만 바르다는 정(正)의 행위를 몰라 벌이는 일이라는 것이다.

좌절은 성공을 위해 가하는 표적이고, 실패는 잘못 행하여 가해지는 표적으로서 좌절의 자극이요 실패는 충격이라는 것이다. 게다가 좌절은 오를 때까지 가해져 희망의 나래를 펼 수 있지만 실패는 상극상충의 원인을 찾기 위한 것이라 재기한들 원인을 밝히지 못하면 다시 한다. 천지인, 육해공, 상중하, 머리·몸통·다리 등의 세 차원으로 나뉘어 운행되는 세상의 인간이라 삼세번의 기회가 주어진다. 첫 번째 실패하지 않고 꾸준히 운용주체 가도를 달리면 일사천리 승승장구라 그 무엇이 부러울까.

실패는 정신량 부재로 중년에 들어 하고, 좀 더 젊은 시절에 하면 재기하는 데 있어 그나마 낫지 않을까. 예컨대 연애는 자유라 결혼하기 전까지 얼마든지 할 수 있으나 속박된 듯싶은 결혼, 또 이혼했다 해서 혼자 살 수만은 없지 않은가. 그렇다고 서둘러 결혼하라는 소리가 아니다. 그럴만한 분명한 이유가 있을 터이니 이를 밝히기도 전에 상대방 탓으로 돌리고 재혼한다면 시간이 흐를수록 고통만 가중될 뿐 결코 덜하지 않는다는 점이다. 실패 후 두 번째로 주어지는 기회도 마찬가지다. 표적은 채찍이라 원인을 선천적 육생량에서 찾는다면 벗어나지 못한다.

첫 번째보다 두 번째 사업은, 규모는 작고 회초리 맞고 난 후의 행보라 육생량에 꺼둘리기 싶다. 육생의 신뢰가 어느 정도 쌓였다 싶을 때 정신량을 부가시키면 성공을 넘어 출세가도 달릴 수 있지만 마련하지 못하면 두 번째도 피해 갈 수 없다. 세 번째는 밥 먹고 사는 정도다. 타산지석 실패의 경험은 이로움의 질량이라 쓸 줄 안다면 노후의 삶은 덤인데 어찌된 노릇인가. 자연인이 늘어나면서 고독사도 늘고 있으니 말이다.

한편 순수하게 다가오는 이들을 이용하려 든다면, 시간문제지 그에 상응하는 대가를 반드시 치르게 된다. 권선징악이라기보다 인과응보 자업자득이라고 할까. 작용반작용의 법칙은 나 하기 나름이라 그 누구도 예외는 없다. 본래 선한 이들일수록 교과서 행위로 상극상충 일으키지만 이보다는 착한 선행을 선동한 이들이 누구인지부터 알아야 한다. 믿고 따를수록 실패의 구렁텅이에서 헤어나지 못해 재기는 언감생심, 태반이 그늘진 곳에서 반쪽반생 봉사자로 살아가고 있다.

누군가 해야 할 일이라 하겠지만 상호상생을 일으키지 못하는 봉사면 재주는 곰이 부리고 돈은 되놈이 가져가는 형국이다. 때론 복덕 짓는 것이라고 구원받을 것이라고 종용하지만 다르지 않다. 사회단체나 신앙단체나 개인이나 내가 좋아한다면 모를까 선행은 반쪽반생 다른 행위라 이로울 게 없다. 전생을 거론하고 후생을 거론한들 현생이 고통스럽다면 지옥이 아니겠는가.

주기만 하고 받지 못하면, 받기만 하고 주려 하지 않으면 이룰 수 있는 것이 과연 무엇이 있을까. 이기와 이기의 합의나 사랑이나, 이기와 이타의 화합이나 행복이나 하나 되어 살아가자는 조건은 다르지 않다. 상호상생을 위한 것이므로 다르다는 착한 선행을 부추기는 운용주체가 바르다는 점을 깨우치지 못하면 사업이나 봉사나 결코 순탄하지 못하다. 모든 것은 있는 그대로 일 때 아름다운 법이듯, 순수하게 다가오고 맞이하는 티 없는 행위보다 아름다운 삶이 있을까.

생각과 지식에 물든 이들일수록 너를 위한 행위를 한다 하지만 자신을 위한 행위라는 사실을 알고도 교묘히 감춘다. 결국 '내 것'과 '나만을'이라는 병을 도지게 할 뿐, '네 것'과 '너는' 마침내 아쉬운 육생량에 묻어버린다. 아는 만큼 행하며 사는 것이겠지만 아쉬움은 루저(loser)이고 이로움은 매력(魅力)이라 풍기며 살아가기만 하면 되는데 바르고, 다르고, 그른 자체를 몰라 육생량 앞에 졸보가 되는 인격은 정신량에서 묻어나지 육생량에 배어 있지 않다.

해서 육생량에 취해 사는 자는 그저 취해 사는 자로서, 매력을 풍기려거든 육생량보다 정신량이어야 한다. 대체로 활동주체는 육생량을 추구하는 입장이라 여간해서 묻어나지 않는다. 육생의 기본자리는 절로 풍기는 매력이라 물씬 풍기고자 한다면 자리에 올라서야 한다. 올라서면 매력발산 운용주체라 한껏 풍기며 살아가야 하는데 어찌된 노릇인가 오히려 루저가 되어간다.

끌리는 힘을 발산하면 할수록 가도를 달린다 할 것이요, 루저가 되면 될수록 실패의 그늘이 드리운다 하겠으니 위너(winner) 포인트와 루저(loser) 포인트를 알고자 한다면 주어진 방편을 어떻게 쓰는지를 보면 된다. 돈과 권력과 명예를 위한 화합의 정신량을 가미시킨 매력을 어찌 말로 표현할 수 있을까. 나의 매력에 취해 나를 매료시킬 매력을 풍기며 너는 다가오기 마련이라 아쉬운 육생량은 아쉬운 육생량을 부르고, 이로운 정신량은 이로운 정신량을 부르지만 결국 이로운 정신량은 아쉬운 육생량을 맞이하기 위한 자리라는 것이다.

저마다의 조건은 주고받기 위한 것으로 결과인 행복도 중요하지만 과정인 사랑행위도 중요하다. 각각의 결과가 다른 것은 과정 그 사랑행위의 차이로서, 즉 내 뜻대로 해보기 위함인가, 네 뜻을 받아주기 위함인가에 따른 차이라는 것이다. 특히 운용주체의 본연은 활동주체의 작은 아쉬움까지도 꿰맞춰야 하는 지혜의 소산(所

産)이어야 하는데 인간으로 태어나서 혼자 살 수만은 없지 않은가. 너와 함께하는 일만큼 누가 대신할 수 없다는 것이다.

그야말로 위너와 루저는 종이 한 장 차이다. 힘겹게 오르고 갑질 해대는 것을 보아 군림하고픈 심정을 여실히 드러낸다. 운용주체 행위가 어찌됐든 도움 받고 싶으면 나를 따라야 한다는 식으로 힘으로 은근히 과시하는 것을 보더라도 상극상충은 예외가 없다. 육생량은 우위에 섰고, 이로운 자의 행색은 하고 싶고, 방법은 모르겠고 그러다 나 잘났다는 식으로 막무가내 우격다짐을 벌이곤 하는데 어디 자질이 있기나 하겠는가.

받아온 사주는 내 근기에 맞는 내 조건이라 누구는 이로운 자로 한평생 살아야 하고, 누구는 아쉬운 자로 눈물지며 살아야 하는 법은 없다. 입장과 처지는 인연에 따라 바뀌는 것이고, 이로운 자도 나 하기 나름인 것처럼 아쉬운 자도 나 하기 나름이다. 요컨대 기본의 자리에 오르기 전까지 육생량은 내 몫이요, 오른 후부터 네 몫이라는 것이다. 나를 위한 어린 육생시절과 너를 위한 성인 인생시절의 차이는 주고받으며 사는데 있으니 이는 반드시 배워서 남줄 때 가능한 일이다.

게다가 삶의 질은 행복의 질량이라 무엇을 배워 어떻게 쓰느냐의 문제라고 할 수 있다. 좌절 후 극복은 성공 이후의 삶을 깨우치는 것만으로 충분하지만, 실패 후 재기는 이로운 자일 때의 모순을 찾아내야만 한다. 불통은 바르게 쓰지 못한 것에 있고, 불화는 이롭지 못한 것에 있으므로 내 셈법이 네게도 맞는 것마냥 부추긴 육생교육의 폐해는 결국 불평등과 양극화를 조장하였다. 육생살이 개인 능력주의가 첨예한 긴장감을 조성하자 말로 다 할 수 없는 사회적 병폐가 양산되었다. 하루빨리 정신량을 마련하여 인성배양을 하여 본성에 부가시켜 이성적 사고를 잃지 말아야 한다. 인의 본성은 회귀요, 희망의 모태는 행복이다. 아울러 육생의 기본금이 인생의 향방을 제시하지 못하면 피로 얼룩진 인류의 끝은 아무도 모른다.

지상의 인구수만큼 다양하게 삶의 모습이 전개되는 것도 소임 때문이라, 힘을 앞세운 개인주의는 정신량 부재로 돌연변이 사고를 도출하였다. 때에 따라 활동주체의 전문도제 전수를 위한 일이라면, 가문의 전통을 잇기 위한 일이라면, 단체의 맥을 잇기 위한 일이라면 개인의 근기를 다소 무시할 수도 있지만 취향(본질)과 맞지 않으면 결국 방향전환을 한다. 육생량을 위해 노력한 세대가 있다면, 정신량을 위해 노력할 세대가 있고, 육생량에 정신량을 부가시킨 인생살이 질량을 부여받아 살아갈 세대도 있다.

컴퓨터가 보편화될 무렵이 선천적 육생물질문명의 정점이자 후천적 인생정신문명의 시발점으로서 서양의 물질문명이 봇물 터지듯, 그것도 동북아시아 열도를 거쳐 반도로 밀려들어 왔다. 왜 반도여야만 했던 것일까. 육생량은 해양세력으로부터 정신량은 반도에서부터 시작하여 대륙세력 중국에 파종하고 소련과 프랑스를 거쳐 영국으로 거슬러 올려 보내기 위한 것에 있다면 어떠할까.

욕심은 없다가 있으면 발동하는 것처럼 육신의 굶주림을 채우자 봄 햇살의 노근함에 졸음이 밀려온 모양이다. 비몽사몽간에 정신량을 등한시하였고, 육생살이 당연한 것마냥 이유와 원인에 대해 별 무관심이다. 해가 뜨고 지고 들고나는 음양 차이는 천양지차라 어째서 서양인들이 이기의 육생량을 들고 찾아왔을까를 심히 생각해봐야 할 때다.

육생물질문명은 19세기 일본열도를 거쳐 20세기 한국반도로 들어와 21세기 잠자는 중국대륙을 깨웠다. 지정학적으로 해양세력 일본과 대륙세력 중국 사이에 위치하여 해양민주와 대륙공산이 적대보완적으로 대치하고 있다. 어느 새 육생물질문명의 선진화를 부르짖자 K-POP과 K-Drama가 전 지구촌을 강타하자 유커와 더불어 전 세계인들의 방문이 줄을 잇고 있다. 모방으로 육생의 선진 대열에 오른 해양세력 일본열도, 뛰어난 상술을 보유한 대륙세력 중국, 그 사이 위치한 작은 반도한국, 육생의 자원은 빈약하기 그지없다. 그런데 남북은 중심잡이 질량이요 동서는 생장수장 질량이라 이를 보유한 핵심지역으로 해양과 대륙의 이념을 끌어안고 수평정책을 유지해 나가야 하는 기막힌 위치다.

육생량으로 가능할까. 어림없고 유념해야 할 점은 한류열풍의 중심세대 에코부머는 소비세대로서 육생개척이나 정신창출을 위한 세대가 아니라는 점이다. 재주는 선천적 육생의 기본금으로서 인연을 불러들이는 방편에 불과한지라 후천적 정신량을 부가시켜 나가지 않으면 어떻게 될까를 생각해보자. 그리고 정신량을 마련해야 할 세대가 누구냐는 것이다. 의미심장한 4차 혁명 시대를 맞이하여 기본금으로 기본행위조차 못한 실패한 베이비부머뿐이라 원인을 밝히고자 하는 이가 있을 리 없어 수급한 육생량을 가지고도 해양과 대륙 사이에서 그저 안타까운 몸부림만 칠 따름이다.

한결같이 육생성공에 대해서만 떠들어대니 돈은 돈대로 쓰면서 대접은 못 받고 그저 뱁새눈으로 앉아 있을 수밖에 없어 분통터지는 현실을 대책 없이 보고 있어야만 한다면 이런 국제적 호구가 또 있을까. 해양과 대륙세력 간에는 그럴만한 충분한 사유가 있는데도 밝히지 못해 육생의 해결책이 전부라 해양과 대륙에 노상 얻어 맞는다. 그런데 실패한 세대 자녀들이 일으킨 한류열풍의 기세는 꺾일 줄 모른다. 정신량은 바로, 실패한 세대가 실패의 원인을 찾는 일인데도 여전히 남의 일로 아는 것 같다.

기본의 육생량에 아쉬운 육생량을 부가시키려다가 받은 표적이 실패이지 아니한가. 또 하나의 실패는 그 원인을 밝혀내지 못하는 데 있고, 성공법이야 인구수만큼이나 실로 다양하다지만 실패 원인은 하나라는 사실이다. 개인의 실패나, 기업의 실패나, 국가의 실패나 무엇이 다를까. 헬조선 흙수저 타령을 해대지만 그래도 대한민국 Korea는 은수저를 넘어 금수저로 향해 가고 있다. 작금은 아쉬워서 찾아온 흙수저 국가의 새댁들과 노무자들에게 무슨 짓을 해대는지 되돌아봐야 한다.

육생량이 아쉬워 찾아왔지만 이로운 정신문화를 배우러온 민간사절단이라는 점을 인지하지 못하면 되레 역풍을 받을지도 모른다. 네가 있어 내가 있고, 네가 있어 내가 살아가는 것이라 몰라서 책임지지 못할 일들을 지금까지 해왔다면 지금부터라도 알기 위해 내 앞에 있는 너의 가치를 가슴 깊이 담아 볼 일이다. 아무런 이유 없이 어려워지는 것일까. 바른 게 무엇인지 모르면 행위가 이로울 수 없는 것처럼 말이다.

배고픈 자에게 밥 한 술 더 주는 게 능사가 아니다. 병을 고쳐주는 것만이 능사가 아니라는 것이다. 하나 되지 못해 어려워졌듯 하나 되지 못해 병든 것이라 하나 되지 못하면 실패의 늪에서 헤어나지 못한다. 주어진 육생량으로 사랑하고, 만들어 나가는 정신량으로 행복을 영위해야 한다는 사실을 깨우쳐야 할 때이지만 문제는 정신량을 모른다는 것이다. 분별력을 곧추세워 너의 목소리에 귀 기울이면 얼마든지 이로운 자가 될 수 있다. 이를 위해 할 일은 아쉬운 네 목소리에 끝까지 귀 기울이는 내공을 쌓는 일이다.

7. 절약에 대하여…

　꼭 필요한 곳에 쓰는 게 절약이라 한다면, 필요치 않은 곳에 쓰는 게 낭비라는 소리와도 같다. 그러면 육생 1안의 의식주 너머 인생 2안의 의식주를 위해 소비하는 행위가 절약일까 낭비일까. 헛되이 헤프게 쓴다는 낭비의 이면은 근검절약을 추구하는 바라 나름 일리가 있어 보인다. 부지런하고 검소함을 뜻하는 근검, 주고받는 행위를 지향하므로 꼭 써야 할 곳에 쓰겠다는 절약의 어원은 불필요한 곳에 쓰지 않겠다는 것이다. 즉 바르다고 말하는 정을 위해 근검절약은 필요하다는 것인데 과연 바르게 쓰는 자체를 알고 강요하는 것인지 모르겠다.

　알뜰살뜰 모으던 베이비부머와는 달리 에코부머는 원룸이든 월세든 기거할 곳이 마련되면 자동차 구매부터 한다. 억압과 구속에서 벗어나자는 것도 있지만, 개척이나 창출보다 무사안일 추구세대라 물려주는 그대로 살아가려 든다. 대체로 절약은 결혼자금과 내 집 마련을 위한 것에 있고, 재테크는 베이비부머 노후생활자금이나 쓰는 법을 몰라 투자로 한꺼번에 날리곤 한다. 꼭 써야 할 곳이 있어 모으는 것이라면 모를까 그저 남는다고 모아두다가 죽 쑤어서 개 주는 이들이 태반이다.

버는 법도 쓰는 법도 모르는 에코세대와 달리 버는 법만 알고 있는 베이비부머라 에코세대의 시련은 클 수밖에 없다. 그런데 그 시련은 어디에서부터 시작되는 것일까. 커다란 이로움을 줄 것마냥 방긋방긋 웃으면서 다가온 이들로부터 시작되지 않나 싶고, 험상 궃거나 겁박하듯 다가오면 누가 내민 손을 잡을까. 하지만 천륜지 간 자식은 오만상 쓰며 죽는다고 소리치든, 타박이나 해대든, 온갖 아양 떨며 다가오든 어려워지면 이유 불문하고 품어 안는다. 그럼에도 불구하고 좌절로 주저앉았거나, 실패를 극복하지 못하여 사고나 치고 다니는 자식이 있다면 절대 그를 탓해선 안 된다. 소임을 잃고 사는 부모에게 주어진 공부라 결코 육생량만으론 해결될 문제가 아니라는 것이다.

득보자고 다가오는 인연들도 이로울 듯싶은 모습으로 다가오지 해 끼칠 모습을 다가올까. 설사 그 모습대로 다가오면 누가 받아주기나 하겠느냐만 쓸 줄 몰라 쌓아두고 썩어갈 무렵이면 함께해 온 이들부터 웃으면서 썩은 냄새 맡고 달려드는데 당사자는 육생량에 껴둘린 만큼 어리석어진다. 또 간판 걸고 성공을 자축하는 시점부터 벌어들인 기본금 세어볼 때이자 인생살이 소비시점이다. 정신량을 가미하지 못하면 육생량으로부터 인연은 상충 치므로 기본금으로 이룬 모든 일은 답보상대를 면치 못한다.

즉, 안팎으로 들고나는 순환부재로 가장 가까운 인연에게마저 외면당하는 수모를 겪게 된다는 것이다. 누구나 육생성공의 리듬을 타면 행로는 기본자리에 오를 때까지 일사천리라고 할까. 거칠게 없어 무엇이든 해낼 것만 같은 그러나 이면은 극한강도를 드러내 보이는 시점이다. 지금까지 나를 위해 살아왔으니 지금부터 너를 위해 살아가야 하는 시기를 알리는 종소리로서 출세가도 달리려거든 반드시 정신량을 첨가시켜야 한다는 것이다.

과도기의 사이렌은 진화발전의 표적으로, 인적 쇄신과 기업 이미지 쇄신을 촉구하자 사회는 전반적으로 적폐청산을 하기에 이르렀다. 굶주린 배를 움켜잡았던 시대의 교육은 배고픔을 대물림하지 않겠다는 간절함 하나로 몽당연필 살려 쓰며 입을 수 있는 것은 입었고 먹을 수 있는 것은 뭐든지 먹었다. 꼭 필요한 것마저도 턱없이 부족한 시대라 낭비가 있을 수 없다. 있어봤자 분에 넘쳐 쌀밥 먹는 정도 아니면 명절날의 고깃국으로, 쇄신이라고 해봐야 국산품 애용이었다.

지금 당장 소비해야 할 것과 이후 꼭 필요하여 모아두는 것과는 시대에 따라 절약의 관념을 달리하겠지만 육생의 개념보다 인생살이 소비심리를 고취시키는 것이 바람직하지 않을까 싶다. 꽁보리밥에 된장 하나만도 감지덕지하던 시절에는 육생량만으로 소통이 어느 정도 가능했기에 육 건사 이외의 소비를 사치, 허영, 과시, 과욕, 낭비 등으로 인식시켰다. 통통한 이들을 보기 드문 시대에는 육생의 적선도 이로움이 되었다. 홀쭉한 이들이 대세인 시대를 맞이하여 육생량만으론 어디 가당키나 하겠는가.

육 건사 육생시대에는 절로 절약이 몸에 배여 사치는 언감생심 소박, 근면, 검소, 절제 등은 기본이었다. 근면, 자조, 협동의 구호 속에 전개한 새마을 운동은 육생의 의식주 마련을 위한 것에 있었고 구두쇠, 수전노, 자린고비가 반전을 일으키기도 했었다. 아껴야만 잘사는 시대, 인색할수록 잘사는 시대에 흥청망청 소비하는 듯 싶었던 미국을 마냥 부러워했다. 서울올림픽 이후로 중산층이 늘어나자 소비의 미덕을 부추기는가 싶더니 양극화가 심화되었고, 이후 과소비를 질타하는 국내의 눈을 피해 외국으로 눈을 돌렸다. 내 돈 쓰고 대우받지 못하는 곳에서 소비할 이유가 있을까. 대우받고 속 편한 곳에서 쉬었다 오겠다는 것이다.

물론 정당하게 노력하여 벌었다면 어느 곳인들 떳떳하지 못하겠느냐만 불법행위 부당이득 만연한 시대라 어렵겠는가. 그리고 부당세력에게 희생양이 된 이들이 누구인지를 살펴보자. 태반이 낭비 사치와는 거리가 멀고 내일을 위해 근검절약으로 한 푼 두 푼 모아 소박하게 살아가는 민초들이다. 분명한 것은 내일과 오늘은 다르다는 것이고, 소박하다는 것은 착하고 선하게 살아가는 이들을 가리킨다는 것이다. 특히 통장에 적지 않은 돈이 쌓이면 썩은 냄새 풍긴다는 사실을 알 턱이 없고, 더 큰 돈 만져볼 심산으로 악취 진동하는 곳에 투자하다 똥통에 빠트린다는 것이다.

액수가 적으면 적은 대로 많으면 많은 대로 풍겨나는 돈 냄새가 욕심을 자극하여 분별력을 흩뜨려 놓는다는 것을 모르는 모양이다. 쓰는 법을 배웠다면 모르지만 벌고 모으는 데 집착한 결과가 쓸 줄 모른다는 것으로, 치우쳐 사는 이들은 이러한 허점을 교묘하게 파고들어 주린 배를 채운다. 아예 없을 때 느끼는 것은 궁색함이요, 있다가 없을 때 느끼는 것은 어려움이고, 심해지면 생활고라 다르고 착하게 사는 이들이 있는 만큼 그르게 치우쳐 살아가는 이들도 있기 마련이다.

　반쪽반생 착한 선행과 상극상충 치우친 사행은 상대적으로 바르다는 정행을 일으키기 위한 것에 있다. 이를테면 착한 선(善)과 치우친 사(邪)가 빚어내는 모순은 바르다는 정(正)을 위한 것으로, 들고나고 주고받는 자체를 얼마나 이해하고 소화시키느냐의 차이가 육생 고통 차이라는 것이다. 제 할 일을 다 하지 못하는 이들일수록 반쪽반생 일으키는 착한 선행에 집착한다. 더 큰 문제는 착한 선행을 바른 정행이라 가르치는 것에 있다.

　그리고 절약을 부추기는 만큼 바르게 소비하는 법도 함께 가르쳤다면 안팎으로 오늘날의 사회는 그만큼 튼실해졌을 것이다. 쓰는 법 모르는 냄새를 맡고 달려드는 굶주린 승냥이에게 곳간 털리기 십상이라 이쯤 되면 함께하고자 했던 인연에게도 의심의 잣대를 들이밀기 마련이다. 득 된다 싶을 때 찾아드는 게 인연이요, 안 된다 싶을 때 떠나는 것도 인연이라 출세가도 달리려거든 주고받을 줄 알아야 한다. 다가오거나 찾아오는 이들은 아쉬운 이들이라 어떻게 할 것인가는 받아들이는 자의 몫이라는 것이다.

　"개처럼 벌어서 정승처럼 쓴다"는 말이 있다. 창고에 쌓는 것이나, 통장에 보관하는 것이나, 반열에 올라서려는 짓이나 모두 쓰임이 이로운 것에 있어야 한다. 삶의 질은 도와 달라 찾아온 이들에게 얼마나 이로움을 끼쳤는지로 가늠하므로, 하급천민일지라도 상호상생 일으키면 칭송받는 질량은 귀족 못지않아 부러울 것에 없다. 반쪽반생은 어려움이 일으킨 결과이듯 상호상생은 이로움의 결과물로서 절약하는 만큼 실속 있는 소비를 위해 노력해야 한다.

314

인연이 인연을 불러들이듯 육생량이 육생량을 불러들이고, 아쉬움이 아쉬움을 부르듯 이로움이 이로움을 부른다. 기본금을 받은 상태라면 재산증식은 쓰는 것에 있지 모으는 것에 있지 않다. 알뜰한 것도, 인색한 것도, 이기적인 것도, 특히 욕심 부리는 것도 들고 나고 주고받는 행위를 위한 것에 있다면 탈나지 않는다. 나밖에 모르고 나만을 위할 때 자기과시욕으로 말미암아 허영과 허세와 허풍을 떠는지라 신의도 저버린다. 그렇다고 소박하고 검소하고 소탈하다고 신뢰가 쌓이는 것일까.

신뢰와 신의와 신용은 절약정신에 있지 않다. 이념과 가치와 사고가 어우러질 때 하나 되는 법이므로, 무조건 너를 위한다고 하여 주고받는 행위를 다하는 것이 아니라는 것이다. 합의를 통해서거나 사랑을 통해서거나, 하나 될 때 보이지 않는 믿음이 쌓이는 것이므로, 보이는 육생량은 아쉬운 육생량으로서 거죽때기 방편에 불과하다는 사실을 잊지 말아야 한다. 진정 하나 되는 화합의 질량을 불어넣을 수만 있다면 가치 실현은 어렵지 않다. 유념해야 할 사항은 스스로 만들어 나가는 차원이라는 것인데 다르다는 선의 행위와 치우쳤다는 사의 행위를 변별하지 못하면 탓이나 해대다 그대로 주저앉게 된다는 것이다.

이로운 운용주체 행위를 다하지 못하면 육생살이 생로병사 수레바퀴 아비규환(阿鼻叫喚)의 역사는 끝없이 지속된다. 인육을 쓰고 인간으로 살아가는 이상 육생량이 빚어내는 인과율의 표적이 바로 생사고락(生死苦樂)이다. 물론 육을 쓰고 태어난 모든 생명체는 생(生)-태어나서 사(死)-죽어야 하는 것이겠지만 사는 동안에 최소한으로 괴로움의 고(苦)를 피하고 즐거움의 락(樂)으로 살아갈 수 있다면 그 길을 택해야 하지 않을까. 인간 육신, DNA 세포의 연결고리를 풀었듯이 인과율에 따른 인간관계의 연결고리도 인생방정식으로 얼마든지 풀어나갈 수 있다.

육 건사가 우선이었던 시대에는 육생량이 만사형통이라 정신량이 어느 정도 필요할까. 적자생존 약육강식 힘의 논리도 육 건사를 위한 것으로 치욕이나 모욕 자체에도 큰 충격을 입지 않았다. 육생의 인프라가 구축된 시점을 전후로 해서 육생 안위를 위해 육생량 앞에 무릎 꿇어야 한다면 이보다 더한 치욕이 있을까. 만물의 영장이 동물처럼 살아가도 무관하다면 정신량은 크게 필요하지 않을 터, 육생의 안위가 보장된 시점부터 사람으로 승화되어 사람답게 살아가야 하는 바라 육 건사 육생량을 위해 당하는 모욕은 앞으로도 분열과 갈등을 조장할 따름이다.

때문에 오르건, 쌓건, 모으건 스스로 나아갈 바를 밝히지 못하면 고뇌와 갈등의 표적에서 벗어나지 못한다. 비록 육생의 본바탕 위에 살아가지만 인생살이 토대라 그 누구의 미래도 결정된 것은 없다. 자기발전을 거쳐 숙성시켜 나가야 할 부분으로 상생, 소통, 화합을 이루고자 상대성원리가 깊숙이 녹아 있다. 물론 주어진 육생량도 나 하기 나름이라 좌절을 이겨내지 못하면, 실패에 주저앉으면 이리 하면 이리 된다는 본보기 삶을 살아가야 할 것이라 육생으로 주어진 것은 있으나 인생으로 정해진 바는 무엇도 없다.

자업자득, 인과응보, 사필귀정, 너무 식상하고 획일적이지만 때는 때대로 가고 뿌린 대로 거두는 것이 인과율에 따른 인간관계다. 선천의 육생량은 주어졌으나 후천의 인생량은 나 하기 나름이라 그 무엇도 정해진 바 없는 미래는 누구나 할 것 없이 불확실하다. 따라서 치우치면 상극상충이요, 착하면 반쪽반생이고, 바르면 상호상생이라 지금도 바르게 주고받는 실체를 몰라 타박이나 해대며 살아가고 있지 않은가.

대자연의 섭리는 화합의 근본이라 어렵고, 힘들고, 고통스런 실상을 인생방정식에 대입하면 그럴 수밖에 없었던 이유와 원인을 알 수 있다. 인기가 인육을 쓰고 인간으로 살아갈 때부터 육생 너머의 인생 차원은 신에 의해 결정되는 사항이 아니라 스스로 밝히어 나가도록 되어 있었다. 이처럼 선천의 육생을 통한 후천의 인생은 그 무엇도 결정된 바가 없는데 하찮은 인간욕심으로 결정하고 판단하여 선을 긋는 바람에 분별력만 흩뜨려 놓았다.

선천의 행위는 기본에 오르는 것이요 후천의 행위는 활용하는 것에 있으니 모은다는 절약의 의미도 후천지향적이라 어떻게 될지 모른다. 어제와 오늘이 다른 것은 어제의 할 일과 오늘의 할 일이 다른 것도 있고, 어제의 바람과 오늘의 바람이 다른 것도, 내 욕심에 따라 경우를 달리 하기 때문이다. 내일도 오늘의 연장선상이지만 어제와 같은 오늘에 불과하다면 결과는 다르지 않아 오늘의 할 일을 내일로 미뤄선 좋을 게 없다. 쌓아 두고 모아 두어 이롭게 쓸 방안을 모색한다면 모를까. 그 누구도 모르는 미래를 위해 막연하게 쌓아 두고 모아 두는 행위가 전부면 소임을 잃은 육생량이라 얼마동안 보관이 가능할지 모른다.

제방은 범람을 막기 위한 것이고, 범람하면 재앙이다. 이렇게 육생량의 쓰임은 소통하고 연결하고 미연에 방지를 하기 위한 것에 있지 그저 모아 두고 쌓아 두는 것에 있지 않다. 타고난 재주가 뛰어나 본들 지금 여기에서 쓰지 못하면 재주라 할 수 있을까. 되레 계륵이나 되지 않으면 다행이다 싶고 너를 위한다면 무엇이 두려울까만 내 뜻대로 안 될 때 자칫 자유의지를 잃을 수도 있어, 이때 닭 쫓던 개 지붕 쳐다보는 꼴 당하기 십상이다.

자유의지는 내 뜻대로 해보려는 것에 있지 않다. 그렇다고 방만, 방관, 태만, 오만과 같은 짓거리를 해대고자 하는 것에 있지 않다. 내 앞의 인연과 하나 되기 위한 에너지이자 상호상생의 질량이므로 너를 위해 거침없이 쓰는 자를 위한 것이다. 본질은 본향으로 회귀를 가리키고, 회귀는 하나 되어 나갈 때 가능한 것이라 제재나 구속은 자유의지를 말살시킬 뿐이다. 특히 회귀의 본성은 생장수장(生長收藏)과 다를 바 없어 때가 되면 있어야 할 곳에 스스로 찾아들어가 제 할 일 한다는 것이다.

육 건사가 우선이었던 육생살이 선천시대에는 짜 맞춘 틀에 맞춰 살아가도 그다지 별 지장 없지만 인생살이 후천의 시점에 억지로 꿰맞춰 살아가려 들수록 복잡한 문제에 발목 잡힌다. 사회규범과 신앙율법은 인간윤리를 지향하므로 힘의 육생시대에서나 가능하였다. 하지만 자유의지는 육생의 인프라가 구축된 시점부터 부각시켜야 하는 개인주체 질량이라 인생살이 기점에서 화합의 정신량을 첨가시켜야 한다. 만약 제제를 가하면 윤리규범이라 할 것이요, 신앙에 의지하면 율법에 따라야 할 것이라 그 무엇으로부터도 자유로울 수 없다.

자칫 육생살이 인간이 전지전능하신 대자연(유일신)의 보호 아래 본향으로 회귀하는 그날까지 정해진 바대로 살아가야 한다면 화합

을 위한 합의나, 행복을 위한 사랑행위가 필요하기나 할까. 자유의
지는 내 앞에 있는 너와 하나 되기 위한 에너지원이라 운용주체 이
로움으로 일구어낸 성취가 아니면 활동주체 힘의 욕망이 일으킨
지배욕이라 억제시켜야 한다. 부모의 본연은 자식을 성인으로 성
장시키는 데까지 듯, 신의 본분도 1안의 육생의 인프라를 구축하는
그날까지가 아닐까 싶다.

규범과 율법과 도덕이 인간에게만 적용되듯, 자유의지도 개체이
자 주체의 삶을 살아가는 인간에게만 주어진 특권이다. 물론 동물
의 세계에도 도덕과 자유의지가 없지는 않겠지만 적자생존 힘의
논리라 인간의 세계와는 판이하다. 게다가 화합의 절대 질량 도와
덕은 정신량이 부가될 때 가능하듯 육생의 인프라가 구축되지 않
고서는 정신량 창출이 불가능하다는 점이다. 인간사회규범은 선천
적 육생행위에 불과한데도 기본조차 지키지 못하는 실정이라 일확
천금 육생량이 주어진다한들 얼마나 오래갈까.

무소유를 언급하지만 재물과 권력을 얻고자 하는 행위가 과연
욕심 부리는 것일까. 받아왔기에, 타고났기에, 주어졌기에 스스로
올라서려 하는 것이고 또 올라섰을 때가 성공이자 운용주체의 출
발선상이라 욕심이라 말하면 곤란하다. 나만을 위해 쓰려할 때 불
리는 욕된 소리가 욕심이 아닐까 싶은데 이를 제어하고자 인간이
인간을 위한답시고 욕과 함께 윤리강령을 부르짖었다. 아쉬운 육
생량 앞에서는 자신의 편애만 부르짖으므로 합리화의 논리가 출현
하였고, 재차 합법화시키려드는 자기 논리가 출현하며 구속 아닌
구속의 시대를 살아가고 있다.

정신량을 가미시킨 자는 상대방의 다양성을 존중하므로 도와 달

라는 소리 없으면 일체 참견간섭하지 않는다. 육생량으로 우쭐대는 이들일수록 군림하려 들고자 자기만의 논리를 네게도 맞는 것마냥 밀어붙이다 곤욕 치른다. 너의 고유의 본성을 인정하고 격려만 해줘도 차원 높은 삶을 이루어 살아갈 텐데 문제는 이로운 자의 입장이라 해도 정신량이 부재하여 자신의 고유의 특성조차 모르고 있다는 것이다.

즉, 내가 원하는바 나조차 모르는데 어찌 네가 알 수 있겠으며, 내 욕심으로 나밖에 모르는데 어찌 너를 이해할 수 있겠느냐는 것이다. 내 뜻만 받아달라는 이기심만 알고 있어도 상대가 무슨 짓을 하더라도 도저히 이해 못할 짓을 한다고 여기지 않는다. 불안함은 들이대는 잣대가 만들고, 남 탓은 셈법이 빗나가면 해대기 마련이다. 자연도 있는 그대로일 때가 아름답듯 인간도 자신의 일을 하고 있을 때가 아름다운 법이다. 어리석음은 타박 때문이라 행위가 기쁘지 않은데 즐거움이 묻어나기나 하겠는가.

간혹 억지라도 즐거워보려 애쓰기야 하겠지만 뜻 받아주는 이가 없으면 이도 잠시다. 배려는 육생행위의 기본이라 마다하면 인간 구실 제대로 할지 모르겠다. 개체이자 주체의 삶을 살아가는 인간이라 나무랄 자격은 누구에게도 주어지지 않았다. 자기 뜻대로 안된다고 화내는 것도 불통의 때가 폭발하는 것이므로 육생량에 놀아나는 민낯이 그때마다 그대로 드러난다. 너를 내 뜻대로 해보려는 욕심이 출렁일 때마다 쌓이는 화의 때만큼이나 소통도 막히고 거래도 막히고 앞날도 그렇게 막힌다.

물론 화도 경우에 따라 적절한 방편이 될 수도 있겠지만 만약 쓰려한다면 누굴 위해 어떻게 쓸 것인지 분명해야 한다. 치도곤을 너를 위해 내리치는 것처럼 화풀이 삼으면 안 된다. 자칫 삭히지 못한 분노의 불똥은 모욕으로 되돌아올 수 있으니 감수해야 한다는 것으로 뜻대로 안 될 때 분출되는 화는 누구에게도 유익할 수 없다. 방귀 뀐 놈이 성낸다고 하지만 이 역시 성내는 놈이 손해가 크다. 만족은 너를 내 뜻대로 부릴 때 하게 되는 것이고, 행복은 채워주고 채워나갈 때 영위하는 것처럼 말이다.

그럼에도 불구하고 아쉬운 육생량으로 만족의 기대치만 키워 끝내 인생의 좌표를 잃어버리고 만다. 왕왕 하나도 즐겁지 않다는 소리를 내뱉는다면 좌절과 시련, 실패와 고통에서 벗어나지 못한 상태다. 쓰는 법을 안다면 시련과 고통마저 쓰려 할 텐데, 그저 없어서 겪어야 하는 줄만 알고 한 푼 더 벌고자 바둥대니 주는 것도 바르게 쓰지 못하는 안타까운 현실이 반복된다. 세상은 쓰는 자의 것이라 말하는 것도 육생량은 이롭게 쓰면 쓸수록 채워지는 법이라 너에게 이롭게 쓰는 법을 아느냐를 묻는 소리다.

한편, 거절은 순환을 뜻하는 바라 관계유지는 거절에서부터 시작된다고 누군가가 말해왔다. 물론, 승낙과 거절을 누굴 위해 하는 것이냐가 관건이지만 이로움은 상호상생이라 일으키지 못하면 아무 소용없다. 분별없이 착하게 굴어 반쪽반생 일으키는 이들이 있는 만큼 치우쳐 상극상충 일으키는 이들도 있기 마련이다. 개중엔 타고난 심성이 여려 거절하지 못하는 부류도 있는지라 어린 육생 시절은 부모의 책임이고, 성인 인생 시절은 반려자의 책임이라 그만큼 부부지간의 의논은 그 어떤 일보다도 중요하다.

가정을 꾸리고 어려워지는 가장 큰 이유 중에 하나는 안하무인

막무가내 독단적인 행보에서 나타난다. 앙금은 사소한 것에서부터 쌓이고, 하나 되지 못한 부부에게 일어나는 가장 흔한 특징 중에 하나가 폭발이다. 대수롭지 않은 일들이 쌓여 하는 것이지 하루아침에 태산이 밀려와 하는 일은 없다. 이로운 정신량 음의 기운이 운용주체인 것은 행의 현장 사회에서 육생량을 담당한 아쉬운 활동주체가 양의 기운이기 때문이다. 아울러 가정에서 시작되는 부부간의 승낙과 거절은 행의 현장 사회에 의논하는 행위와 다를 바 없어 사업 성패여부가 이에 달려있다 해도 과언 아니다.

만약 그 무엇과도 바꿀 수 없는 가장 가까운 인연이 거절하지 못할 정도의 어렵고 힘든 부탁을 해오면 심사숙고해야 한다. 인연 잃고 돈 잃으면 어떻게 될까. 인연을 위해 돈을 내칠 수도 없고, 그렇다고 돈을 위해 인연을 내칠 수도 없는 일이다. 성인이라면 누구나 한 번쯤 경험해보지 않았을까 싶은데 본인이 해결해야 할 문제다. 좌절 넘어 실패면 하나 되지 못해 받은 표적으로 그 아픔의 깊이를 깨치지 못하면 백약이 무효다. 이로운 행위는 육생량에서 비롯되지 않기 때문이고, 특히 쓰임을 다하지 못한 육생량이 빚어낸 어려움이라 먼저 해야 할 일은 이유와 원인을 밝히는 일이다.

방편, 그 쓰임을 다하지 못한 이유를 모르면 재기할 리도 만무고, 한다 한들 오래갈 리도 없다. 누구나 발전의 표적을 넘지 못하면 힘겹게 버티다 그대로 묻히거나 사자짓거리나 해대며 살아간다. 그나저나 누구에게 주어진 공부일까. 내 앞의 인연이 내 모습이라 쓰임을 다하지 못하면 누구도 예외일 수 없는데 말이다. 이에 따른 행보는 본인의 몫으로서 그렇다고 냉정해지라는 것이 아니다. 그만큼 냉철해져야 한다는 것이다. 정에 꺼둘린 대의명분의 결과는 대체로 좋지 못하다.

  거절과 승낙도 하나 되어 나가고자 하는 제스처라 꺼둘릴수록 분별이 춤춘다. 함께하는 일은 몹쓸 부탁을 받아들이는 것에 있지 않다. 주고받아야 하는 것인데도 착한 심성 어여쁜 생각은 거절을 두려워한다. 자신에게 솔직하지 못할수록 주고도 받지 못하는 상황이 발생한다. 누구나가 가까운 사이일수록 거절해야 한다는 말을 하지만 그게 어디 쉬운 일인가. 상대방도 힘들게 하는 부탁이니만큼 거절도 그만큼이나 힘들다. 이로운 행위는 승낙도 호의고, 거절도 호의인데 심성 착한 이들만 승낙만을 호의로 안다.

  한 푼 두 푼 어렵사리 모은 돈 한입에 털어 주는 것을 방지하기 위해 이기의 지식과 이타의 지혜가 함께한다. 그리고 주고받는 사랑을 위한 것으로 티끌이 쌓이면 태산이 되듯이 이로움도 사소한 행위에서부터 쌓인다. 육생량으로 크게 도운다고 과연 큰 도움이 될까. 있어도 아쉬운 것이 육생량이라 분명 말은 나오게 되어 있다. 정신량이 가미되면 나름 채워나가지만 자식이라 주고, 형제라 주고, 사제지간이라 주고, 돈독한 우정이라 주고, 지인이라 주기만 하고 받지 못하면 이는 필경 행위가 이롭지 않음에 대한 표적이라는 것이다.

  은혜의 보답이면 모를까. 여유가 있어 손해 봐도 괜찮다는 생각을 한다면 문제는 심각하다. 내게 있다고 해서 내 것이 아닌 만큼 방편을 바르게 쓰지 못한 대가는 본보기가 될 수도 있다는 점이다. 누가 뭐래도 나만 잘하면 되겠지만 아쉽게도 잘하는 행위가 무엇인지 몰라 잘해보려다 사달 난다. 쓰는 법을 안다면 무엇이 문제일까. 아예 선순환 행위자체를 무시하여 내가 하면 너도 해야 한다든지, 네가 하면 나도 따라 할 것이라든지, 우리 함께 같이 잘해보자는 식의 행위는 강요와 다르지 않아 결코 유익할 수 없다.

경우에 따라 합리화는 자기셈법으로 정당화시키려는 구실이 허다하여 태반이 자기 자신에게 거짓말을 한다. 이쯤 되면 자존심까지 거들먹거리는데 누구를 위해 내세우는 것일까. 자기보호막이라 하겠지만 상호발전에 상당한 지장을 초래하며 자존감으로 포장시키다가 이러지도 저러지도 못해 좌초하는 경우도 있다.

이로운 이나, 아쉬운 이나, 합리화시키는 이나, 떠벌이는 이나 열등을 숨기고 우월을 드러내고자 열심이다. 물론 자신의 약점을 보완하고 장점을 유지해야 하겠지만 개선할 부문은 반드시 내 앞에 인연을 통해 드러난다. 너와 나의 아쉬움은 채워주고 채워나가야 하는 것이므로 모난 부위는 정에 맞고, 곪은 부문은 터트리기 마련이라 표적이 두려워 움츠리거나 사자짓거리해대는 상대방을 탓하면 상처만 키운다. 번개가 잦으면 벼락 치듯 표적이 잦으면 일은 더 크게 터지기 마련 아닌가.

이처럼 징조는 대책 마련을 위해 보이는 것이고, 이때를 인간의 잣대로 길흉을 논하는 것뿐이라 진화발전을 위한 대자연의 표적은 가르침으로서 길도 흉도 없다. 단지 흐트러진 분별력으로 자신의 어리석음을 알지 못할 뿐이고, 욕심의 크기는 미리 계산한 생각의 크기와도 같다. 이것은 좋고 저것은 나쁜 것이라 미리 결론 내는 것도 생각의 함정에 빠졌기 때문이고, 이렇게 하면 이렇게 될 것이라 미리 결론 내리는 습성도 짜 맞춘 지식의 틀에 갇혀 있을 때 벌이는 행위다.

짜 맞춘 틀은 옥(獄)이나 다름없다. 육생량에 구속되든, 내 앞에 인연에게 구속되든 갇혀 사는 형국은 다를 바 없어 그 무엇에도 자유로울 수 없다. 미리 내는 결론은 생각의 틀에 갇힌 욕심이라 대인관계를 내 뜻대로 해보려다 부딪치기 일쑤다. 이로움은 육생 너머의 인생을 위한 거룩한 사랑인지라 감사함은 용서하기보다 용서받는 데 있다. 아는 만큼 사는 것이 육생이므로 이해하고 용서받는 차원은 정신량이 부가된 인품의 차이, 즉 그럴 수밖에 없었던 너를 이해하는 자체가 용서함이다. 가슴에 쌓아둔 앙금을 씻는다는 것은 영혼까지 용서받아 자유로워졌음을 뜻하는 것이 아닐까.

표적에 발목 잡힌 욕심은 미동 없이 그대로라 혹시나로 기대해 보지만 나아감이 없어 역시나로 끝날 줄도 알고 있다. 사랑할 줄도 모르면서 받으려고만 들고, 쓸 줄도 모르면서 나만은 아니겠지 요행이나 바라면 득 보자고 요령 피우는 꼴밖에 더 되겠는가. 물론 아는 만큼 받아들여 사는 것이겠지만 문제는 항상 이해하지 못하는 것은 철저히 배척하고 이해하는 것만 취하려다 일으킨다.

고집이 고착되면 고지식이요 생각이 고착되면 머무는 것이라 좌절과 실패의 원인은 다른 데 있지 않다. 주어진 방편 그 쓰임을 이해했다면 이제부터 그 방편은 놔두고 또 다른 방편을 이해하기 위해 노력해야 한다는 것이다.

게다가 육생량에 부가시킨 정신량의 척도가 사리분별의 척도로 뜻대로 안 된다는 불만이 가득 차 있을수록 생각의 질량도 그만큼 치우친다. 육생량을 활용하는 데 있어 요행부터 생각한다면 주먹구구식 무계획이나 다름없어 이루어지면 더 큰 낭패를 따 놓은 당상 아닐까. 인기스타처럼 공적 삶을 살아가야 하는 이들에게도 길흉(吉凶)상반(相半)의 방편은 선천의 요행과도 맞물려 있어 앞으로 나갈 후천의 방도를 강구하지 못하면 나락에서 헤어나지 못한다. 만에 하나 맞으면 행운이라 말하겠지만 이미 주어진 선천질량이에 가까워 이 또한 쓰임을 다하지 못하면 곤욕을 치러야 하는데 어찌 행운이라 말할 수 있을까.

어떤 이에게는 몇 번씩이나 찾아들고, 어떤 이에게는 한 번도 일어나지 않아 불공평한 것처럼 보일지 모르나 사랑으로 행복을 영위하는 데 있어서는 전혀 그렇지 않다. 물론, 물질적 풍요를 좀 더 누리기야 하겠지만 쓸 줄 모르면 이내 상응한 불행이 찾아들 것이라 이면은 두려움의 대상인데도 육생의 안위에 꺼둘려 한 치 앞도 내다보지 못하고 있다. 이와 같이 행운의 이면은 두려움이 묻어 있어 정신량 첨가를 위한 노력을 지속하면 시험지가 주어지더라도 자신을 스스로 해하는 일은 벌이지 않는다. 모든 행운은 아쉬운 육생량일 뿐 이로운 정신량이 아니지 않은가.

특히 길하다는 것들은 흉으로 변하기 십상이나, 이미 흉한 것은 길한 것으로 변하기 좀처럼 어렵다. 이는 방편에 빠져 헤어나지 못한 결과가 아닐까 싶고 역시 긍정부정, 길흉도 나 하기 나름에 달린 문제라는 것이다. 즉 적대보완적인 관계이자 상호 모순을 드러내기 위한 대립구도이므로 주고받는 이로움과 주고도 받지 못하는 아쉬움과 전혀 다르지 않다는 것이다. 어떻게 생각하고 받아들이느냐에 따라 긍정과 부정은 길이 될 수도 있고 흉이 될 수도 있는 쌍방의 개념이다. 홍시 먹다가 이 빠지는 경우도 있고, 댕댕이 덩굴에 황우장사가 넘어지는 경우도 있는 것처럼 길흉화복은 작고 보잘 것 없는 일에서부터 시작된다.

거의 득 보고자는 데에서 비롯되는 일이지만 손해 볼 것마냥 타박이나 해대면 행운이 불행이 되고 불행이 행운이 된다는 새옹지마(塞翁之馬)의 깊을 뜻을 알 수 있을까. 모든 일은 그럴만한 이유가 있어 벌어지는 것으로 남 탓이나 해대고, '설마 그럴 리가'로 일관하면 호미로 막을 것 가래로도 막지 못하는 결과를 초래한다. 안일과 방심에서 불의 불상사가 찾아든다고 하지만 이미 징조는 그 전에 일어났다. 좋은 일에는 흔히 마가 끼어 안 좋은 일이 일어난다는 호사다마(好事多魔)도 다르지 않다. 하찮은 언행과 허물 그리고 실패까지도 주어진 공부니까 말이다.

아울러 삶의 질은 어떻게 받아들이느냐에 따라 달라지고, 분별이 춤추는 것도 바른 것보다 다른 것을 너무 많이 알고 있어 그렇다고 할까. 가끔 운이 나빠 적용되는 것도 없지는 않지만 잠시 쉬어가며 되돌아볼 시간을 갖기 위해 주어진 표적일 뿐이다. 낮에 일하고 밤에 쉬듯이 인간만이 유일하게 육일 일하고 하루 쉬면서 에너지 충전시켜왔다. 행위가 이로울 때나 해로울 때 삶의 변화가 찾아오듯 정신과 육체에 피로가 쌓이면 긍정과 부정의 차원마저도 달리하므로 길흉해석도 달리한다는 것이다.

아울러 머물 때가 에너지 충전을 위한 시간이라 하겠으니 육 건사 만족에 머물면 진화발전의 추이도 멈추는 바라 인생을 위해 육생을 살듯 사람으로 승화를 위해 인간의 삶을 살아가고 있다는 사실을 망각해서는 안 된다. 부족하기에 중생(衆生)이라 성인(聖人)으로 승화를 위해 이겨낼 수 있는 만큼 고통을 가하는 게 표적이다. 그런데 오르기 위한 좌절과 오른 후의 실패를 삶의 애환이라 애써 표현하지만 아닌 것을 옳은 것으로 알고, 다른 것을 바른 것으로 받아들여 직토하는 것일 뿐이다.

물론 처한 상황에 따라 표리를 달리하겠지만 조건은 처지에 맞게 주어지므로 아쉬운 자가 이로운 자의 조건에 맞춰 가는 것이 인지상정 선순환 법이다. 어차피 이로운 자는 아쉬운 자를 이끌어 가야하는 운용주체이므로 뜻대로 해본들 무엇이 득 될까. 불리한 상황이 반복되는 머피의 법칙도, 유리한 일만 계속된다는 샐리의 법칙도 다르지 않다. 작용반작용의 법칙 상대성원리가 인간생활 깊숙이 배어 있는 만큼 '나만은 아니겠지'라는 식으로 안이하게 대처하면 나만 손해 본다는 것이다. 그러다가 결국 신에게 울고불고 매달리고 할 텐데 잠시 잠깐 심리적 안정은 찾을지 몰라도 이유와 원인을 밝혀내지 못하는 이상 그 무엇도 나아질 것은 없다.

한때 이로움 주었다싶은 이를 찾아가서 '아무리 그렇다고 해서 그럴 수는 없다'는 식으로 호소해 본들 냉정함의 눈물만 쏟을 뿐이다. 옛정에 못 이겨 받아준다면 둘 다 인간으로 인한 고통을 심하게 겪는다. 소비의 시대가 업그레이드 시대다. 육생량에 정신량을 부가시켜 나가야 하는 시대인데도 이를 아는 이가 없다는 것이 문제다. 설마는 긍정과 부정이 뒤섞인 반응이다. 흉은 피하고 길한 것만 바라지만 이면은 만약의 꼬리표가 붙는다. 살아온 연식만큼 타성에 젖은 만약의 가설의 두께는 설마라는 변명으로 스스로를 위로한다. 그런데 만약과 설마로 중립을 취하는 척 하다 나락에 빠지는데 그 이유가 어디에 있을까.

8. 휴일에 대하여…

6일 일하고 하루 쉬었던 시대의 토요일은 오전만 일한다 하여 반공일이라고 불렀다. 귀로 청취하는 정신량보다 입으로 섭취하는 육생량이 그 어느 때보다 절실했었으니 일자리 구하기도 그만큼 하늘의 별 따기였다. 저개발시대의 막노동은 민초의 일자리라 여름 한철 벌어 겨울나야 했으니 휴일의 개념이 있을 리 없고, 그저 육체노동이라도 할 곳만 있어도 감지덕지라 어렵고, 힘들고, 더러운 3D개념도 있을 리 만무다. 버스안내양들이 삥땅 문제로 온갖 수모를 당해도 꿋꿋이 버티어야 했던 이유라고 할까. 민초의 인권은 오간데 없고 오직 공돌이, 공순이, 미싱사가 대세였던 배고픈 시대상은 노동력 갈취였다.

분명 달력에는 토요일은 파란색, 일요일은 빨간색으로 휴일이 명시되었지만 고작 해봐야 한 달에 두 번 쉬는 게 전부였는데 반공일이 어디에 있었겠나. 법정공휴일을 명시했지만 제헌절, 광복절,

개천절에 쉬는 게 전부인 듯싶었고 추석 3일에 설은 신정·구정으로 줏대 잃은 바람에 하루 정도가 태반이었다. 명절 보너스 공무원과 몇몇 유망기업을 제외하고 떡값 몇 푼이 전부였고 취미생활은 등산, 낚시, 음악 감상, 독서가 주를 이루었으며 여성의 경우 장래 희망이 현모양처인 이도 꽤나 있었다. 대체로 오전 8시까지 출근하여 오후 8시가 퇴근이고, 잔업이 있는 날이면 버스 끊기기 전까지 일했다. 출근준비 30분에 버스 정류장까지는 걸어서 20분 소요는 기본이고, 직장까지 소요시간은 최소 1시간 태반이라 퇴근 후 밥 먹고 잠자기 바빴다. 거의 16시간 이상을 일터에 소비하는 꼴이라 집안청소 후 대중목욕탕 가는 일이 황금 같은 휴일아침의 진풍경이라 해도 과언은 아니다. 거한 낮잠으로 피로를 풀기도 했으며 명절날 영화 감상이 전부이지 않았나 싶다.

한편, 동족상잔 6.25 이후 삶의 질은 육 건사 육생량에 자연스럽게 맞추어졌으니 미천한 목숨 연명 위해 비굴해야 했던 것인지 아니면 비겁하지 않으면 안 됐던 것인지 안타깝게 몸부림만 치다가 전태일은 분신했다. 육 건사를 위한 육생량을 미끼로 사업주 손아귀에 놀아난 무지한 노동자들의 잘못인가. 얍삽하게 실속 챙긴 사업주의 욕심 때문인가. 노조설립의 단초가 되었지만 그 시기와 맞물려 개척교회는 부흥하였고 불교와는 적대보완적 신앙의 양대 산맥으로 신도 끌어 모으기에 여념 없었다.

목구멍이 포도청이라 먹어야 사는 육생량에 발목 잡힌 민초, 선천적 도술로 신도를 꾀어 들이는 신앙, 힘으로 군림하는 정부, 순수하고 무지한 개발도상국 불확실성 시대라 부정부패가 만연했었다. 이 모든 상황을 어릴 때 겪고 자란 베이비부머가 기성세대를 맞이하여 육생의 인프라를 구축하면서 하나둘 육생의 지도자를 넘어 인생의 지도자를 자처하기 시작하였다. 예나 지금이나 어렵고 힘들고 지칠 때마다 지위고하 막론하고 찾아간 곳이 어디인가. 그런데 어찌된 노릇인가. 갈수록 정치인과 만백성, 사업주와 노동자의 관계는 물과 기름 사이가 되어가고 있으니 말이다. 사찰과 교회는 대형화되었건만 민심은 오히려 흉흉해지고 헬조선에 자살공화국 불명예를 안았으니 참으로 우스꽝스러운 현실이다.

사람답게 살고 싶어 바르게 사는 법을 일깨워 달라 찾아간 곳에서 되레 간극이 생겨나자 나밖에 모르는 개인주의 각자도생 나 홀로 족이 만연한다. 양극화 현상 때문이라고 하겠지만 수직을 수평으로 유지해 나가야 할 세력이 누구이냐는 것이다. 춥고 배고픔을 슬기롭게 면하고자 노동에 시달린 고달픈 육신을 이끌고 찾아간 곳인데 육생살이 질량 미동조차 없는 것은 아쉬운 노동자 때문인가, 이로운 사업주 때문인가, 힘으로 군림하려드는 정치인 때문인가, 아니면 인생종교에 다가서지 못한 육생신앙 때문인가.

만백성의 희생이 뒤따를 때 선진강국이 된다는 정부의 방침도 한몫 거들었다. 소득과 소비의 불균형이 지속된 가운데 1988올림픽 전후로 마침내 이 땅에서 육생의 인프라를 이루었고, 발맞춰 중산층이 풍선처럼 불어났고 또 부지불식간에 거품이 빠져 불균형의 행태가 이곳저곳에서 묻어나기 시작하였다. 왜일까. 분명 춥고 배고픔을 면할 즈음에 기와 명상 바람이 전국을 강타하면서 주말농장과 더불어 웰빙과 힐링 바람과 함께 치유를 방편으로 자연을 벗삼기에까지 이르렀는데 말이다.

귀농이 대세인 듯, 갈 곳 잃은 자연인이 선망이 되는가 싶더니 계절마다 의미 잃은 축제가 방방곡곡에서 들썩이자 서서히 다문화 가정이 자리하면서 외국인 노동자가 3D 육생의 업에 종사하고 있다. 아쉬운 육생량을 위해 이 땅에 찾아온 이들이다. 개발도상국 시절만 하더라도 수출품이라고 해봐야 가발이 주를 이뤘고, 우리 민족 꽃다운 나이의 여인들은 시체 닦기 간호사로 남성들은 광부와 전쟁터로 아쉬운 육생량을 위해 팔려가다시피 했으며, 잘살아보기 위한 밀항도 서슴지 않았다. 작금은 빈부의 격차 가난의 대물림으로 홍역을 앓고 있지만 어느새 개구리 올챙잇적 시절을 떠올릴 시대를 일구어 이로워 맞이하는 운용주체 국가가 되었다.

육생량만으로 이로울 수 있을까. 동남아의 꽃다운 20대 초중반의 아가씨들이 30 넘고 40세가 넘은 이 땅의 아재들에게 시집오는 이유가 어디에 있을까. 그 옛날 양공주 양색시라 손가락질 받던 이 땅의 가엾은 여인들도 미국으로 데려가만 달라고 미군아재 바지끄덩이 붙잡고 애원했었다. 아메리칸 드림(American dream)과 코리아 드림(Korea Dream) 무엇이 다를까. 그리고 무엇이 필요했던 것일까. 국민소득 3만 불 시대를 눈앞에 두고 곳곳에서 풍요 속에 빈곤으로 아우성이다. 그런데 연휴가 시작되면 국제공항마다 몸살을 앓는다. 요번엔 무엇을 얻기 위해 떠나는 것일까. 정녕 이 땅에서 채울 수 없는 것일까.

이기의 육생량은 아쉬움만큼 채워도 채울 수 없는 것이라 혹여 허하고 고픈 그 무엇을 채울 수 있지 않나 싶어 떠나는 해외여행이다. 공돌이 공순이가 지천에 깔린 개발도상국 시대에 어디 꿈이라도 꿨을까만 힐링과 치유를 방편으로 떠나는 것을 보면 분명 이로운 정신량의 필요성을 인식한 모양이다. 육 건사를 위해 육신을 써야했던 시대에는 분명 정신량 충전을 위해 산다는 자체가 사치였다. 그래도 그 사치를 위해 정작 살아가야 하는 이들이 있었으니 그들이 바로 정부의 관료나 유수기업인들이다.

물론, 대안 마련해야 하는 곳은 신앙의 간판을 걸어 논 곳이어야 하겠지만 신을 앞세운 도술팔이에 혈안이 되었으니 발 묶이지 않을 수 없었다. 베이비부머의 많은 이들이 유학을 명분으로 서방 선진국 곳곳에서 물질문명 교육을 습득했지만 선천적 육생교육에 불과한지라 고프고 허한 곳을 채우기에는 역부족이다. 이 땅에 육생의 인프라를 구축한 것도 물론 이 덕분이다. 하지만 개인육생 만족을 위한 차원이면 모를까. 도와 덕으로 하나 되는 인생행복 차원과는 거리가 멀다는 점이다.

그리고 서양의 육생물질문명은 일본열도를 경유하여 한국반도로 대거 밀려온 이유가 어디에 있을지 생각해보자. 이후 중국대륙으로 뻗어나가 동북아에서 동남아를 넘어 서방으로 진출할 것인데 지식의 활동주체는 아쉬워서 찾아가는 자요, 지혜의 운용주체는 이로워서 맞이하는 자라, 서양의 아쉬운 육생량은 동양의 이로운 정신량을 충전시키고자 찾아들어 왔다는 사실을 누가 받아들일까. 우리 민족이 그래 왔던 것처럼 동남아에서 아쉬운 육생량을 구하고자 찾아온 이방인들에게 필요한 게 무엇일까 심히 고민할 때다.

서양의 육생물질문명이 지향하는 것은 동양의 정신문화요, 육생량을 얻고자 하는 이들에게 필요한 것도 분명 육생량이겠지만 이면은 사람답게 살고자 하는 정신량에 있다는 것이다. 조만간 동남아도 동북아 못지않게 육생의 인프라가 구축될 터, 필요한 것은 이로운 정신량이자 하나 되는 정신량이다. 물론 서양은 육생물질문명의 발원지답게 레크리에이션 문화가 발달됐다. 하지만 스트레스 기분전환용 동적인 행위에 불과한지라 육신의 원기는 회복할지 모르겠으나 정신의 원기회복에까지는 크게 미치지 못한다.

즉 육생문화는 동적인 육생행위가 전부라 지식의 생각차원은 군림하고자 이로움을 빙자하여 힘으로 밀어붙이다 결국 양양상충을 일으킨다는 것이다. 이에 정적인 정신문화가 받쳐주면 양양상충은 선순환으로 들고나는 음양차원 앞에 자연스레 순화된다는 것이다. 육 건사 육생행위에만 몰두하면 후천적 화합과 행복을 위한 선천적 합의와 사랑마저도 힘으로 해보려는 경향이 두드러진다. 보기에는 정당하게 이로움을 주고받는 것처럼 보일지 모르지만 정신량이 배제된 행위는 내 욕심의 소산이라 불통의 문제는 언제든지 대두되게 되어 있다는 것이다.

물론, 정신량의 개념을 모르는 차원에서의 육생행위는 분명 자유의지라고 할 수 있다. 권력으로 제압하든, 재물로 압도하든 하나 되어 살아가면 그만이라 말할 수도 있겠지만 문제는 맞이하는 운용주체가 찾아가는 활동주체를 이로움으로 주도해 나가지 못하면 통합과 분열은 끝없이 반복된다는 것에 있다. 육생량에 정신량을 충전시켰다면 힘으로 통합한들 분열은 일지 않는다. 즉 육체노동 뒤에 찾아든 정신적 안락은 채워주고 채워지는 선순환 행위를 지향하므로 힘으로 충돌할 일은 극히 드물다는 것이다.

한편 쌓이면 썩고, 방치하면 방전되고, 넘치면 모자람만 못하니 스트레스와 피로는 육신과 정신에 지대한 영향을 미치므로 인간관계에 불신을 낳기 쉽다. 쌓이지 않기 위해, 방치하지 않기 위해, 넘쳐나지 않기 위한 해결책 마련을 위해 주어진 시간이 바로 휴일이다. 아침에 출근하고 저녁에 퇴근하는 이유와 별반 다르지 않아 가정이 화목할수록 소통의 가치는 배가 된다. 나 홀로 족이 대세인 AI시대에 에너지 충전소 가정의 진정성이 반감되는 추세지만 처자식과 부모형제가 기다리고 있는 가정이 있고 없음의 차이는 크다.

가정은 남녀가 화합을 이룰 때 마련되는 것이고, 충전도 음양이 합의를 이룰 때 가능한 것이라 가정은 있다 하나 이로운 운용주체 없다면 하룻밤 기거하는 숙소와 별 다를 바 없다. 힘의 활동주체는 아쉬운 육생량을 위해 아침이면 행의 현장 사회로 출근하고 저녁이면 이로운 운용주체가 기다리고 있는 가정으로 퇴근한다. 양의 기운 태양이 중천에 뜬 만큼 활동주체를 위한 활동의 시간이요, 음의 기운 달이 차오르는 만큼 운용주체 에너지 충전을 위한 시간이라 만약 음의 기운 충전시키지 못했다면 활동주체는 육생 활동에 그만한 지장을 초래하게 된다.

진화발전을 위해 살아가는 활동주체는 행의 현장에서의 불통의 문제점을 안고 돌아가기 마련이라 가정은 음양을 이룬 곳으로, 화합의 에너지를 충전하지 못하면 진화발전을 위한 문제가 반드시 불거지게 되어 있다. 썩기 전에 쌓인 것을 푼다면 보다 좋은 결과를 낼 수 있지만 거의가 풀지 못해 쌓인 스트레스로 고통 받는다. 과도한 업무 때문이라는 토를 달지만 반드시 풀어야 하는 문제는 돌출하기 마련이라 어떻게 해소해야 할까. 오직 육 건사를 위해 매진해야 했던 시대의 스트레스는 매우 세련된 화병으로 받아들였다. 화이트칼라가 흔치 않았던 시절, 엄동설한 이겨내야 하는 민초에게 스트레스는 사치나 다름없었다.

한 달에 두어 번 쉬는 것만으로도 무한히 감사하던 시대의 단순 노동도 감지덕지라 공장장의 끗발이나 순사의 끗발이나 다를 바 없어 잔업에 군말이 있을 수 없었다. 부모세대의 가난과 자식세대의 교육열 때문이기도 했고, 그 모순에 힘입어 최루가스와 투쟁하여 인생량에는 미치지 못하나 5일 일하고 2일 쉬는 나름의 쾌거를 이루었다. 앞으로 해야 할 일은 생기를 불어 넣을 정신량 마련이다. 가능할까.

3D 모든 업종에 적용되지 않았더라도 6일 일하고 하루 쉴 명분은 충분하다. 육생물질문명 선진국에서는 위크엔드(weekend)라 피크닉(picnic)에다 레크리에이션(recreation) 활동에 여념이 없다. 모두 자기 나름대로 쌓인 스트레스를 풀려 애쓰지만 대체로 동적인 육생활동에 국한되었다. 서양의 육생물질문명에 의지해온 터라 외적 활동이 두드러지는데 양의 에너지 지식을 과다 충전시킨 결과가 아닐까. 걸맞게 내적 활동을 겸비했다면 입으로 맛을 느끼고 눈으로 보고 즐기는 만큼 귀로 정신량을 채우려 들지 않을까. 스트레스는 내·외면이 하나 될 때 근본에 접근이 용이하므로 '내 뜻대로의 화병'은 땀 흘리는 외적활동만으로 치유되지 않는다.

가부좌를 틀고 젓가락과 숟가락, 밥과 국, 음양 겸비된 밥상이기보다 신발 신은 채로 식탁에 앉아 포크와 나이프를 사용하는 식습관에서도 육생살이 활동주체의 생활상이 그대로 나타난다. 가부좌를 트느냐 못 트느냐가 정적과 동적 삶의 향방을 나타내기도 하지만 아날로그 시대를 풍미해온 베이비부머 세대가 유학을 통해 양의 육생문명과 더불어 철학과 이념과 사상까지도 여과 없이 흡수하여 음의 정신민족 고유질량을 되레 배척하려 든다는 것이다. 물론 자율보다 규제와 억압이 잠재한 유불선 견제를 위한 것도 있지만 육생살이 일면의 법도를 인생살이 이면의 법도마냥 고쳐시키려드는 게 문제라는 것이다.

널리 세상을 이롭게 하고자 한다면 음양화합을 일으킬 에너지원이 절실하다. 어린 시절은 성인 시절을 위한 것이라 이후 음양화합의 발원지 가정을 꾸리고 행의 현장 사회로 진출하여 기본자리에 올라서기 위해 노력해야 하고, 올라섰다면 이로운 운용주체라, 이에 필요한 에너지 수급원이 가정이라는 점을 인식해야 한다. 때때로 가정이든 사회든 본의 아니게 얽히고설킬 때가 있는데 진화발전의 토대인바, 이를 해결하고자 주어진 시간이 휴일이다. 힐링을 위해 야외를 찾는 것도 좋지만 만약 그곳에 문제풀이 정신량을 심어줄 운용주체가 있다면 만끽하는 자연은 덤이다.

대개 방책 없이 무조건 야외로 나가면 해소될 것처럼 자연 속에서 치유를 외친다. 경우에 따라 어느 정도 해소될 수도 있지만 인간관계 스트레스 해소를 하기에는 어림없고, 간혹 자연을 벗 삼는 동안 방안을 강구하기도 하는 모양인데 근본 해결에 접근하지 못하면 유사한 걸림에 봉착한다. 퇴근하면 운용주체 아내가 기다리는 집으로 가는 것처럼, 휴일이면 정신량을 채워줄 운용주체를 찾아 나서는 이들이 얼마나 될까. 그 과정에 만끽하는 여유로움은 덤이요 봉착된 문제 해결은 출세가도의 원동력인데 말이다.

아니나 다를까. 덤이어야 하는 방편에 빠지고 말았으니 휴일 날에 오히려 더 큰 문제로 골머리 앓는다. 정신량 충전의 시간이었다면 있을 수 있을까. 아쉬운 육생량으로 자기만족을 추구하다 상극 상충 일으킨 것이라 보다 나은 삶 영위하려거든 활력을 불어넣을 방안을 강구해야 한다. 주고받고 들고나는 선순환 행위만 이해하더라도 즐기면서 얼마든지 탄력 받을 수 있을 텐데 월요병이나 호소하는 것을 보아하니 방편에서 헤어나지 못하는 모양이다.

분명 버릴 수 있는 것이 있다면, 비울 수 있는 것도 있다. 하지만 눈으로 보고 귀로 들은 이상 비울 수 있는 것은 없으며, 받아온 육생량을 손쉽게 버릴 수 있는 것이라면 아예 주지도 않았을 것이다. 세월이 흘러 자연스럽게 잃어지는 것과, 운용주체가 실패하여 잃어버리는 것과는 차원은 다르다. 때론 의외의 상황이 벌어지기도 하지만 나 하기 나름이라 특별한 것일 수도 아닌 것일 수도 있다. 더구나 의외의 상황이라는 것은 언제나 자기욕심으로 상황을 트는 데에서 기인하는 것이라 의외라고 할 수 있을까.

간혹 득 되지 않다 싶을 때 상대방이 상황을 틀어버리는 경우도 있긴 하나 예외의 경우도 결국 내가 만든다. 돌연변이 유형도 도 아니면 모라 가치는 보이고 안 보이고의 차이일 뿐 자녀 문제는 순수 부모의 몫이듯, 남편 문제도 순수 아내의 몫이다. 반드시 필요한 것이면 주어질 것이고, 앞으로 필요한 것이면 조물될 것이라, 보인다고 있고 보이지 않는다고 없는 것이 아니다. 또 필요하면 주어지는 게 방편이라 정신량 가미되면 음양을 이루는 것이고, 쓰임이 이롭다면 방편은 덤이라는 것이다.

그만큼 육생문명의 발자취는 시대의 얼을 담아 모양과 형태만 바꿔어 내려올 뿐, 쓰임에 있어서는 별반 다르지 않다. 뿌리 깊은 종일수록 삶을 주도하고, 얕으면 얕을수록 끌려 다니다 순간의 존재로 마치기 일쑤라 이념은 깊은 곳에서 기인하기 마련이다. 얕은 곳에서 비롯되면 변이배양이 쉽고, 늦거나 빠르거나 하면 누구한텐 어울리고 누구한테는 어울리지 않는 부조화를 양산한다. 그렇다고 옛것을 무조건 살려야 한다는 소리가 아니다. 현실에 부합하느냐를 따져보자는 것이다.

　설마를 가지고 정말을 일으키려는 요행은 '혹시나'와 '역시나' 사이를 배회하는 욕심이 만든다. 내 앞의 인연에게서 시작된 문제를 어떻게 풀어나가야 할지 모르는 이들일수록 맨땅에 곧잘 헤딩한다. 사고는 매사 독단적으로 처리하다 내는 것이므로 나만은, 나만을, 나만이 등등을 빚어낸 집착은 독창적인 삶을 쫓지만 하나 되지 못하면 육생 안위에 불과한지라 오래가지 못한다. 물론 육생량을 추구하는 민족이라면 도제교육만으로도 자기만의 삶을 충분히 구가 하겠지만 정신량을 지향하는 민족은 사정이 다르다.

　천지인 육해공 세 개의 차원으로 나뉘어 운행되는 세상답게 부, 모, 자식 순으로 가정이 형성되었고, 인간의 육신도 머리, 몸통, 다리로 구성되었듯, 나무도 뿌리, 몸통, 가지로 이루어졌다. 특히 선천의 육생은 나를 위한 것이요, 후천의 인생을 너를 위한 것이라 선천과 후천 육생과 인생을 연계해 나갈 정신량은 반드시 마련해야 한다. 정신량과 육생량은 음양차원이자 운용주체와 활동주체 차원, 그러니까 육생량으로 사랑하고 정신량으로 하나 되어 인생량 행복을 영위하는 것이 천지인 차원이라는 것이다.

　아울러 해 돋는 땅 동쪽은 뿌리(머리)요, 해가 중천에 뜬 중쪽(중앙)은 몸통이고, 해 지는 서쪽은 가지(다리)다. 즉 머리와 뿌리(동쪽) 그리고 다리와 가지(서쪽) 그 중앙에 위치한 몸통은 가지의 육생량과 뿌리의 정신량을 혼화(교차)시키는 곳이라 비즈니스 능력이 매우 뛰어나다. 남북은 중쪽을 기점으로 균형잡이 질량이요, 동서는 생장수장 질량이다.

개구리 알은 물속 올챙이의 자유로움을 모른다. 올챙이는 개구리의 뭍의 풍요로움은 모른다. 아울러 천기(天氣)의 보호 아래 살아가는 개구리 알은 지기(地氣)의 보호 속에 살아가는 올챙이 생각을 알지 못하고, 올챙이는 스스로 자신의 삶을 개척하는 개구리의 생각을 알지 못한다. 하나의 종에서 세 개의 차원으로 연계된 삶을 살아가는 것은, 시작(사랑, 육생량)과 변화과정(정신량)과 결과(행복, 인생량)를 드러내 보이기 위한 것에 있다. 최고 삶의 질량을 구가한다 할 수 있는 개구리는 뭍과 물속을 자유로이 다닐 수 있다. 그렇다고 만족할까.

뭍과 물속을 오가는 만큼 종족번식의 특권이 주어졌지만 강한 자가 살아남는 것이라 번식경쟁도 치열하다. 그런데 지기의 보호 속에 물속 온갖 위험 요소를 피해 살아가는 올챙이는 개구리의 삶을 지향하지만 알은 자신의 의지와는 상관없이 올챙이로 부화할 때까지 천기의 보호 아래 살아간다. 과연 스스로 삶을 개척하는 개구리가 음양화합을 일으키지 못하면 종의 번식이 가능할까. 다리(가지)는 알이요, 몸통은 올챙이고, 머리(뿌리)는 개구리라 에너지원 소임을 잃으면 종은 멸한다.

과연 좋은 인연이 없어 좋은 연을 만나지 못한 것일까. 좋은 연이 되어주질 못해 좋은 인연을 만나지 못한 것이 아닌가. 악연(惡緣)과 호연(好緣)의 의미조차 모르던 알의 시절부터 물속을 유영해 만났던 올챙이 시절의 수서 식물과 곤충은 개구리로 성장을 돕기 위한 요소들이었다. 살기 위해 먹고 먹히는 광경을 수없이 목도했을 터 그런데 얼마나 기억하고 있을까. 물론 종의 번영을 위해 개구리로 성장하는 것이겠지만 인간은 정신량을 부가시켜야 사람으로 승화 하는 것이라 동쪽 뿌리(머리)에 위치하는 민족일수록 영원한 화합의 질량을 마련해야 한다.

이로울까 싶어 만나, 이로울 성실을 때 사랑하고, 결과물을 낳기 위해 화합한다. 성과물이 자식일 수도 있고, 만족의 육생량일 수도 있으며, 행복의 정신량일 수도 있다. 그런데 자식이 태어나면 아쉬운 육생량은 본래 주어지는 것이고, 행복은 만들어 나가야 하는 것이라 아직까진 누구도 영위하지 못하는 것 같다. 만족은 결혼하지 않아도 육생량만으로 얼마든지 누리나, 둘이 하나 되고 우리가 되어 나가는 행복은 누리지 못한다. 만남은 행복을 위한 것이자 사람답게 살아가기 위한 것이므로 결과물은 가정에서 비롯된 행복을 함께 영위하는 것에 있다.

이로울까 싶어 만난 인연, 이롭지 않으면 언제든지 떠나는 게 당연지사 사랑하며 살아가려거든, 행복한 가정을 영위하려거든, 한 우리 삶을 살아가려거든 이로움의 질량부터 배워야 한다. 주고받지 못하면 이롭지 못한 행위의 결과이고, 들고나지 못해도 이롭지 못한 결과물이라 정신량은 고프고 허한 곳을 채워주는 보물창고다. 이처럼 정신량은 이로움의 에너지로 내 안에서 생성시키는 절대분별의 지혜라는 사실을 알고 있을까. 나밖에 모를수록 육생량이 쌓이면 정신량이 소원해지고, 생각에 치우치면 마음을 외면하고, 지식을 앞세우면 지혜를 방관하는 데 말이다.

욕먹을 짓을 하지 않으면 욕하는 이도 없을 것이고, 사기당할 짓을 하지 않으면 사기 치는 이도 없지 않을까. 혈연, 지연, 학연을 목숨처럼 귀하게 여기는 민족의 특성은 욕먹을 짓 하지 않아도 욕먹고, 사기당할 짓 하지 않아도 당한다. 왜 그런 것일까. 그놈의 정 때문에 덤으로 덤터기 쓰기 일쑤라 하나 되어 사는 길은 어장관리 한답시고 얽매이는 것에 있지 않다. 오히려 분열만 조장할 따름이라 덤터기 표적에서 벗어나지 못한다.

착하게 살아야 복을 받는다는 허황된 말에 현혹되거나, 정의는 착하게 사는 데에서 비롯된다는 말에 도취되었으니 가뜩이나 정 많은 민족이라 어디 벗어나기라도 하겠는가. 상호상생 바르다는 정(正)은 머리는 차갑게 하는 냉(冷)이라 할 수 있고, 반쪽반생 그르다는 착한 선(善)은 가슴을 따뜻하게 하는 정(情)이라 할 수 있다. 이처럼 대자연의 섭리는 상호상생 양방통행이지 무조건 어려운 자를 도와주는 일방통행 반쪽반생에 있지 않다. 아쉬운 육생량에 반드시 이로운 정신량을 첨가시킬 때 바로 서는 게 양방통행의 분별력이라 무조건 도와야 한다는 것도 일방통행 제 욕심인 바, 전후사정 괘념치 않고 불쌍하다고, 안타깝다고, 애처롭다고 퍼준다고 기본 행위를 다하는 것이 아니다.

어려운 이가 어려운 이를 돕는 것처럼 난센스는 없다. 어렵다는 것은 분별력이 어리석어졌음을 뜻하는 바라, 탁한 이가 탁해진 이를 돕겠다고 나서는 자체가 기본질서를 무시하는 처사와 다르지 않다는 것이다. 물론 거동 불편한 이들을 간호하는 정도라면 모르지만 이도 사실 오래가지 못한다. 치우쳐 이롭지 못한 결과가 고스란히 생활상으로 드러나는 경우라, 공부로 잡는다면 이로운 에너지가 분출할 터 그렇지 않다면 양과 양, 음과 음끼리의 화합이라 좋은 결과를 보기 어렵다. 기운 맑히는 일은 어려워진 이유와 원인을 밝히는 데 있지 막무가내 돕겠다고 나서는 데 있지 않아서다.

분명 인(人)의 부모는 천지(天地)인데 왜 좌절의 아픔과 실패의 고통을 하염없이 바라만 보고 계실까. 인간은 육생부터 시작한다는 사실을 깨우치기도 전에 가엽다고 끌어안으면 아픔의 이유와 고통의 원인에 대하여 밝히려 들지 않는다. 유무상통(有無相通) 사자소학(四字小學)에 나와 있다. 기실 이 단어 하나가 세상의 모든 이치를 밝히고 있지 않나 싶은데 저마다의 가치관 내 욕심의 셈법이라 안타깝게 이해의 농도가 아쉬운 육생량에 머물러 있으니 어떻게 해야 하나로 통하는지 모른다.

또 육생교육은 선천적 물질문명 개척을 위한 것에 중점 두었으니 인생교육은 후천적 정신문화 창출을 위한 것에 있어야 한다. 다시 말해서 보이는 질량의 소통법과 보이지 않는 질량의 소통법이 함께 할 때 천지인 너와 나 우리는 하나가 된다는 것이다. 부모자식이 하나 되면, 육해공 하나로 연계되고, 노사정(勞使政)도 하나 된다. 고로 해지는 서쪽에 가까울수록 삶은 육생량에 국한되었고, 해가 중천에 뜬 중쪽에 가까울수록 뛰어난 상술을 보유했으며, 해 돋는 동쪽에 가까울수록 우수한 정신량을 머금었다.

그야말로 정신은 운용주체 천의 기운 머리(뿌리)요, 소통은 활동주체 지의 기운 몸통이며, 물질도 활동주체 인의 기운 다리(가지)다. 누구에게 맞고 혹은 맞지 않는 육생교육을 작금까지 매진하고 있으니 인공지능 시대에 모두에게 맞는 인생교육에 전념해야만 한다. 비렁뱅이의 깨달음도 하나 되고자 하는 것이듯, 나 먹고 살기 위한 장사치의 깨달음도 하나 되기 위한 것이어야 하고, 신선의 깨달음도 하나 되고자 하는 것에 있어, 무조건 신을 추앙하고 도술에 매달리면 깨달음보다는 신에 휘둘리기 마련이다. 보이는 것이든, 보이지 않는 것이든 통하기 위한 것에 있다. 너와 나 우리를 위해서 말이다.

상처는 하나 되지 못할 때 받는다. 사랑하는 것도 사랑받기 위함이고, 사랑받는 것도 사랑하기 위함이라 언제라도 주고도 받지 못하면 하나 되지 못한 것이라 상처받게 되어 있다. 근기에 따라 충격의 농도는 다르겠지만 기실 상충은 통하지 못해 치기보다 소통을 위해 친다. 일면식도 없는 상태라면 그대로 끝나도 무방하지만 득 될 성싶어 함께해야 한다면 치유는 자신의 몫이다. 자칫 기회주의자로 평할지도 모르나 누굴 위해 어떻게 하고 어떻게 쓰느냐가 삶의 질을 달리해 나간다는 점이다.

어설픈 동정 베풀다가 상처를 받았다면 상대방은 이미 상처를 받은 상태라 보여주기식 행위는 결국 방귀 뀐 놈이 성내는 꼴을 보인다. 성내다 받은 상처 어떻게 해야 할까. 분통은 사기당한 이가 터지고, 사기 친 자는 기뻐서 날뛰는데 이는 또 왜 그런 것일까. 모든 일은 그만한 이유가 있어 벌어지는 것이라고 한다면 할 말 없지 않은가. 나는 너를 통해 성장하는 것처럼 너도 나를 통해 성장한다. 물론 사자짓거리나 해댄다면 성장할리 있겠느냐만 그러한 너를 보고 나는 반드시 성장해야 한다는 것이다.

혹자는 탁해진 인간에게 오염 되는 가장 천박한 존재가 인간이라 말하지만 육생량에 빠져 살면 누구도 예외는 아니다. 인생을 위한 육생의 질량이 무엇인지 안다면 쥐구멍을 찾아야 하지 않을까. 그리고 만약 선천의 기도행위로 해결될 일이면 군이 후천의 질량 마련해야 할 이유가 없지 않은가. 그런데 어느새 지혜 없는 인공지능이 지혜 잊은 인간지능을 추월하자 가짜뉴스와 사이버 테러가 심각하다. 보이고, 만지고, 느끼고, 음미하고, 계산하는 등의 것은 육생물질문명을 위한 것이라고 하지만 무엇을 입력하느냐에 따라 문명의 질은 달리 나타난다.

과연 영혼 없고, 마음 없고, 지혜 없는 AI에 의지하고 살아가는 인간의 생활상은 어떠할까. 냉혹하고 혹독하며, 매정하고 가혹하지 않을까 싶은데 영혼, 마음, 지혜를 잃으면 동물보다 못한 그저 사이보그 인조인간이라 닦고, 조이고, 기름 치면 그만이다. 생각만 해도 끔찍한 현실이라 육생 너머의 인생, 인간 너머의 사람, 생각 너머의 마음, 지식 너머의 지혜, 사랑 너머의 행복 등이 인간의 내면 깊숙한 곳에 자리하고 있음을 알아야 한다. 보이는 선천질량 나를 위한 것이요, 보이지 않는 후천질량 너를 위한 것이라 분명한 사실은 나를 위해 살아온 만큼 너를 위해 살고자 할 때 음양은 화합을 이루어 상호상생 일으킨다는 것이다.

아울러 활동주체 양의 에너지를 이승에서 소비하고 운용주체 음의 에너지를 저승에서 충전시키듯, 인간의 휴일은 행의 현장 사회에서 소모시킨 양의 에너지 충전을 위해 주어진 음의 시간이라 딱히 나를 위해 할 일도 그렇다고 너를 위해 해야 할 일도 없다. 행의 현장에서 생활하다보면 들고나고 주고받고 행위 속에 후회할 일이 벌어지게 마련이라 반드시 일주일에 한 번은 정리할 시간을 가져야 한다. 만족이 행복을 대신하는 만큼 분수껏 한다면 모를까, 도를 넘어서니 방편에 취해 살 수밖에 없다. 나밖에 모르는 못난 심보는 만족을 구하다 뜻한 만큼 채우지 못할 때 화를 부르는데 이때 분위기는 삭막해진다.

아쉬운 육생량은 만남의 방편이자 계약의 조건으로 아쉬워 찾아오는 이들과 하나 될 때 덤으로 쌓이는 육생의 기본금이자 인생의 자본금이다. 신의는 자신을 필요로 하는 이들을 위한 것이고, 하나 되고자 하는 신뢰는 오랜 정성 깃들여야 쌓이듯, 마음을 열면 지혜가 찾아들고 대문을 열면 인연이 찾아온다. 고픈 것과 허한 것을 채우지 못한 공허함은 하나 되지 못하는 데에서 기인하므로, 사랑 그 행위는 아쉬움이 아니라 이로움 자체여야 한다.

갖고, 채우고, 쌓는 것도 다하지 못한 공허함 때문이라 만족하고자 좋은 것과 좋은 곳을 찾아다니는 것도 다르지 않다. 없거나, 모자라거나, 부족한 이들이 흐느낄 때 흥분하는 것도, 분을 참지 못하는 이들 앞에 웃는 것도 뾰족한 대책이 있으면 모르지만 이미 어려움의 표적을 받은 후라 동정심 유발 행위밖에 안 된다. 생각에 취(醉)하면 도(道)의 술(術)에 취(醉)하기 쉽고, 논리(論理)의 술(述)에 취하면 착각의 늪에서 헤어나기 어렵다.

모두 공허함을 메우다 벌이는 일이지만 허하지 않고 고픈 곳이 없다면 육생량을 개척하고 정신량을 마련하려 들까. 채우려다 소유하게 되는 것이고, 그러다 아쉬워 찾아오는 이들이 있으면 아낌없이 써야 하는 것이라 무소유 본질은 이로워야 한다는 데 있다. 아무도 찾지 않는 궁벽한 산골에서 죽을 때까지 홀로 살아가면 자연스럽게 실천하는 것이 무소유다. 하지만 인간으로 태어난 것은 사람으로 승화하여 사람답게 살아가기 위함이라 아쉬운 육생량 쓰임을 위해서라도 이로운 정신량은 필요하다.

좌절한 자일수록, 실패한 자일수록, 어려운 자로서 무일푼 하여 태반이 무소유를 부르짖지 않을까 싶다. 이로울 성싶을 때 찾아가는 것이 인연이라, 궁색한 도린곁에 찾아오는 인연이 있다면 얼마나 될까. 무엇을 어떻게 쓰느냐에 따라 소유개념을 달리하는 법이라 그만한 통찰력과 분별력이 따라야 진정한 무소유가 가능하다. 세상은 나를 위해 함께하듯, 만물도 나를 위해 함께하고, 너도 나를 위해 함께하자는 것이므로 바르게 쓸 줄 모르는 내가 문제이지 도와 달라 찾아간 네가 문제인가.

쓰는 것은 기운을 활용하는 것이요, 쌓는 것은 기운을 잠그는 일이고, 버리는 것은 스스로 기운을 소멸시키는 행위다. 막무가내 버리고 비우려는 짓은 쓰는 법을 몰라 떠는 저지레라 삶의 질은 결코 나아지지 않는다. 인간은 사람으로 진화발전 중이라 퇴행하는 일도 없다. 쓰임을 다해 사라지는 것이면 모를까. 변화와 퇴보도 진화발전의 촉진제로서 대자연의 섭리를 알고 이치에 순응하고 흐름에 편승하면 이기의 육생량에서 비롯된 인간의 욕화는 삶 한가운데서 용해시킬 수 있다. 없는 것을 탐하기보다 있는 것을 바르게 쓰고자 노력한다면 대립과 반목이 있을까. 이도 물론 진화발전의 구도이겠지만 말이다.

쉬어야 할 때 쉬지 못하면 피로가 누적되어 생각을 바르게 떠올리거나 변별이 용이치 않아 휴식은 육생의 안위를 통해 정신량을 충전시키는 개념이어야 한다. 교육이라고 해봐야 반쪽반생 착한 행위와 상극상충 치우친 행위에 초점을 맞추어 상호상생 바르다는 정행 자체가 혼란스러울 수밖에 없다. 이처럼 바르게 바라보지 못해서가 아니라 치우친 육생살이 치우친 교육뿐이라 바른 것을 볼 수 없기 때문이다.

물론 다른 착한 선(善)의 세상이자 그른 치우친 사(邪)의 세상이라 그에 따른 모순도 산재해 있을 터, 바르다는 정(正)의 세상은 이를 토대로 만들어 나가야 하는 법도다. 다르고 그른 육생살이 상극상충은 상호상생의 틀을 잡아 나가는 단계로서 바르다는 정의 세상은 삶의 최상단 인생살이 결실을 맺는 과정이다. 이쯤 되면 작용 반작용의 법칙에 의해 만들어 나간다는 사실을 모르지는 않을 터인데 한결같이 손해로 인식하여 자존심까지 거들먹거린다. 비단 너와 나 뿐만이 아니다. 관계와 관계, 조건과 조건, 이기와 이기의 모순을 백일하에 드러내는 사회도 다르지 않다.

시대상을 좌지우지하는 저마다의 논리가 보수와 진보 사이에 적대보완적 자세를 취하는 것도 진화발전을 위한 것이라, 다르고 그르게 펼쳐지는 쌍방의 모순을 언제 보느냐가 향방을 가른다. 다른 착한 선행과 그른 치우친 사행의 모순을 모르면 바르다는 정행에 대해 정의를 내릴 수 없다. 총칼을 앞세워 행복을 논하는 시대는 분명 아닌데 군림하고자 힘으로 틀어막아 알기는 알 것 같지만 분별이 수월치 않아 대책을 강구하지 못하고 있다.

육 건사가 우선이었던 시대의 논리는 누구에게는 맞고 누구에게는 맞지 않을 아쉬운 셈법일 수밖에 없어 논리는 논리일 뿐 진리가 될 수 없다고 말해왔다. 그만큼 다르다는 반쪽반생 착한 선행이 일방통행 일으켰음에도 상호상생마냥 양방통행 행위를 대신해 온 것도 양방향 모두 막혀 일으킨 상극상충 그르다는 치우친 사의 행위를 정립시키기 못해서다. 싸우고, 부딪치고, 충돌하는 것도 착한 선행을 바른 정으로 알고 행하다 불거진 문제다. 먼저 주고 후에 받는 선순환 자체를 인심 쓰는 것마냥 손해라는 생각을 떨치지 못하면 당면한 문제 중 풀릴 것은 무엇도 없다.

10년 만에 강산이 변하던 기계식 시대에서 3년 만에 변하는 아날로그 시대인가 싶더니 어느덧 석 달 열흘 100일 만에 변화의 추세를 보이던 디지털 시대마저 뒤안길에 선 듯, 삼칠은 21일 만에 변화하는 인공지능 시대가 찾아왔다. 기기(機器)일망정 수명연장을 위해서라도 최소 주일에 한 번 수리와 정비는 필수라 만물의 영장이더라도 일주일에 한 번 휴식 취하지 않으면 분별의 기능이 떨어지기 마련이라 동물보다 나은 삶 가당치 않다. 생각 너머의 마음, 지식 너머의 지혜는 육생 너머의 인생을 지향하므로 부담 없는 대인관계를 위해서라도 주일에 한 번 충분한 휴식을 요한다.

그런데 저마다 육생량을 위해 육생살이 동물처럼 살아가니 휴식마저 동물처럼 취하려드는 모양새라 쏠림을 잠재우기까지는 넘어야 할 산이 많다. 앞으로 육생량은 배로 생산될 것이고 이에 맞추어 정신혁명을 이루어야 하는데 무기팔이 시대가 도래하는 것을 보아 지혜의 정신량이 지식의 인공지능을 받쳐주지 못하면 사상과 이념이 변이될 것은 자명하다.

무엇보다 개체이자 주체의 삶을 살아가는 인간은 그 누구라도 대우받고 싶어 한다. 왜 그런 것인가. 개인주체 선천질량으로 보장받는 삶이라 그렇다. 대우는 존중이요 존중은 곧 존경이라 대우받고자 한다면 존경받고자 한다면 표본 삼아야 한다. 휴일은 기본행위만이라도 다하기 위해 주어진 시간으로 가정이 있어 주말이 있고, 연말이 있어 연휴가 있다. 충전은 내 몫이지 네 몫일까. 가정이 건사하지 못하면 행복하지 못할 터 에너지 충전할 이유가 있을까. 히스테리성 스트레스를 달고 살아야 한다.

에필로그

내 앞의 인연은 나 하기 나름이라는 표현을 줄곧 써 왔다. 작용 반작용의 법칙과 상대성원리까지 거론하며 '인생방정식'에 대입해 보자는 말도 심심치 않았다. 무엇을 가려보자는 것이었을까. 물질은 선천질량 활동주체 양의 기운으로 컴퓨터가 보편화될 때까지 정신문명을 빙자하여 이기의 문명을 발전시켜 왔다. 정신은 후천 질량 운용주체 음의 기운으로 활동주체 양의 기운 물질에 부가하여 행복한 인생을 누려보자는 것에 있다. 그리고 '작용반작용의 법칙'은 아이작 뉴턴(Isaac Newton, 1642~1727)의 물체의 운동을 다루는 세 개의 물리 법칙 중에 제3법칙이다. 제1법칙은 '관성의 법칙'이요, 제2법칙은 '가속도의 법칙'으로 갈릴레오 갈릴레이(Galileo Galilei, 1564~1642)가 실험으로 증명하였고, 뉴턴이 공식화했다. '상대성 이론'은 특수 상대성 이론과 일반 상대성 이론으로 나뉜 시간과 공간에 대한 물리 이론으로 1915년에 알버트 아인슈타인(Albert Einstein, 1879~1955)이 제창 발표한 시기가 일제강점기 즈음으로, 서양에서 비롯된 모든 물질문명은 업그레이드 시대를 열어갈 동북아의 중심 반도로 향해 중이었다.

선천적 육생질량은 눈에 보이는 물질로서 1안의 물질 인프라가 구축되어야 보이지 않는 2안의 정신 인프라에 주목하듯이, 육생질량을 담당한 서양의 법칙은 보이는 1안의 물질질량을 위한 것이고, 인생질량을 담당한 동양의 법도는 보이지 않는 2안이 정신질량을 위한 것에 있다. 마침내 일제강점기와 동족상잔 6.25를 치르고 한강의 기적을 일으키자 업그레이드(대화합) 시대를 맞이하였다. 육생(肉生)문화의 물질을 토대로 인생(人生)문화 정신을 쌓아나가지 못하면 심화되는 양극화는 지극히 당연한 현상이다. 더군다나 아쉬운 활동주체가 이로운 운용주체를 위해 살아야 했던 시대가 선천의 물질문명 시대가 아닌가. 후천의 정신문명은 업그레이드 시대를 통하여 이루어지므로 지금부터 운용주체가 활동주체의 손을 잡고 나가지 못하면 좌절의 고통보다 더 무서운 실패의 고통에서 벗어나지 못하는 시대에서 살아갈지 모른다. 방도는 아쉬운 활동주체를 위한 이로운 운용주체 행위의 대안을 마련하는 일이다.

인간 상대성원리와 작용반작용의 법칙 등이 '육생문화'에 기여했다면, 정신질량은 하나 되어 살아가는 '인생문화' 발전을 위한 요소다. 나를 위한 어린 시절을 통해 너를 위한 성인 시절을 맞이하듯이 나를 위한 육생(본능, 동물처럼)을 살아왔다면 너를 위한 인생(분별, 사람답게)을 살아가야 한다. 어떻게 맞이하고, 어떻게 살아갈 것인가. 만남은 선천적 물질을 통해 이루어지고 하나 되어 사는 질량은 후천적 정신이 가미될 때 가능하다. 상호상생은 정신이 부합된 후천 행위의 결과이고, 반쪽반생은 착하다는 선한 행위에 따른 결과이며, 상극상충은 선천 행위 힘의 논리의 결과인바 모든 행위는 작용반작용의 법칙 상대성원리로 드러나게 된다. 이를 가리켜 나 하기 나름에 달리 나타나는 인생방정식이라고 명명하였다.

먼저 주고 후에 받는 선순환 법은 상호상생(相互相生)이라 '덕 되게 사니 득이 되더라', '무덕하니 무익하더라', '해하니 독이 되더라'로 스스로 벌어지는 정의(正義) 순환법이라고 할까. 양양상충(陽陽相沖)은 육생의 지식에 양의 물질만을 부가한 결과요, 음음상극(陰陰相剋)은 음의 정신에 정신만을 부합한 결과다. 선천의 물질을 관장하는 이들이 활동주체요, 후천적 정신을 주관하는 이들이 운용주체다. 인생질량 행복은 양의 기운 선천질량을 관장하는 활동주체와 음의 기운 후천질량을 주관하는 운용주체가 하나 되어 살아가는 차원을 말한다.

이로울 법 하니 찾아가고, 아쉬우니 찾아간다. 이롭지 않은데 찾아가고, 아쉽지 않은데 찾아가는 이가 있을까라는 소리와 다르지 않다. 언제나 이로워서 맞이하는 자가 운용주체요 아쉬워서 찾아가는 자가 활동주체라는 것이다. 이 문제를 어떻게 해야 풀어 나갈까에 있다. 사랑을 통해 행복을 영위하지 못하면 내 가정은 물론 이웃과 사회와 조국을 위해 살아갈 방도가 없다. 아울러 '운용주체'와 '활동주체'는 부부지간이자 부모자식지간이며, 주종지간이자 사제지간이며, 이웃지간이자 지인지간이고, 군신지간이자 노사지간이다. 음양이든 의논이든 합의하여 나가야 하는 것이 인생인지라 내조는 부부지간에만 국한된 것이 아니다. 물의 본질은 음의 기운 운용주체로서 만물 양의 기운 활동주체와 화합하는 법도가 본래 자리하였다. 개념이 홀수, 짝수라는 천편일률적인 음양 법에 머물러 깨우치지 못했을 뿐이다. 인간으로 태어난 것은 사람답게 살아가기 위해서다. 그 방법을 알고 있을까. 지위고하를 막론하고 이래라저래라 참견하는 행위가 누구를 위한 것인가를 생각해보자.

너를 인정하지 않는 나를 너는 인정할까. 태반이 제 속 편키 위한 행위를 해대고서는 너를 위한 일이었다고 말한다. 도와 달라 요청했던가. 그런데도 나섰다면 자기 뜻대로 해보겠다는 것밖에 더 되겠는가 이 말이다. 운용주체가 눈치나 보며 제 속 편키 위한 행위만 해대면 활동주체와의 화합은 어렵다. 지금 이 순간도 행의 현장에서 제 밥그릇 챙기기 혈안이라 사회를 곧잘 전쟁터로 비유하곤 하는데 국제 사회는 더하면 더했지 덜하진 않는다. 나밖에 모른다면 패배주의에서 벗어나지 못할 것이라 주관을 잃어버려 눈치나 보며 살아가는 꼴과 다를 바 없다는 것이다. 그리고 작은 반도에서 살아간다고 약소국가일까. 커다란 땅덩어리에서 살아간다고 강대국이냐는 것이다. 덕으로 살아가야 할 운용주체 민족이 힘으로 살아가는 활동주체 민족이 되려 할수록 힘을 앞세우는 활동주체 민족에게 겁박과 침탈의 수모를 당한다. 왜 그런 것인가. 음의 기운이 부족할수록 양의 기운은 살기 위한 몸부림으로 상충을 친다는데 있다.

운용주체 물은 생명의 근원으로 돌연변이 사고(思考)를 일으키지 않는다. 공급을 받지 못한 활동주체 만물이 일으킬 따름이다. 그 대신 책임 회피의 대가는 운용주체가 부패한다는 것에 있다.

저자소개

1980년대 초 입대를 앞두고 우연히 들어간 암자에서 역서(易書) 몇 권을 훑어본 덕택에 선무당 짓을 해야 했었나보다. 속 빈 강정 채워보려 애썼지만 태반을 기억하지 못한다. 인연도 예외는 아니었다. 그러다가 불쑥 튀어나오는 말문으로 현혹시킨 모양인데, 역시나 사람을 잡는 것은 선무당이다.

30세 즈음인가. 두어 평짜리 역술원 간판을 걸고 병원에 실려 갔었다. 무식한 게 용감한 것이라나 어쨌다나, 그 길로 나와 피 토하도록 술을 마셨다. 꼴에 역술원장이라 꿀리긴 싫었는지 온갖 잡서를 닥치는 대로 읽었다. 내용을 기억하지 못하는 점에선 별반 다르지 않다.

잘나가는 이들만 찾는가 싶었던 어느 날 찾는 이들마다 형편이 어려워졌다는 소리가 들린다. 왜일까. 글문이나 영통으로 상대방의 앞날을 내다본다 하더라도 때가 되면 어쩔 수 없는 모양이다. 그러던 어느 날 60대 후반의 노파의 사연을 들었다. 막내 다섯째가 세 살 먹은 해에 남편은 죽고, 큰 아들은 서른 즈음에 돌연사 하였다. 둘째 아들은 뇌성마비에, 셋째 아들은 유치장을 제집 드나들듯이 한다 하고 넷째 아들은 집 나가 몇 해째 소식이 없다는 것이다. 그나마 막내를 의지하며 살아왔는데 척추를 다쳐 장애등급을 받았다는 것이었다. 소설을 쓰는 것일까.

　1990년 기와 명상 열풍이 전국을 강타할 무렵 함석헌 사상을 접하면서 괴테와 쇼펜하우어를 알았다. 헤겔과 키르케고르와 니체를 알고 에리히 프롬을 통해 라마나 마하르시, 지두 크리슈나무르티, 오쇼 라즈니쉬 등을 접하였다. 새 천 년을 두어해 앞두고 동해바다와 마주한 태백산, 두타산, 청옥산을 쉽게 오갈 수 있는 곳에 터전을 마련하였고, 힐링과 웰빙 바람이 불 무렵 정선 움막으로 거처를 옮겼다. 그러다가 사제의 인연을 맺었다. 나름 난다 긴다는 산속인연들이 극구 만류했었다. 인간 스승을 두어서는 안 될 이가 두려한다면서 말이다. 정법을 논하는 분이시다. 입 닫고 눈으로 보고 귀로만 듣고 생활하던 어느 날이었다. 나가라고 한다. 2년 남짓했는데 쫓겨난 것이었다. 애제자의 항명소리가 들려왔다. 지체 없이 뛰었다. 대다수가 떠나버린 도량은 황량하기 그지없다. 3년이 채 되기도 전에 이상한 소리가 들려온다. 제 발로 걸어 나와야 할 차례인 모양이다.

　이후 '뿌리민족의 혼' 시리즈 제1편 『업그레이드 시대 역사의 동선』, 제2편 『내조, 지혜의 어머니』, 제3편 『생활의 도, 자유인이 되기 위하여』, 제4편 『일제강점기와 동족상잔 6.25』가 출간했으며 2018년 6월 제5편 『수행』이 출간되었다.